François Rastier

Schiffbruch eines Propheten
Heidegger heute

François Rastiers Spezialgebiet ist die Textinterpretation, auch theoretischer und philosophischer Texte. Sein Buch über Primo Levis Gedichte, *Ulysse à Auschwitz*, wurde 2005 mit dem Preis der Fondation Auschwitz ausgezeichnet. Er war darüber hinaus Mitglied einer europäischen Projektgruppe, die sich mit der automatischen Erkennung von rassistischen Webauftritten befasste. Rastier veröffentlichte verschiedene Studien zur Literatur der Vernichtung und zum Genre der Aussagen von Zeitzeug*innen. Sein Forschungsschwerpunkt liegt auf der Semiotik der Kulturen.

François Rastier

Schiffbruch eines Propheten

Heidegger heute

aus dem Französischen
von Ulrich Hermann

Neofelis Verlag

Inhalt

Vorwort // 7

Eine paradoxe Situation? – Einleitung // 13

I. Denken und Prophezeien // 31
1. Schwarzkünste // 31
2. Verfahren // 37
3. Prophetentum und Wahn // 46

II. Die Kunst, nicht zu lesen // 49
1. Geschwächte Urteilsfähigkeit // 49
2. Die philologische Ausnahme // 54
3. Hermeneutische Aporien // 66

III. Die Kunst zu schreiben // 73
1. Kunst zu schreiben und doppelte Sprache // 74
2. Kunst zu schreiben und politische Theologie // 94

IV. Wie wird gerechtfertigt, was nicht zu rechtfertigen ist? // 99
1. Badiou und die universelle Leugnung // 100
2. Heideggers schmutzige Hände und die merkwürdige Niederlage des Gianni Vattimo // 104
3. Die Strategie des Peter Trawny // 114
4. Weißwaschung durch die Juden // 120
5. Tendenz einer Banalisierung? // 126

V. Krise der Apologien // 129
1. Von der Verharmlosung zur Leugnung // 133
2. Ablenkungsmanöver // 135
3. Heidegger unentbehrlicher denn je? // 145
4. Umschwenkungen // 151

VI. De-Ontologie und Metapolitik // 153
1. Identität gegen Ontologie? // 154
2. Metapolitik und Hoher Stil // 160
3. Die Freiheit zu irren, mit Heidegger // 164
4. Der Affirmationismus // 173
5. Was in der gegenwärtigen Politik auf dem Spiel steht // 179

Verantwortung und Wiederaufbau – Schluss // 187
1. Heideggers Gespenster // 188
2. Wiederaufbauen // 195

Siglenverzeichnis // 203
Bibliographie // 205

Vorwort

Das Unsagbare wird gesagt werden.
(Nathalie Sarraute: *L'Usage de la parole*)

Als ich vor Jahren ein Buch über die Gedichte von Primo Levi schrieb, konnte ich die Entfernung ermessen, die die authentischen Zeitzeugnisse von den üblichen Reden trennt: über das Unsagbare (Giorgio Agamben), die ‚abyssale Tiefe der Shoah' (Donatella di Cesare) oder die Unmöglichkeit des Zeitzeugnisses schlechthin (Jacques Derrida). Die meisten dieser Aussagen bezogen sich auf Martin Heidegger und das Bild der Industrialisierung, das er in einem Vortrag von 1949 kurz erwähnt, und in dem er scheinbar das Thema der Vernichtung umgeht, indem er von der modernen Landwirtschaft, der Blockade Berlins und der Atombombe spricht.
Beim Meister wie auch bei seinen Schülern berücksichtigte das für so entscheidend erachtete ‚Denken' der Vernichtung keines der historischen Forschungsergebnisse zum Deutschen Reich, zu den Opfern der Massenerschießungen der Einsatzgruppen im Osten, den Opfern des Hungers oder der Epidemien in den abgeschotteten Ghettos, der Zwangsarbeit oder der bis auf den Tod erschöpfenden Transporte. Die Verkündung des Unsagbaren predigte Unverständnis, ja blumig metaphorische Entwirklichung wie in jenem schauerlichen Bravourstück von Agamben, der den ‚Muselmann' von Auschwitz

in das Zentrum der mystischen Rose des Paradieses versetzt. Diese theologisch-politischen Denkschnipsel verschlossen sich jeglichem historischen Verständnis und jeglicher Verantwortung.

Ich war nie imstande, Heidegger und seine Apologeten ohne ein – keineswegs existentielles – Unbehagen zu lesen, während doch eine ganze Menge illustrer Autoren sich auf ihn beriefen, von Jean-Paul Sartre bis zu Bernard-Henri Lévy, von Michel Foucault bis zu Derrida, von Jean-Luc Marion bis zu Alain Finkielkraut. Bei der Untersuchung von Heideggers Sprache konnte ich auf Theodor W. Adorno, Pierre Bourdieu oder Henri Meschonnic zurückgreifen, aber das so wichtige Buch von Emmanuel Faye[1] und etwas später seine persönliche Unterstützung regten mich zu einer unabhängigen Lektüre an, um meine eigene Analyse zu formulieren.

Als Teilnehmer an einem europäischen Projekt zur mehrsprachigen Erkennung von rassistischen Webauftritten kam ich ausgiebig mit den Klassikern des Nationalsozialismus und der negationistischen Literatur in Berührung. Dies bestärkte meine Überzeugung, dass der politische Radikalismus von Autoren wie Carl Schmitt und Heidegger noch immer Bedrohungspotential birgt. Vermutlich liegt darin auch der Grund dafür, dass sie heute von Agamben über Antonio Negri, Alain Badiou bis zu Slavoj Žižek so sehr gerühmt werden und dass sie für so manche identitäre Strömung innerhalb der kulturellen und postkolonialen Studien unbestrittene Referenzen geworden sind.

Nach tausenden Heidegger gewidmeten Büchern will ich nicht ein weiteres Mal in sein Denken einführen, auch nicht in allgemein verständlicher Form. Im Übrigen wäre das auch zu früh, denn seine Archive bleiben der Forschung unzugänglich, und die Veröffentlichung seiner Werke ist noch unvollständig. Sie wird außerdem ohne jede philologische Garantie unternommen, da die Herausgeber unbequeme Sätze getilgt, zweifelhafte, ja irreführende Datierungen vorgeschlagen und eine nicht nachvollziehbare, kalkuliert langsame, posthume Veröffentlichungsfolge beibehalten haben, die sich bereits über vier Jahrzehnte hinzieht.

1 Emmanuel Faye: *Heidegger. Die Einführung des Nationalsozialismus in die Philosophie.* Berlin: Matthes & Seitz 2009.

So problematisch das Werk noch immer ist, so enthusiastisch bleibt seine Rezeption, und zwar hinter einem mit den Jahren immer dichteren Nebel, der vor allem seit 1945 durch so manche beschönigende Übersetzer, apologetische Philosophen und konformistische Professoren erzeugt wird. In Frankreich scheint von der extremen Rechten bis zur extremen Linken Einigkeit über Heidegger zu bestehen, als wäre er geradezu ein Teil der Identität der Philosophie und der zeitgenössischen französischen Kultur selbst, woran nicht wenige Apologeten immer wieder erinnern.

So ist das Ziel dieses Büchleins nicht eine Einführung *ad usum delphini* oder ‚für Dummies'. Wenn es hin und wieder in groben Strichen die Geschichte der Manipulationen und der halb absichtlichen Irrtümer nachvollzieht, so befindet sich sein Standpunkt eindeutig in der Gegenwart, in einer Zeit, in der sich die Fragen der Verantwortung des Denkens und der Rekonstruktion der Ethik in aller Schärfe stellen. Die kriminelle Radikalisierung, die verständnisinnigen Apologien, die allgemeine Anomie sind heute wie damals eine Bedrohung; es ist Zeit zu fragen, wie das alles möglich war.

Wie kann man heute an das Werk Heideggers[2] herangehen, eines Autors, der unter den Nazi-Philosophen, die im ‚Dritten Reich' Verantwortung übernahmen, der einzige bleibt, der heute noch, weit über die Kreise der Philosophen hinaus, in den kulturellen und postkolonialen Studien und ganz allgemein in den Künstlermilieus, weltweiten Ruhm und anhaltenden Erfolg genießt.

2 Heideggers Nationalsozialismus war lange vertuscht worden, seit etwa zehn Jahren wird er von seinen Getreuen eingeräumt. Der Konsens scheint über die politischen Lager hinwegzugehen. Jean-Luc Marion erklärte: „Der größte Philosoph des 20. Jahrhunderts war ein Nazi" (Nicolas Weill: Jean-Luc Marion, penseur de fond. In: *Le Monde*, 22.01.2010. http://www.lemonde.fr/livres/article/2010/01/21/jean-luc-marion-penseur-de-fond_1294890_3260.html?xtmc=jean_luc_marion&xtcr=1 (Zugriff am 12.12.2016).) Die zweite Behauptung ist unstrittig, wie steht es aber um die erste? Bernard-Henri Lévy stellt Heidegger als ein Opfer des Hasses auf das Denken dar: „Im allgemeinen lesen die Leute lieber keine Bücher. Und sie würden sie eigentlich sogar ganz gern verbrennen können. Schon immer. Das nennt man den Hass auf das Denken. Bei Heidegger nimmt er Formen einer öffentlichen Hinrichtung an. Gewiss, Heidegger war Nazi, man sollte aber nicht auf die Lektüre der Bücher der Philosophen oder Schriftsteller verzichten, wenn sie, was die Regel ist, nicht so groß sind wie sie selbst." (Josyane Savigneau: BHL contre Bernard-Henri Lévy. In: *Le Monde*, 16.02.2010. http://www.lemonde.fr/livres/article/2010/02/15/bhl-contre-bernard-henri-levy_1306033_3260.html?xtmc=heidegger&xtcr=1 (Zugriff am 12.12.2016).)

Jetzt wo der Zusammenbruch des Heideggerschen Denkens und seiner Apologeten allmählich erkannt wird, wäre es zu einfach, diesen kleinen Essay nur als Gelegenheitspamphlet zu konzipieren: er will aus kritischem Abstand auf die Geistesgeschichte blicken und in einer Situation, die von identitärer Abschottung, von allerlei Fanatismen und Verschwörungstheorien geprägt ist, die Verantwortlichkeiten des gegenwärtigen Denkens illustrieren.

Ich werde nicht versuchen, mit Heideggers Exegeten eine ‚Diskussion zu eröffnen': Sie wäre ein Zeitverlust, wo doch jetzt die ersten Bände der *Schwarzen Hefte* auf die meisten der früher so umstrittenen Fragen klare Antworten geben. Heidegger gilt mit Ludwig Wittgenstein immer noch als der größte zeitgenössische Philosoph, aber durch die Veröffentlichung der *Schwarzen Hefte* muss jetzt sein Werk dem Textkorpus der Ideologen des geheimen Deutschland zugerechnet werden.

Wie und warum verschlüsselte er seine Absicht und sicherte sich doch gleichzeitig einen Einfluss auf das internationale Denken, von der Phänomenologie bis zum Dekonstruktivismus? Wie war es möglich, dass – namentlich in Frankreich – Generationen von Intellektuellen immer wiederkehrende, aufschlussreiche Indizien vernachlässigen und unkonventionelle Interpretationen zu simplen polemischen ‚Affären' erklären konnten? Warum gehen heute Apologien jeglicher politischer Couleur von der Leugnung zur Bestätigung über, vom Negationismus zum ‚Affirmationismus'? Heidegger sei groß wegen seiner Radikalität, die ihn zu einem Denker mache, ohne den wir die Vernichtung und die Welt der Gegenwart nicht verstehen könnten.

Er hatte zu einem ‚anderen Anfang' aufgerufen. Das Denken der Gegenwart geht jetzt jedoch andere Wege, es gilt, die Ethik, die Rationalität und die Politik um die Menschenrechte wiederaufzubauen, denn nur ein Humanismus nach der Katastrophe kann neue Katastrophen verhindern.

Anlässlich der deutschen Ausgabe freue ich mich, dem Übersetzer Ulrich Hermann danken zu können, der es mir ermöglichte, so manche Stelle zu präzisieren oder sogar zu berichtigen. Ich möchte hier aber auch einem Missverständnis zuvorkommen.

Bekanntlich setzte Heidegger im Jahrzehnt nach Kriegsende auf gewisse französische Intellektuelle, insbesondere Jean-Paul Sartre,

Maurice de Gandillac und Jean Beaufret, die ihm dabei helfen sollten, sich einen Persilschein zu verschaffen, seine Autorität wiederherzustellen und eine ätherische Legende entstehen zu lassen. Das bedeutet aber nicht, dass der devote Heideggerismus eine recht exotische innerfranzösische Kuriosität wäre. Die deutsche Schule um die Martin-Heidegger-Gesellschaft steht keineswegs hintenan: Was zum Beispiel Leugnungen betrifft, hat Friedrich-Wilhelm von Herrmann von François Fédier nichts zu lernen. Außerdem wurde in Wuppertal auf Initiative von Peter Trawny eine konkurrierende Gesellschaft gegründet, die eine neue apologetische Linie entwickelt. Die deutsche Heideggersche Schule ist auf der ganzen Welt anerkannt, sowohl wegen ihres editorischen Monopols als auch wegen der Fülle ihrer Kommentare.

Seit mehr als einem halben Jahrhundert wurden in Frankreich diverse fundierte Kritiken an Heidegger formuliert, von Autoren wie Jean-Pierre Faye, Robert Minder, Georges-Arthur Goldschmidt, aber auch Meschonnic, Bourdieu und Jacques Bouveresse. Emmanuel Fayes neuartige Synthese von 2005 wurde weithin rezipiert und inspirierte junge Autoren wie Gaëtan Pégny, Stéphane Domeracki oder Avishag Zafrani. Daher war für viele die Veröffentlichung der ersten Bände der *Schwarzen Hefte* eher Bestätigung als Aufdeckung eines doch schon recht gelüfteten Geheimnisses.[3]

Gegenwärtig entwickelt sich eine internationale Forschungsrichtung, wovon insbesondere die Sammelbände *Heidegger, le sol, la communauté, la race* und *Martin Heideggers „Schwarze Hefte". Eine philosophisch-politische Debatte* zeugen.[4]

Der französische Heideggerismus stellt sich allerdings ins Abseits und zögert die Übersetzung der *Schwarzen Hefte* hinaus, während spanische, englische und italienische Ausgaben schon erschienen sind. Deshalb richtet mein Buch in den Kapiteln über die Rezeption der *Schwarzen Hefte* sein Augenmerk eher auf Autoren wie Santiago

3 Das schwächt die Behauptung von Jürg Altwegg: Antisemitismus bei Heidegger. Ein Debakel für Frankreichs Philosophie. In: *FAZ*, 13.12.2013. http://www.faz.net/aktuell/feuilleton/buecher/themen/antisemitismus-bei-heidegger-ein-debakel-fuer-frankreichs-philosophie-12710158.html (Zugriff am 20.10.2016).

4 Emmanuel Faye (Hrsg.): *Heidegger, le sol, la communauté, la race*. Paris: Beauchesne 2014; Marion Heinz / Sidonie Kellerer (Hrsg.): *Martin Heideggers „Schwarze Hefte". Eine philosophisch-politische Debatte*. Berlin: Suhrkamp 2016.

Zabala, Gianni Vattimo, Di Cesare und Trawny. Eine nationale Sichtweise wäre im Übrigen Wasser auf die Mühlen der identitären Obsession des Meisters und umso abwegiger, als aus dem Dekonstruktivismus eine globale Sprache geworden ist und gegenwärtig die Zukunft der Human- und Kulturwissenschaften auf dem Spiel steht.

Entgegen allem Anschein und obwohl ich selbst dafür die volle Verantwortung übernehme, ist dieses Buch in gewisser Hinsicht ein Gemeinschaftswerk: Es hätte nicht vollendet werden können ohne die vielen Artikel, Arbeitsdokumente und Anregungen von Emmanuel Faye, Édith Fuchs, Astrid Guillaume, Sidonie Kellerer, Arnau Pons, Livia Profeti, Gaëtan Pégny, Julio Quesada, Jocelyne Sfez, Michèle Cohen-Halimi, Georges-Arthur Goldschmidt, Richard Wolin.
Ich freue mich umso mehr, hier Emmanuel Faye für seine Anregungen zu danken, als ich oft seine Untersuchungsergebnisse und einige seiner Übersetzungen übernommen habe; kurz, meine Diebereien sind so zahlreich, dass dieses Buch meine Schuld nicht begleichen kann.
Sehr danke ich auch Gaëtan Pégny für seine Bemerkungen zu einer ersten Fassung dieser Arbeit.
Monique Labrune hat mich zum Projekt dieses Buchs angeregt, ich fühle mich dadurch sehr geehrt.

Eine paradoxe Situation?

Einleitung

> Uns aber ist der Schutzschild der gewollten Unwissenheit, T. S. Eliots „partial shelter", verweigert worden: wir konnten nicht anders als hinsehen. (Primo Levi: *Die Untergegangenen und die Geretteten*)

Ein universeller Siegeszug, jenseits der Philosophie
Heidegger wird neun Millionen Mal auf akademischen Webseiten erwähnt, und sein Ansehen geht weit über die Philosophie hinaus: Er ist eine Autorität für einflussreiche Autoren einer Vielzahl von Disziplinen, von der Architektur bis zur Psychoanalyse, er ist es auch in gewissen Sektionen der Künstlichen Intelligenz und des Semantic Web.[5] Kurz, er wird in allen Sphären des intellektuellen Lebens, des künstlerischen Schaffens bis hin zu jener von ihm unter dem Namen *Kybernetik* geschmähten Technik immer wieder erwähnt. Deshalb interessieren seine Texte die Gesamtheit der Humanwissenschaften, im weiteren Sinne die Kulturwissenschaften und darüber hinaus. Selbstverständlich behandele ich hier bevorzugt die philosophischen Interpretationen, die sich seit bald einem Jahrhundert angesammelt haben, nicht um sie als solche zu untersuchen und sie um einen weiteren Kommentar zu bereichern, sondern um sie meinem Studienkorpus

5 Zum Beispiel bezog sich auf ihn ein gutes Drittel der Vorträge des Panels „Philosophie im Web" der Weltkonferenz *World Wide Web* 2012.

hinzuzufügen und um die Rezeption der in jüngster Zeit veröffentlichten Texte zu charakterisieren.

Die Philosophie gehört zu den Humanwissenschaften und ist Nachbarin der Kulturwissenschaften. Aber ihre speziellen Eigenschaften verleihen ihr keinerlei Ausnahmestatus und das gilt auch für Heideggers Texte, sofern sie philosophische sind. Gewiss würden die orthodoxen Heideggerianer gern ihre Art, Heideggers Texte zu lesen und zu kommentieren, allen anderen aufzwingen. So macht z. B. Thomas Sheehan den Versuch, Emmanuel Faye zu disqualifizieren, um ihm seine Kompetenz als Philosoph abzusprechen;[6] aber der Zorn der Epigonen kann eine Interpretation nicht ungültig machen. Vor allem, wenn sich Persönlichkeiten wie Philippe Sollers, Yannick Haenel oder Yann Moix[7] gemeinsam mit Fédier, einem der wichtigsten orthodoxen Heideggerianer, äußern, so wird man zugeben, dass die Lektüre von Heideggers Werken nicht den Philosophen vorbehalten ist.

Ohne also eine Abhandlung über Heidegger sein zu wollen, soll dieses Büchlein über den gläubigen Kommentaren stehen, die seit Jahrzehnten im Überfluss produziert werden. Es setzt sich zum Ziel, eine paradoxe Situation zu erörtern. Seine Fragestellung ist eine philologische. Wie ist das bis jetzt veröffentlichte Werk zu charakterisieren? Es ist dies auch eine hermeneutische Frage: Soll man es interpretieren, obwohl sein Autor sich dagegen sperrt, und nach welchen Prinzipien? Zudem wird auch eine politische Frage aufgeworfen: Die politische Bedeutung des Heideggerschen Entwurfs wurde unterschätzt, ja verschwiegen, entweder um gegenüber der akademischen Philosophie, die Heidegger schmähte, unabhängig zu bleiben, oder um weiterhin die ‚Metapolitik' zu verschleiern, die er stiften wollte.

Und schließlich soll auch der Status der Philosophie befragt werden. Ist sie eine ‚Weltanschauung', eine radikale und ausschließende Ideologie, die alle anderen bekämpft, nicht nur um sie zu beherrschen, sondern um sie auszumerzen? Oder soll sie im Gegenteil dazu dienen, sich von der Doxa und den sie radikalisierenden ‚Weltanschauungen' loszumachen, um die Menschenwelt in ihren Blick zu bekommen und sie

6 Thomas Sheehan: *Making Sense of Heidegger. A Paradigm Shift.* Lanham: Rowman & Littlefield 2014.

7 Französischer Schriftsteller und regelmäßiger Mitarbeiter einer Fernsehsendung.

verstehen zu können? Wie will schließlich das Heideggersche Denken die Philosophie nicht euphemistisch ‚dekonstruieren', sondern explizit zerstören?

Je mehr die in langen Abständen publizierten Schriften ihren radikal nationalsozialistischen und antisemitischen Charakter präzisieren, desto mehr Zweifel werden laut; sie trüben noch kaum eine nahezu universelle Arglosigkeit, aber sind doch deutlich genug, um die Aufmerksamkeit der Tagespresse zu erregen, wo sie mit anderen aktuellen Fragestellungen konfrontiert werden, wie dem Anwachsen der Rechtsextremismen, der Radikalismen und dem blutigen Wiedererstarken des Antisemitismus.

Heidegger schrieb: „Zu fragen wäre, worin die eigentümliche Vorbestimmung der Judenschaft für das planetarische Verbrechertum begründet liegt."[8] Dieser Satz steht in einem Text von 1939/1940. Alles ist schon gesagt: die Welt-, ja Universalverschwörung, das metaphysische Geschick, die Kennzeichnung der kriminellen Gemeinschaft, deren „völlige Vernichtung"[9] Heidegger schon neun Jahre vor der Wannseekonferenz forderte. Dieser Satz verdient Aufmerksamkeit und bestimmt durch seine verschiedenen Aspekte die Gliederung dieses Buchs.

(i) Er wurde nur beiläufig in einem Buch von Trawny[10] veröffentlicht, war aber ohne weitere Angabe von Gründen im 1998 erschienenen Band 69 der *Gesamtausgabe*[11] getilgt worden, was einiges über die Zuverlässigkeit dieser Edition aussagt. Was lesen wir? Diese Frage wird im II. Kapitel behandelt.

8 *GS*, S. 78. Der französische Comedian Dieudonné wurde wegen gemäßigterer Sätze der Anstiftung zum ‚Rassenhass' angeklagt; aber wen die Veröffentlichung solcher Heideggerschen Phantastereien beunruhigt, dem wird versuchte Zensur des großen Denkers vorgeworfen. Heidegger, der als schwieriger Autor bekannt ist, gelingt es bei Gelegenheit durchaus, sich auf die Ebene eines gewöhnlichen Antisemiten, sogar eines Skinheads oder Dschihadisten zu begeben.

9 *WW*, S. 91.

10 Peter Trawny: *Heidegger und der Mythos der jüdischen Weltverschwörung*. Frankfurt am Main: Klostermann 2014, S. 51.

11 Immerhin bietet der Verlag für den Band seit Mai 2015 Corrigenda zum Herunterladen an, siehe http://download.klostermann.de/HGA69%20Corr-Liste.pdf (Zugriff am 22.01.2017).

(ii) Der Satz ist in der Frageform formuliert, ist aber in Wirklichkeit doktrinäre Behauptung und Anklage. Dieser Punkt ist Gegenstand des III. Kapitels.
(iii) Warum wurde er getilgt und welche sind die gegenwärtigen Strategien der Apologeten, von der Negation zur Affirmation? Im IV. und V. Kapitel wird dieser Punkt behandelt.
(iv) Er wurde in einer Vorlesung nach dem Novemberpogrom von 1938 und nach so manchen anderen Drohungen ausgesprochen, wie zum Beispiel dieser, geschrieben 1938: „Hart an der Grenze der Vernichtung läuft der Weg, der vom Seyn dem Denken gewiesen."[12] Welche Verbindung gibt es zwischen der politischen Geschichte und der Geschichte des Seins? Wäre die Metapolitik dann also todbringend? Das wird im VI. Kapitel abgehandelt.

Eine günstige Situation
Die bis heute erschienenen *Schwarzen Hefte* umfassen vier Bände (*SH* I–IV), die 2014 und 2015 veröffentlicht wurden und insgesamt etwa 1.800 Seiten umfassen. Das internationale Aufsehen, das sie erregten, verpflichtet zu einer Bestandsaufnahme, umso mehr als sich die Veröffentlichung der nächsten Bände aufgrund der öffentlich ausgesprochenen Uneinigkeit im Herausgebergremium sehr wahrscheinlich verzögern wird – und auch die französische Übersetzung wird vorsichtig auf die lange Bank geschoben.
Die vom Meister als Krönung seines Werks vorgesehene Veröffentlichung der *Schwarzen Hefte* macht der verzerrten Diskussion über den Antisemitismus seiner Schriften ein Ende. Sie ist auch eine sehr indirekte Würdigung all jener, die seit acht Jahrzehnten nicht nur klarsichtig waren, sondern auch zur Zusammenstellung eines inzwischen unwiderlegbaren wissenschaftlichen Dossiers beigetragen haben: unter ihnen Herbert Marcuse, Félix Lussert, Guido Schneeberger, Robert Minder, Jean-Pierre Faye, Theodor W. Adorno, Pierre Bourdieu, Georges-Arthur Goldschmidt, Hugo Ott, Johannes Fritsche, Hassan Givsan, Victor Farías, Julio Quesada, Emmanuel Faye, Richard Wolin, Sidonie Kellerer, Édith Fuchs, Gaëtan Pégny und Livia Profeti. Ihre überzeugenden Interpretationen erfuhren jetzt eine ganz besonders brillante Bestätigung, denn die *Schwarzen*

12 *SH* II, S. 50.

Hefte radikalisieren die nationalsozialistischen Thesen zur jüdischen Weltverschwörung.

Man könnte annehmen, dass die Veröffentlichung der ersten *Schwarzen Hefte* Jahrzehnte des Leugnens beendete und Heidegger endgültig diskreditierte: Nicolas Weill schrieb denn auch Ende 2014 einen Artikel in *Le Monde* mit dem Titel „Das Jahr des Schiffbruchs“[13]. Aber das hieße vergessen, dass ihre lange hinausgeschobene Veröffentlichung einen günstigen Zeitpunkt für die Verbreitung ihrer Vernichtungsradikalität geschickt wahrnahm, ein Jahr nämlich vor dem schon im Voraus angekündigten Erfolg der Neuherausgabe von *Mein Kampf* in Europa, in der Folge einer großen Zahl anderer Länder. Im Übrigen ist der prophetische Plan im Werk Heideggers, der sich in seiner Sprache, seinem schleichenden Messianismus („Nur ein Gott kann uns noch retten“[14], verkündete er in einem Gespräch) und in seiner Voraussage eines recht apokalyptischen „anderen Anfangs“[15] ausdrückt, natürlich für die gläubigen Heideggerianer weit wichtiger als die wechselvolle Editionsgeschichte, auf die sie die *Schwarzen Hefte* reduzieren wollen.

Als Primo Levi Heidegger betreffend von Abdankung sprach, unterschätzte er ihn wahrscheinlich: Heidegger war nämlich kein einfacher Parteigänger, sondern ein wirklicher *Prophet*, einer derer, die seit den 1920er Jahren dazu beitrugen, das Programm der Opferung (des *Seins zum Tode*) für die Gemeinschaft zu kräftigen, all die Themen, die in der *Rektoratsrede* zusammenkamen und die in den *Schwarzen Heften* bis in die 1970er Jahre weitergeführt wurden.

Man unterschätzt ganz allgemein den Nationalsozialismus, wenn man ihn mit dem besiegten Hitlerismus gleichsetzt: Nicht nur genügte die militärische Niederlage nicht, um diese Ideologie zu diskreditieren, sondern sie überlebte – und zwar mithilfe von alten Nationalsozialisten, deren Talente als Polizisten und Folterer überall angesehen waren, von Syrien über Argentinien bis nach Russland. Der

13 Ich habe dieses Bild des Schiffbruchs in den Titel des Buchs übernommen, weil es so anschaulich ist, aber ich muss es ein wenig erläutern: Das Ereignis war weder ein plötzliches noch ein unvorhersehbares, denn das Heideggersche Schiff hatte seit Jahrzehnten schon Lecks; überdies ist das keine Katastrophe, denn die Klarheit nimmt seit der Veröffentlichung der *Schwarzen Hefte* zu.

14 Nur ein Gott kann uns retten. SPIEGEL-Gespräch mit Martin Heidegger am 23. September 1966. In: *Der Spiegel*, 23/1976, S. 193–219, hier S. 209.

15 *BPh*, §§ 255–256, S. 411–412.

Nationalsozialismus als millenaristische, verschwörungsgläubige und apokalyptische Prophetie wurde auf tausenderlei Art neu erarbeitet: Die oberflächlichste und sichtbarste ist jenes Konglomerat von Gothic- und SS-Elementen, das als angebliche populäre Gegenkultur für Motorradfahrer eiserne Kreuze und Totenköpfe miteinander verbindet.

Auf hinterhältigere Art lehnen in den intellektuellen Kreisen neue Generationen die Rationalität, die Wissenschaften, die Demokratie und die Menschenrechte als westliche Machenschaften ab; manche radikalisieren sich und bedauern, wie Žižek, dass Hitler nicht weit genug gegangen sei.

Überschreitungen und neue Strategien

Der Heideggerschen Philosophie wird, namentlich in Frankreich, noch immer eine Gründungsfunktion zugeschrieben. Dort folgten mehrere Generationen von Schülern aufeinander, wobei Sartres Existenzialismus, nach einer von Karl Marx beeinflussten Episode, dem Dekonstruktivismus den Platz räumte. Das Resultat war, dass sie Anlass für das vorherrschende Idiom wurde, das die Grundlage für die akademische Disziplin und die *French Theory* bildet.

Lange blieb die Lage ziemlich undurchsichtig. Nach dem Krieg hatte Heidegger die am wenigsten zweideutigen seiner Texte umgeschrieben und sich in einen scheinbar gemilderten Hermetismus gehüllt. Seine Rechteinhaber und Herausgeber untersagen bis heute, wahrscheinlich auf seine Veranlassung hin, den Zugang zu seinem Archiv. Aber er hatte die Veröffentlichung seines Gesamtwerks sorgfältig geplant, indem er eine fortschreitende Radikalisierung voraussah, die zu Beginn dieses Jahrhunderts einen Höhepunkt erreichte. So erschien 2001 ein Text, der zur „völligen Vernichtung"[16] des inneren Feindes aufrief; dann sollten die neun Bände der *Schwarzen Hefte* das Ganze krönen. Die bisher veröffentlichten Bände greifen Hitlers und Alfred Rosenbergs Thesen von der ‚jüdischen Weltherrschaft' in gleichen Formulierungen wieder auf.

Merkwürdigerweise scheint sich der Herausgeber der *Schwarzen Hefte* Peter Trawny, Direktor des Martin-Heidegger-Instituts, zu distanzieren, wenn er schreibt, dass diese Herrschaft „zur Hälfte eingebildet"[17]

16 *WW*, S. 91.

17 Peter Trawny: Heidegger et l'antisémitisme. In: *Le Monde*, 21.01.2014, S. 17.

sei, ein diskreter Hinweis darauf, dass sie mindestens halb wahr ist. Die zitierten Stellen sind zwar antisemitisch, aber mit seiner Auswahl der Zitate scheint Trawny beim Antisemitismus (der offenbar banalisiert und verzeihlich ist) nachgeben zu wollen, um der Konfrontation mit der Frage des Nationalsozialismus aus dem Weg zu gehen. Wie kann der antisemitische Baum den nationalsozialistischen Wald verdecken?

Paradoxerweise überholt Heidegger den Hitlerismus auf der Rechten, und zwar durch eine metaphysische Radikalisierung des Antisemitismus. Das dramatisierte Bild, das er von der zeitgenössischen Welt und der wissenschaftlichen und technischen Moderne zeichnet, wird bestimmt von der Herrschaft des ‚Weltjudentums'. Trawny selbst vergleicht in seiner merkwürdigen Apologie Heideggers Aussagen mit den *Protokollen der Weisen von Zion*, und es zeigt sich, dass diese angebliche Herrschaft nicht mehr in der Dunkelheit einer Verschwörung verborgen ist, sondern sich klar und deutlich im technisch-wissenschaftlichen Aufschwung selbst äußert.

Heidegger wird natürlich weiterhin als tiefsinniger Denker der Technik gefeiert und der lobenden Hinweise sind Legion. Bedeutet aber Denken, dass man ohne jede kritische Distanz verurteilt? Heidegger, der sein Studium zu einer Zeit absolvierte, als die akademische Philosophie durch die Naturwissenschaften um den Verlust ihrer Gegenstände fürchten musste, kehrt zu den scholastischen Traditionen der Geschichte des Seins und der ontologischen Differenz zurück, aber sein Ziel ist es, mit seinem antihumanistischen Projekt die Ethik, die philosophische Anthropologie, aber auch die Sozialwissenschaften mit ihrer Vielfalt der Kulturen und Sprachen (die deutsche Sprache allein genügt, um alles zu sagen und zu denken) und schließlich die Natur- und Biowissenschaften, wie natürlich auch die logisch-formalen Disziplinen, über Bord zu werfen und damit *tabula rasa* zu machen. An diesem Projekt haben die jüdischen, arabischen, lateinischen, christlichen (außer dem antisemitischen Prediger Abraham a Sancta Clara), materialistischen oder einfach nur rationalistischen Autoren keinerlei Anteil und werden vom Korpus der philosophischen Ausarbeitung ausgeschlossen. Aber diese ‚Säuberung', die sich als exemplarische versteht, reduziert die Philosophie auf den Monolog einer todbringenden Doktrin.

Diese brutale Abschottung begünstigte den Obskurantismus der sektiererischen Anhängerschaft, und was man die Heideggersche

Philosophie des Selben nannte, gründet auf hohle ontologische, die identitäre Obsession bis in die assonierenden Wiederholungen verratende Tautologien.[18] Aber indem sie, weil sie jedes Anderssein ausschließt, auf ein Objekt verzichtet, hat sie nur noch ein Ziel, nämlich den ‚Rassenhass' zu entfachen, der sich heute, wie im Werk des Meisters, so auch in unserer Gegenwart ausbreitet. Es ist zu befürchten, dass er einst aus diesem Grund im Verborgenen betrieben wurde, und dass dies heute ganz offen geschieht.

Die Rezeption der ersten Bände der *Schwarzen Hefte* bestätigt das. Peter Trawny, der Herausgeber, meint, dass die antisemitischen Ideen damals allgemein verbreitet waren (durch wen? Handelt es sich nur um einen nostalgischen Firnis?), während jedoch der Wille, die seinigen zu veröffentlichen, ein Beweis sei für Heideggers „bemerkenswerte Freiheit des Denkens"[19]. Und schließlich sei Heidegger ein Gegner des Nationalsozialismus – selbst wenn die Einwände, die Trawny ihm zuschreibt, auf eine rechte Kritik hinauslaufen, die derjenigen der esoterischen Kreise des geheimen Deutschland ähnelt: Kurz gesagt, die Hitlerleute seien nicht weit genug gegangen. Auf diese Weise entlastet bleibt Heidegger selbstverständlich in seinen Augen „einer der größten Denker des 20. Jahrhunderts"[20]. Französische Heideggerianer, die das gleiche behaupten, attackieren aber Trawny. In Frankreich haben geschönte Übersetzungen und distinguierte Kommentare Heidegger zwar zu einem unumgänglichen Autor für die Prüfungen zur Agrégation[21] gemacht, aber hier ist man sich nur über die Taktik uneinig: Während sich die Franzosen seit sehr langer Zeit aufs Leugnen verlegt haben, begriff Trawny, dass Heidegger, indem er vorsah, sein Gesamtwerk mit der Herausgabe der neun offen nationalsozialistischen Bände zu krönen, leider nicht ohne Grund dachte, dass sie mit offenen Armen empfangen würden, weil er auf eine Überwindung des alten Hitlerismus setzte, der durch einen aktualisierten

18 Siehe Kap. III, S. 87.

19 Trawny: Heidegger et l'antisémitisme.

20 Ebd.

21 Im französischen Schulsystem der Königsweg zur Lehre an Gymnasien. Die Prüfung beruht auf dem Auswahlprinzip (*concours*), die Zahl der Kandidaten übertrifft sehr beträchtlich die Zahl der zu besetzenden Stellen.

und enthemmten Neonazismus besiegt würde. Nachdem die Zeit des Negationismus vorüber ist, kommt jetzt die des *Affirmationismus.*[22] Nach den ersten Reaktionen zu urteilen, wird es in der akademischen Welt auf internationaler Ebene ein starkes Echo geben. Der aktive Antirationalismus, die Ablehnung der Ethik und die Fetischisierung der Ästhetik, die Ablehnung der Technik und des wissenschaftlichen Denkens, das alles zog die universitären Radikalismen von rechts und von links ungemein an, die sich schon seit Jahrzehnten im Heideggerschen Programm des ‚Abbaus' befinden, eines Begriffs, der auch in seiner schönfärberischen Form ‚Dekonstruktion' bekannt ist.

Da Heidegger einen orakelartigen, pompösen und geschickt hypnotischen Stil entwickelt, indem er mit den Begriffen der Ontologie die Kategorien des Nationalsozialismus neu kodiert, konnte oder wollte man darin nicht die Doppelzüngigkeit erkennen, die er doch im privaten Kreis durchaus für sich beanspruchte. Die ‚Affäre' Heidegger ist schließlich nichts als die bisweilen komplizenhafte Blindheit verschiedener akademischer Kreise und einer ganzen Anzahl namhafter Intellektueller.

Ist eine Philosophie, die zum Totschlagen aufruft, etwas anderes als eine gefährliche Doktrin? Es ist tatsächlich so, dass sich einflussreiche russische Ultranationalisten wie Alexander Dugin oder islamische Fundamentalisten wie Umar Ibrahim Vadillo schon seit längerem auf Heidegger berufen, um die ‚rassische' Überlegenheit oder den totalen Krieg zu predigen.[23] Im Unheil bringenden Denkmodell, wie Heidegger es vorsah, kann dann die Radikalisierung, die in seinem Editionsplan steckt, eine schulende Wirkung bekommen, wenn sie einen philosophisch legitimierten Neonazismus verkündet.

22 Siehe Kap. VI, S. 173.

23 Siehe Kap. VI, S. 181.

Welcher Nationalsozialismus?

Man weiß seit den 1930er Jahren, dass Heidegger Nationalsozialist war.[24] Das wichtige Buch von Emmanuel Faye[25] sorgte jedoch für Aufruhr, denn der Autor begnügte sich nicht mit der ewigen Wiederkehr dieser Gewissheit: Er zeigt, namentlich am Beispiel der Vorlesungen der Jahre 1933 bis 1935, die in Marbach aufbewahrt werden, dass Heideggers Philosophie selbst nationalsozialistisch ist. Dazu gehören auch in letzter Zeit erschienene Texte, die die „völlige Vernichtung" rechtfertigen.[26] Wie kann man jetzt noch weiter jene hochfliegenden Betrachtungen äußern, die Heideggers Lektüre im Allgemeinen begleiten? Wie ist es möglich, einem Aufruf zum Massenmord einen philosophischen Status zuzuerkennen? Es geht jetzt also nicht darum, die historischen Fakten zu ermitteln, auch nicht einen verspäteten und unangebrachten philosophischen Prozess zu eröffnen, sondern herauszufinden, wie an das vorhandene Korpus heranzugehen ist.
Seit der Veröffentlichung eines Artikels von Herbert Marcuse im Jahr 1934 war der nationalsozialistische Charakter der Heideggerschen Philosophie Gegenstand einer Vielzahl von ebenso treffenden wie unzeitgemäßen Untersuchungen, die als diffamierende ‚Affären' angesehen wurden. Mit der Veröffentlichung der *Schwarzen Hefte*, in denen Heidegger zwischen 1930 und 1970 ein Denktagebuch führte, werden jetzt diese so geschmähten Untersuchungen vom Meister selbst posthum, aber unwiderlegbar bestätigt, was unter den Schülern viel Verwirrung stiftet.

24 Jean-Michel Salanskis vertrat sogar die Meinung, dass vielleicht gerade darin der Grund für seine Berühmtheit liege (Jean-Michel Salanskis: *Heidegger*. Paris: Belles Lettres 1997, S. 141). Der Aktivismus des Meisters wurde 1945 durch ein Lehrverbot sanktioniert, und nur die Bemühungen von französischen Philosophen bewahrten ihn vor der Haft.

25 Faye: *Heidegger. Die Einführung.*

26 Man hatte lange geglaubt, man könnte die Meinungen, Vorlesungen und Reden des nationalsozialistischen Hochschullehrers von den grundlegenden Schriften des Philosophen trennen. Die 2001 erfolgte Veröffentlichung des Doppelbands *Sein und Wahrheit*, der die Bände 36 und 37 der *GA* enthält, macht diese Trennung jedoch unmöglich: Heidegger formuliert darin insbesondere das Programm der „völligen Vernichtung" des inneren Feindes (*WW*, S. 91) und gibt eine ‚rassische' Definition der Wahrheit. Diese Veröffentlichung, die der Meister selbst vorsah, bindet solche Aussagen gänzlich in sein philosophisches Werk ein. Dieses Programm wurde 1933–1934 formuliert und 1942, in der Zeit der Realisierung der ‚Endlösung', von Heidegger bestätigt, wenn er schreibt: „Das Vernichten sichert gegen den Andrang aller Bedingungen des Niedergangs" (*NM*, S. 70).

In der ganzen Heidegger-Literatur wurde lange behauptet, dass Heideggers Engagement für den Nationalsozialismus auf die Rektoratszeit beschränkt geblieben sei, und man räumte ein, dass es sich um einen zeitlich begrenzten Irrtum handelte, eine Illusion, von der er rasch bekehrt worden sei. Die Bedeutung seines Parteibeitritts am 1. Mai 1933 und seiner Parteimitgliedschaft bis 1945 wird dabei vernachlässigt.
Oft wird die Rektoratsepisode mit Platons Aufenthalt in Syrakus verglichen, wo dieser den Tyrannen Dionysios beraten wollte. Sehr wahrscheinlich hatte Heidegger sehr ehrgeizige nationale Pläne, wovon sein vorpreschender Eifer bei der Nazifizierung seiner Universität und sein Programm für die Universität als Institution zeugen. Laut Karl Jaspers wollte er der Führer des Führers werden – wie auch sein Freund Carl Schmitt zur gleichen Zeit.[27]
Heidegger ist kein Weggefährte oder einfacher Mitläufer. Er handelt aus Überzeugung, nicht aus Opportunismus, empfiehlt seinem Bruder lange vor 1933 *Mein Kampf* zu lesen, und liest selbst, lange vor 1933, das Parteiorgan der NSDAP, den *Völkischen Beobachter*.[28] Hitler betört ihn, er bewundert seine Hände.[29] Heidegger wollte sogar den Wohnort wechseln, um Hitler nahe zu sein. Als Rektor stand er an der Spitze der Bewegung, denunzierte jüdische und unentschiedene Kollegen und drangsalierte jüdische und kommunistische Studenten. Er kann nicht als durchschnittlicher Nationalsozialist angesehen werden, wie unter anderen Jean-Luc Marion und Luc Ferry immer wieder schreiben. In ihrem Vorwort zur französischen Ausgabe des Briefwechsels Heideggers mit seiner Frau nehmen auch Alain Badiou und Barbara Cassin merkwürdigerweise jene von

27 Heidegger macht viel Aufhebens von der Tatsache, dass Hitler und er im selben Jahr geboren sind, 1889. Er sieht darin ein Zeichen, dass beider „Schicksale" verbunden sind (vgl. Richard Wolin: Heidegger, l'antisémitisme en toutes lettres. In: *Books* 58 (2014), S. 23–25, hier S. 24).

28 In einem für die Partei bestimmten lobenden Bericht schreibt der Historiker Kurt Bauch 1938: „H. ist Frontkämpfer. Den ersten ‚Völkischen Beobachter', den ich zu Gesicht bekam, hat mir H. auf seiner Hütte in die Hand gedrückt, Jahre vor der Machtübernahme. Schon damals stand er – und zwar nicht bloss platonisch – eindeutig auf dieser Seite wie das seiner philosophischen Stellung (abseits alles Materialismus' und abseits alles Spiritualismus') entsprechen musste." (Kurt Bauch: Konzept eines Gutachtens über Martin Heidegger (1938). In: Ders. / Martin Heidegger: *Briefwechsel 1932–1975*, hrsg. v. Almuth Heidegger. Freiburg i. Br.: Alber 2010, S. 163–165, hier S. 164.)

29 Anfang der 1920er Jahre schulte sich Hitler darin, die Gebärden der Wagnersänger nachzuahmen und übte im Beisein seines Leibfotographen.

der Vorsehung bestimmte Trennung wieder auf, die zwischen dem Nationalsozialisten und dem Philosophen unterscheidet: „Heidegger ist mit Sicherheit ein großer Philosoph, der auch und zwar zur gleichen Zeit ein ganz gewöhnlicher Nationalsozialist war."[30] Dabei hatte Hans-Georg Gadamer, des Meisters Lieblingsschüler, schon vor langer Zeit diese allzu einfache These verworfen:

> Man erklärte aus Bewunderung für den großen Denker, seine politische Verirrung habe nichts mit seiner Philosophie zu tun. Daß man sich damit beruhigen konnte! Man merkte gar nicht, wie beleidigend eine solche Verteidigung eines so bedeutenden Denkers war.[31]

Im heutigen Frankreich kann man also ein gewöhnlicher Nationalsozialist und ein großer Philosoph sein, so als hätte der Nationalsozialismus nicht die Zerstörung der Kultur in seinem Programm, als könne die Liquidierung der jüdischen Denker und die Verbrennung ihrer Bücher der Philosophie nichts anhaben – so wenig dem Projekt wie dem Korpus. Das hagiographische Schema scheint hier durch: Wie Paulus, der Christenverfolger, auch der Gründungsapostel ist,[32] so ist der nationalsozialistische Rektor auch der Erneuerer der Philosophie. Er formuliert zwar tatsächlich an manchen Stellen seiner *Hefte* Kritik (von rechts) an dem und jenem Hitlerschen Würdenträger oder sogar am regierenden Nationalsozialismus, aber er tut das, weil

30 Barbara Cassin / Alain Badiou: Préface. In: Martin Heidegger: *« Ma chère petite âme ! ». Lettres à sa femme Elfride (1915–1970)*, aus d. Dt. v. Marie-Ange Maillet. Paris: Seuil 2007, S. 9–24, hier S. 12. Sie fügen hinzu, Emmanuel Faye vertrete folgendes: „Heidegger ist als Philosoph disqualifiziert und muss aus den Bibliotheken entfernt werden, wo er sonst die Jugend verderben könnte" (ebd.). Im Gegensatz zu Badiou und Cassin verlangt Emmanuel Faye aber die Öffnung der Archive – und nicht das Verbot von Heidegger. Überdies machen Badiou und Cassin durch die behauptete „Gefahr für die Jugend" aus Heidegger einen neuen Sokrates und schieben Faye die Rolle des Sykophanten zu. So kann man also in dieser angesehenen philosophischen Reihe *Ordre philosophique* Aussagen von Heidegger gegen die ‚Verjudung' der Universität finden, ohne dass irgendjemand etwas dagegen einzuwenden hätte. Die rassistischen Phantastereien des Akademikers bleiben auf den Denker, der er war, ohne Auswirkung: Diese nun allgemein akzeptierte These zeigt, wie weit sich die Universität vom kritischen Denken entfernt hat.

31 Hans-Georg Gadamer: Zurück von Syrakus? In: Jürg Altwegg (Hrsg.): *Die Heidegger Kontroverse*. Frankfurt am Main: Athenäum 1988, S. 176–179, hier S. 177.

32 Badiou schrieb ein gewichtiges Werk über Paulus, auch Agamben und Žižek (mit Milbank und Davis). Sie versuchen vermutlich, in der Nachfolge von Carl Schmitt eine Art von gnostischem Paulinismus wiederzubeleben.

er fürchtet, dass dieser von einer jüdisch-christlichen Laschheit ereilt werden könnte:[33] „Die Gefahr ist nicht [der Nationalsozialismus] selbst – sondern daß er verharmlost wird in eine Predigt des Wahren, Guten und Schönen [...].“[34]
Nein, kein gewöhnlicher, sondern ein bemerkenswerter und vom Regime als solcher anerkannter Nationalsozialist war Heidegger: Er saß nach seinem Rektorat gemeinsam mit hochstehenden Persönlichkeiten wie Alfred Rosenberg, Carl Schmitt oder dem schändlichen Julius Streicher im ‚Ausschuss für Rechtsphilosophie der Akademie für Deutsches Recht', der an der Ausarbeitung der gegen die Juden gerichteten Nürnberger Gesetze von 1935 beteiligt war.

Welcher Antisemitismus?
Noch vor der Veröffentlichung der *Schwarzen Hefte* ließ Friedrich-Wilhelm von Herrmann, der letzte Assistent Heideggers, Hauptherausgeber des Werks und Mann des Vertrauens der Rechteinhaber, als Vorabdruck zweieinhalb Seiten mit antisemitischen Stellen zirkulieren. Wollte er damit der Kritik zuvorkommen oder eher die Aufmerksamkeit vom Rest der 1.800 Seiten ablenken, die an vielen Stellen nicht weniger beängstigend sind? In der Tat konzentrierten sich die internationalen Diskussionen, die durch diese Auszüge seit Dezember 2013 angeregt wurden, auf den Antisemitismus. Alle Apologeten wollen nämlich die zentrale Frage der Einführung des Nationalsozialismus in die Philosophie meiden.
Wie kann, um klarer zu sehen, der von Heidegger geschaffene seinsgeschichtliche Antisemitismus charakterisiert werden? Er übernimmt zwar die wichtigsten Stereotypen des gewöhnlichen Antisemitismus, er geht aber auch hinaus über jenen „Sozialismus der dummen Kerls“ (wie August Bebel ihn definiert haben soll), um daraus eine gespreizte Mystik zu formen, die in einem prophetischen Diskurs ihren Ausdruck bekommt.
Der nationalsozialistische Diskurs teilt mit anderen mythischen Diskursen eine Organisationsform, die ihn von gängigen Ideologien und auch, so wäre zu wünschen, von der Philosophie unterscheidet: Gemäß

33 Bei der gegenwärtigen Lage des Zugangs zu den Quellen ist es immer noch unmöglich, spätere Hinzufügungen von Stellen zu unterscheiden, die die fromme Legende einer fast sofortigen Distanzierung vom Nationalsozialismus erhärten könnte.
34 *SH* I, S. 194.

einer langen dualistischen Tradition spaltet sich das Universum in zwei antagonistische Sphären auf, in den Feind und Uns. Gleichungen[35] sind charakteristisch für die dualistischen Aussagen der radikalen extremen Rechten, die die Welt der Menschen auf zwei Lager reduzieren, die sich unaufhörlich bekriegen. Auf der einen Seite arbeitet das einheitliche oder sogar symbiotische Wir, mit einem Führer[36] im Zentrum, an seiner Läuterung, auf der anderen ist der unermüdlich an seiner Verschwörung arbeitende Feind immer eine unübersichtliche Koalition von heterogenen Agenten, die über das ganze Universum verteilt sind (daher der Begriff „planetarisches Verbrechertum"[37]): für Heidegger wie für Hitler, für Schmitt wie für Rosenberg führt das Weltjudentum diese Koalition an und fasst sie im Grunde zusammen. Rosenberg behauptet beispielsweise, dass „das sog. Alte Testament, der Talmud und Karl Marx gleiche Einsichten vermitteln".[38] Heidegger geht über dieses Klischee noch hinaus. Er fügt den Amerikanismus hinzu (Louis-Ferdinand Célines Judenneger), England (marxistisch), und, über den Umweg der mittelalterlichen Figur des Wechslers und der ‚zähen Geschicklichkeit des Rechnens' der Juden, die Naturwissenschaft (reduziert auf die Quantifizierung und auf den kosmopolitischen Universalismus), die Technik (Konkretisierung der *Machenschaft* der Macher), das Asiatische (Semiten), die Rationalität (universalistisch), usw. Kurz, die Gesamtheit der Feinde des Reichs und des deutschen Volks findet sich, durch diese Gleichungsreihe, konzentriert in der einzigen Figur des Judentums. Ein Beispiel von vielen, Wissenschaft und Moral, gewöhnlich getrennt, werden in ihrer zerstörerischen Gewalt verbunden: „Wissenschaft und Moral haben das Denken zerstört. Beide treten jetzt erst und in einer seltsamen Wechselwirtschaft ihre Herrschaft an", wobei das Wort *Wechsel* indirekt das mittelalterliche Bild des Wechslers anklingen lässt.[39]

35 Man erinnert sich an die von der OAS formulierte Gleichung: de Gaulle = FLN = KP. OAS, eine extrem rechte französische Untergrund- und Terrororganisation, die eine Loslösung Algeriens von Frankreich gewaltsam verhindern wollte.

36 Vgl. insbes. Carl Schmitt: *Staat, Bewegung, Volk*. Hamburg: Hanseatische Verlagsanstalt 1934.

37 Zit. n. Trawny: *Heidegger und der Mythos*, S. 51.

38 Alfred Rosenberg: *Der Mythus des 20. Jahrhunderts*. München: Hoheneichen 1937, S. 127.

39 *SH* IV, S. 234. Es ist bekannt, dass für Hitler, laut einer von Hermann Rauschning mitgeteilten Aussage, das moralische Gewissen eine ‚jüdische Erfindung' war.

Die Handelnden des Narrativs, die das Wir verkörpern, sind von geringer Zahl (wie Volk, Vaterland, Seyn, Denken, Gemeinschaft), doch die, die den Feind verkörpern, sind zahllos, vom Nihilismus bis zum Amerikanismus, vom Bolschewismus bis zur Demokratie, von der Technik bis zu den Naturwissenschaften usw. Das Weltjudentum hat das sonderbare Privileg, die Gesamtheit dieser Agenten untereinander kommunizieren zu lassen und zu subsumieren: der Marxismus ist englisch und jüdisch dank Marx; die Naturwissenschaften sind jüdisch durch ihre Obsession des Quantifizierens, die wiederum mit der Zähigkeit der Wechsler agiert, usw. Mit anderen Worten bestimmt das Weltjudentum den Agonisten, der je nach Kontext auf eine Vielzahl von Agenten verteilt ist. Gemäß der Verschwörungstheorie wird so der Antisemitismus allumfassend und er konkretisiert hier, was Claude Lévi-Strauss die „Blätterstruktur"[40] des Mythos nannte: Sei es in der Geographie, der Politik, in Institutionen oder Ideologien, immer taucht der gleiche Feind hinter verschiedenen Masken auf. So wie eine fixe Idee jedem Realitätsprinzip gegenüber indifferent bleibt, so kommt der vulgäre Antisemitismus ganz gut ohne ‚empirische' Juden aus und verbreitet sich in Gegenden, wo man nie Juden gesehen hat. Parallel dazu drückt sich Heideggers Antisemitismus auch in Passagen aus, in denen die Juden nicht genannt sind, und zwar umso entschiedener, als Heidegger seine kryptische Sprache, die Teil des prophetischen Plans ist, virtuos einsetzt.

Die unscharfe Bestimmung des polymorphen Feindes erlaubt es, gewisse Ausflüchte zurückzuweisen. Wenn Trawny sich in einer Antwort auf Emmanuel Faye darauf beruft, dass Heidegger, wenn er zur „völligen Vernichtung" des „inneren Feindes" aufruft,[41] die Juden nicht erwähnt, lässt sich dagegenhalten, dass, „indem er seinen Aufruf zum Mord, als ‚Philosoph', auf derart allgemeine Weise formulierte, der nationalsozialistische Rektor der Universität Freiburg nicht dazu aufrief, *nur* die Juden zu töten".[42] Tatsächlich ermordeten sie auch Kommunisten, Kranke, Homosexuelle usw.; sie weiteten derart das

40 Claude Lévi-Strauss: *Strukturale Anthropologie I*. Frankfurt am Main: Suhrkamp 1977, S. 253.

41 *WW*, S. 91.

42 Gaëtan Pégny: The Many Lives of *Dasein*: Towards a Philological Approach to the Corpus of Heidegger's Works by Digital Means. In: Hannes Bahjor et al. (Hrsg.): *The Future of Philology*. Cambridge: Cambridge Scholars 2014, S. 194–217.

Spektrum ihrer Opfer aus, dass diese schließlich die ganze Menschheit umfassten. Sie machten sich damit des bis dahin unerhörten Straftatbestands des Verbrechens gegen die Menschlichkeit schuldig.

Wenn er ein wenig aufmerksamer gewesen wäre, hätte Trawny bemerken können, dass die Juden doch da sind, sie werden indirekt bezeichnet, als seien sie im Kontext versteckt, denn der innere Feind „kann sich in der innersten Wurzel des Daseins eines Volkes eingenistet haben", und die Gleichsetzung der Juden mit Schmarotzerinsekten bleibt ein zwanghaftes Bild in der nationalsozialistischen ‚Weltsicht', die Heidegger ausarbeitet.[43]

Die Apologeten führen zwar an, dass auf den 1.800 Seiten der ersten erschienenen *Schwarzen Hefte* nur einige Dutzend Zeilen explizit das ‚Weltjudentum' angreifen. Das bedeutet aber nicht, dass es abwesend ist, wenn es nicht genannt wird. Nehmen wir das Beispiel der *Bodenlosigkeit*. Da Emmanuel Faye gezeigt hat, dass Heidegger diese behauptete Charakteristik der Juden genügt, um sie zur *Seinslosigkeit* zu verdammen, antwortet Thomas Sheehan, dass dieses Wort philosophische *Grundlosigkeit* bedeute (das englische *ground* scheint ihn zu dieser Schönfärberei zu berechtigen). Der Meister klagt hinsichtlich des Menschen von heute: „Der Verfall und die Teufelei der Bodenlosigkeit seiner [Wissenschaft] in der ‚Potenz'"[44]. In den nationalsozialistischen Texten sind aber die Begriffe *Teufel* und *bodenlos* den Juden zugeordnet: Zum Beispiel findet man in *Mein Kampf* „die ganze bodenlose Verlogenheit des Judentums"[45], auch wird daran erinnert, dass die Juden eine Personifizierung des Teufels sind,[46] oder dass sich die deutschen Fürsten, wenn sie sich von den Juden Geld liehen, mit dem Teufel verbündeten.[47] Es genügt dann, in einem Satzteil zwei dieser Attribute zu verbinden, um den ungenannten, ja unnennbaren Juden heraufzubeschwören. Heideggers philosophischer Beitrag zum Hitlerismus besteht in der Abstraktion: *Teufel* wird *Teufelei* und *bodenlos* wird *Bodenlosigkeit*. Außerdem fügt er zwei bedeutende Korrelate des *Judentums* hinzu: die *Wissenschaft*, denn diese ist für Heidegger durch den Geist des Rechnens und der Quantifizierung

43 Siehe zur Reblaus Kap. III, S. 92.

44 *SH* I, S. 99.

45 Adolf Hitler: *Mein Kampf*. München: Eher Nachf. 1943, S. 252.

46 Ebd., S. 355.

47 Ebd., S. 340.

‚verjudet', und die *„Potenz"*, deren Anführungszeichen darauf hinweisen, dass sie zum Feind zu rechnen ist, und die lateinische Herkunft, dass sie im Gegensatz zur *Macht* unrein ist.

Verachtung, ja sogar Hass können verbreitet und selbstlos mit anderen geteilt werden, aber etwas mehr ist notwendig, um Übergriffe, erst recht Morde, oder gar eine Vernichtung rechtfertigen zu können. Nur eine behauptete Transzendenz kann Hass in Barbarei verwandeln, die sich selbst rechtfertigt.

Zu sagen, dass die *Schwarzen Hefte* und das Werk, dessen Inhalt sie ins rechte Licht rücken, antisemitisch sind, wäre euphemistisch, denn sie radikalisieren die vulgären Vorurteile des gewöhnlichen Antisemitismus zu einer aggressiven Weltsicht, zur Szenographie eines kosmischen Kampfes gegen sämtliche ethische Normen. Die Vernichtung wird zu einem Kampf ums Überleben, der Henker wird zum Heilsbringer seines Volkes. Friedrich Hölderlins Sentenz, wie sie von Heidegger kurz nach dem Krieg in *Wozu Dichter?* zitiert wird, könnte dann so gelesen werden: „Wo aber Gefahr ist [der Sieg der Alliierten, der Juden, der Amerikaner, der Demokraten und/oder der Bolschewiki], wächst das Rettende auch [der Nationalsozialismus, das Heideggersche Denken]."[48] Von dieser Form politischer Theologie – ohne explizite Politik oder Theologie – bleibt dann noch die ‚seinsgeschichtliche' und prophetische Gewalt der halb obskuren Botschaften.

Seit der Veröffentlichung der ersten *Schwarzen Hefte* im Jahre 2014 folgen nun drei Argumentationslinien einander, überlagern sich oft und widersprechen einander.

(i) Das ontologische Argument statuiert, dass die Juden, da sie ohne Boden und nur vorübergehend Seiende, ohne Berührung mit dem Sein und ohne Vaterland sind, nicht sterben, da sie nicht wirklich existieren. Daher die wiederholte Frage in einem Bremer Vortrag von 1949: „Sterben sie?"[49]

(ii) Zu diesem ontologischen Negationismus kommt jetzt die explizite These, dass sich die Juden selbst vernichtet haben: Die durch ihren rechnerischen Geist ‚verjudete' Technik wendete sich in

48 Friedrich Hölderlin: Patmos. In: Ders.: *Sämtliche Werke. Kleine Stuttgarter Ausgabe*, Bd. 2, hrsg. v. Friedrich Beissner. Stuttgart: Cotta 1952, S 173.

49 *DG*, S. 56.

der Industrialisierung gegen sie und verstreute sie als Asche. Die Nationalsozialisten seien nur vorübergehende Werkzeuge gewesen, nicht ihre Henker. Aber ihre Selbstvernichtung betont die Notwendigkeit einer „Reinigung des Seyns“[50].

(iii) Schließlich kehrt sich der Negationismus um in eine explizite Affirmation, wenn Heidegger behauptet, die Alliierten hätten eine viel schrecklichere Schuld auf sich geladen als alle offiziell „‚anprangerbare‘ ‚Verbrechen‘“[51], indem sie ganz Deutschland in ein gewaltiges Konzentrationslager verwandelt und damit die Deutschen daran gehindert hätten – und das sei das höchste und einzig wirkliche Verbrechen –, ihren Vernichtungsauftrag zu erfüllen.

So folgt die Argumentation einer alptraumhaften Dialektik: die Juden existieren nicht wirklich, konnten also auch nicht getötet werden; im Übrigen haben sie sich selbst vernichtet; und wir haben nicht genug töten können. Damit erscheint die militärische Niederlage des Hitlerismus als eine Katastrophe, denn die Vernichtung ist auf halbem Weg stehengeblieben, die Juden triumphieren, und alles ist wieder von vorn zu beginnen: so endeten, in der französischen Ausgabe, die Erinnerungen des Kommandanten von Auschwitz, Rudolf Höß.[52] Überall, wo antisemitische Anschläge zunehmen, ist dies ein wichtiges Thema der heutigen Neonazis, Nationalbolschewisten und Dschihadisten: „Adolf hat die Arbeit nicht beendet.“[53]

50 *SH* III, S. 238.

51 *SH* IV, S. 99.

52 „Alle diese Pläne [die ‚Endlösung‘ betreffend] wurden durch die Ereignisse, die den Krieg beendeten, zunichte gemacht, und Millionen Juden konnten ihr Leben retten.“ (Rudolf Hoess: *Le commandant d'Auschwitz parle*. Paris: Maspero 1979, S. 288.) In der deutschen Ausgabe fehlt dieser Satz, da der Herausgeber Martin Broszat, wie er in einer Anmerkung erklärt, die beiden letzten Seiten der Aufzeichnungen von Höß zu den Tötungsverfahren in Auschwitz „zur Vermeidung von Irreführungen“ unterdrückt (Rudolf Höß: *Kommandant in Auschwitz: Autobiographische Aufzeichnungen*, hrsg. v. Martin Broszat. München: dtv 1963, S. 172, Anm. 1).

53 So zitiert z. B. *Le Monde* ein englisches antisemitisches Flugblatt (Philippe Bernard: Nombre record d'actes antisémites au Royaume-Uni. In: *Le Monde*, 10.02.2015, S. 16).

I.
Denken und Prophezeien

> Siehe, nun redest du frei heraus und nicht mehr in Bildern.
> Nun wissen wir, dass du alle Dinge weißt
> und bedarfst dessen nicht, dass dich jemand fragt.
> (Joh. 16, 29–30)

1. Schwarzkünste
Esoterik und geheimes Deutschland

Gegen Ende des 19. Jahrhunderts entstanden in Deutschland und Österreich zahlreiche esoterische Zirkel, die sich oft auf Friedrich Nietzsche und sein Vorhaben beriefen, Edelleute heranzubilden: Heidegger sieht in ihm den Inspirator all dieser Gruppen. Die bekannteste ist ein Männerzirkel mit Initiationsriten, der literarische Kreis um Stefan George, welcher in seinen Gedichten das „neue Reich" (*Das neue Reich*, 1928) und das „geheime Deutschland"[1] theoretisierte. Furio Jesi und nach ihm Gianluca Nesi[2] zeigten, wie die rassistische Doktrin der Nationalsozialisten in den ariosophischen Zirkeln entstand: Die Bevorzugung der ‚arischen Rasse' war von Anfang an mit

1 Claus von Stauffenberg, Mitglied des George-Kreises, Ausführender des nationalistischen Attentats vom 20. Juli 1944 gegen Hitler, starb mit dem Ruf: „Es lebe das geheime Deutschland!"

2 Vgl. insbes. Gianluca Nesi: Il sacrificio rituale nazista. Guido List, Adolf Hitler, Martin Heidegger. In: *Intersezioni* 34,3 (2014), S. 423–448, hier S. 423; Nicholas Goodrick-Clarke: *Die okkulten Wurzeln des Nationalsozialismus*. Wiesbaden: Marix 2004.

der Vernichtung der Juden verbunden, denen man vorwarf, das Blut zu verunreinigen. So behauptet Guido von List in seiner Schrift *Das Geheimnis der Runen* von 1908, dass das Initiationsgeheimnis der Verbindung des arischen Mannes mit Gott (Wotan) von der Rune Swastika symbolisiert werde – die seit 1892 auf der Titelseite der von Stefan George begründeten Zeitschrift *Blätter für die Kunst* abgebildet war. Der *Daseinskampf*[3] setzt das *Selbstopfer* voraus.

Gegen Ende des Ersten Weltkriegs begannen die Aktivisten der esoterischen Zirkel, vor allem im bewaffneten Kampf gegen die Arbeiterräte, ihre Bewegung in eine politische Kraft zu verwandeln. Der von List 1911 gegründete Hohe Armanen-Orden beteiligte sich 1918 an der Gründung des Germanenordens, dessen Münchner Sektion nichts anderes ist als die Thule-Gesellschaft. Diese wiederum ist bekannt für ihre Beteiligung an der Niederschlagung der Bayrischen Räterepublik und ist Kern der Deutschen Arbeiterpartei, die 1920 den Namen ‚Nationalsozialistische deutsche Arbeiterpartei' (NSDAP) annahm. Diese Partei übernahm von der Thule-Gesellschaft das Hakenkreuz, den Gruß ‚Sieg Heil' sowie die Zeitung *Völkischer Beobachter*, Parteiorgan bis 1945. Die Gesellschaft zählte namentlich zu den Ihren: Rudolf Heß, Alfred Rosenberg, Hans Frank und weitere spätere Würdenträger des ‚Dritten Reichs'.

Der buntscheckige Charakter von *Mein Kampf*, in dem symbolischer Kitsch, prophetische Exaltiertheit und Tischgespräche einander ablösen, ist vermutlich ein Beweis dafür, dass hier das reichhaltige Material eines esoterischen Antisemitismus für ein Massenpublikum zugerichtet wurde. Vereint mit dem ‚volkstümlichen' Antisemitismus werden beide zusammen den gewöhnlichen Hass in die Vernichtungsbarbarei umschlagen lassen. Im gleichen Jahr 1925 hält Heidegger in Kassel einen Vortrag über Wilhelm Dilthey mit dem Untertitel „Der gegenwärtige Kampf um eine historische Weltanschauung", in dem er die beiden wichtigsten Schlüsselwörter von *Mein Kampf* vereinigt.

Während seines Theologiestudiums war Heidegger aktives Mitglied einer katholischen esoterischen Gesellschaft, dem Gralbund, dessen Gründer Richard von Kralik dem antisemitischen Propagandisten Karl Lueger nahestand. Nach dem Krieg beschreibt Heidegger in

3 Vgl. Guido von List: *Das Geheimnis der Runen*. Wien: Geheimes Wissen 2007, S. 6–7.

einem Brief an Jaspers vom 22. Januar 1921 „einen bestimmten *Kreis*",[4] und am 14. Juli 1923 seinen „Stoßtrupp von 16 Leuten",[5] den gleichen, den Toni Cassirer in Davos als ‚Elitetruppe' bezeichnet. Die Militarisierung der Universität als „Wissensdienst" steht dann 1933 im Zentrum der *Rektoratsrede*.[6]

1927, mit dem Erscheinen von *Sein und Zeit,* schließt Heidegger die Übernahme der Arbeitsweise der esoterischen Zirkel in die Domäne der Philosophie ab, obwohl doch die Universität prinzipiell eine exoterische Institution ist. Zwar behandelt er bekannte Themen, wie die griechische Ontologie oder die Phänomenologie der Alltäglichkeit, aber er spricht wie ein Prophet, nicht nur als Eingeweihter, sondern als Gründer einer Sekte, der Enthusiasten zulaufen. Im Gegensatz zu einer gewöhnlichen Sekte weiß hier der Eingeweihte nicht, dass er einer ist, und die Manipulation und Kontrolle können umso besser ausgeübt werden: „Dabei merken sie nicht, wie scharf ich sie in der Kontrolle habe", schrieb Heidegger 1921 an Jaspers über die Mitglieder seines Kreises.[7] Der Meister setzte sie auf verschiedene Weise ein, indem er in sein Werk für die auf halbem Weg stehengebliebenen Leser, die seine Gewalt kleinreden wollen, falsche Fährten ausstreute. Euphemismen, verschlüsselte Begriffe, aufgedrängte und nie definierte Neologismen funktionieren wie unerklärte Symbole. Die Knappheit der Quellenangaben, die brutale Autorität, die bedingungslosen Verurteilungen, die thetische Form der Syntax, all das schafft einen gewaltigen Machteinfluss, dessen rätselhafte Botschaft einer seiner wichtigsten Kräfte ist.[8] Eine rhapsodische Komposition, die Themen verbreitet, ohne sie in Wörter zu fassen, dient ihm dazu, die Zögernden zu verführen, die Lauen auf falsche Fährten zu leiten und die Fanatiker noch weiter zu radikalisieren.

Der Aufruf zählt mehr als sein Inhalt, die Kündung ist wichtiger als das Verkündete und die prophezeite Zukunft ist nicht mehr das faszinierende Wesentliche: Allein der Akt der Prophezeiung macht den

4 Martin Heidegger: Brief an Karl Jaspers vom 22.01.1921. In: Dies.: *Briefwechsel, 1920–1963*, hrsg. v. Walter Biemel / Hans Saner. München: Piper 1992, S. 17.

5 Heidegger / Jaspers: *Briefwechsel*, S. 41.

6 *SU*, S. 113.

7 Heidegger / Jaspers: *Briefwechsel*, S. 17.

8 Jean Laplanche hat in seiner Theorie der Verführung darauf hingewiesen (ders.: *Nouveaux fondements pour la psychanalyse*. Paris: PUF 1987).

Redner zum Propheten und den Zuhörer zum Eingeweihten, indem sie eine noch dunkle, erst in der Zukunft geoffenbarte Erkenntnis teilen.[9]

Der Eingeweihte vollendet seine Initiation mit einer Offenbarung: In den Mysterienkulten zeigte man ihm, was man ihm immer verborgen hatte (Menschenopfer, kannibalische Gastmahle). Das unauslöschliche Trauma macht ihn dann zum wirklich Wissenden. Das Verbrechen vollendet die Initiation: Zum Beispiel musste man, um SS-Mitglied werden zu können, eigenhändig einen Menschen töten; diese Praxis lebt fort in gewissen neonazistischen Sekten.

Führung und Prophezeiung

In seiner Reichstagsrede vom 30. Januar 1939 bedrohte Hitler die Juden mit Vernichtung, wenn sie darauf bestünden, einen Weltkrieg auslösen zu wollen:

> Ich will heute wieder ein Prophet sein: Wenn es dem internationalen Finanzjudentum inner- und außerhalb Europas gelingen sollte, die Völker noch einmal in einen Weltkrieg zu stürzen, dann wird das Ergebnis nicht die Bolschewisierung der Erde und damit der Sieg des Judentums sein, sondern die Vernichtung der jüdischen Rasse in Europa![10]

9 Auch die Erwähnung eines 2. Bandes von *Sein und Zeit*, der nie geschrieben wurde, gehört vielleicht zu diesem Programm.

10 Zit. n. Eberhard Jäckel: *Hitlers Weltanschauung, Entwurf einer Herrschaft*. Tübingen: Wunderlich 1969, S. 78. Diese „Prophezeiung" wird wiederholt in der Neujahrsansprache von 1942: „Der Jude aber wird nicht die europäischen Völker ausrotten, sondern er wird das Opfer seines eigenen Anschlages sein", am 24. Februar 1942: „Meine Prophezeiung wird ihre Erfüllung finden, daß durch diesen Krieg nicht die arische Menschheit vernichtet, sondern der Jude ausgerottet werden wird. Was immer auch der Kampf mit sich bringen oder wie lange er dauern mag, dies wird sein endgültiges Ergebnis sein", und schließlich am 30. September 1942: „Ich habe am 1. September 1939 in der damaligen Reichstagssitzung zwei Dinge ausgesprochen: [...] zweitens, daß, wenn das Judentum einen internationalen Weltkrieg zur Ausrottung etwa der arischen Völker anzettelt, dann nicht die arischen Völker ausgerottet werden, sondern das Judentum. [...] Die Juden haben einst auch in Deutschland über meine Prophezeiungen gelacht. Ich weiß nicht, ob sie auch heute noch lachen, oder ob ihnen nicht das Lachen bereits vergangen ist. Ich kann aber auch jetzt nur versichern: Es wird ihnen das Lachen überall vergehen. Und ich werde auch mit diesen Prophezeiungen recht behalten." (Ebd., S. 80–82.)

Die prophetische Dimension der wichtigsten Ideologen des nationalsozialistischen Diskurses wurde nie genügend hervorgehoben. Sie verwenden immer wieder hochtrabende Anleihen aus der religiösen Sphäre und künden als Propheten des geschicklichen Volksauftrags. Uriel Tal analysierte eine Rede von 1927, in der Hitler den Glauben über die Erkenntnis stellt, denn man müsse an eine Sache glauben können und nur der Glaube schaffe einen Staat.[11] Die Erregung des Fanatismus überwältige Hitler zufolge die Vernunft durch Blindheit. In Würzburg ruft Hitler 1937 ein weiteres Mal aus: „Die Vorsehung führt uns, wir handeln nach dem Willen des Allmächtigen. Es kann niemand Völker- und Weltgeschichte machen, wenn er nicht den Segen dieser Vorsehung hat."[12] Die politische Theologie gibt diesem Projekt eine theoretische Garantie, sei es in juristischer Form bei Schmitt oder in philosophischer bei Heidegger.[13]

Politisierung des Prophetentums

Wie einst bei den Gnostikern versteht sich Heideggers prophetischer Diskurs als eine Verteidigung gegen das jüdische Prophetentum: „‚Prophetie' ist die Technik der Abwehr des Geschicklichen der Geschichte. Sie ist ein Instrument des Willens zur Macht. Dass die großen Propheten Juden sind, ist eine Tatsache, deren Geheimes noch nicht gedacht worden."[14] Aber die Zeitlichkeit des nationalsozialistischen Prophetentums ist eine sehr spezifische: Es hat die Eigenart, dass die Zeitgeschichte, ja die Gegenwart selbst apokalyptisch interpretiert werden. Von ihren ersten Anfängen an bei Joachim von Fiore ist die moderne Apokalyptik zunächst eine theologische Lesart des Politischen, in der jedes historische Ereignis als Erfüllung

11 Vgl. Uriel Tal: *"Political Faith" of Nazism prior to the Holocaust. Annual Lecture of the Jacob M. and Shoshana Schreiber Chair of Contemporary Jewish History.* Tel Aviv: Tel Aviv University 1978, S. 30. In seinem Tagebucheintrag vom 10. Februar 1932 beschreibt Goebbels Hitler im Berliner Sportpalast: „Zum Schluss gerät er in ein wunderbares unwahrscheinliches rednerisches Pathos hinein und schließt mit dem Wort: Amen!, das wirkt so natürlich, dass die Menschen alle auf das tiefste davon ergriffen und erschüttert sind ... die Massen im Sportpalast geraten in einen sinnlosen Taumel" (zit. n. Victor Klemperer: *LTI.* [1947] Köln: Pahl-Rugenstein 1987, S. 120).

12 Ebd., S. 119.

13 Siehe Kap. VI.

14 *SH* IV, S. 159.

der Endzeitprophezeiung gedeutet wird. In seiner *Expositio in Apocalypsim*[15] deutet von Fiore auf folgende Weise den Sieg Saladins über die Kreuzfahrer, der genau zu der Zeit stattfand, als er sein Buch beendete:

> Der sechste Drachenkopf ist der, von dem bei Daniel die Rede ist: ‚Nach ihnen aber wird ein anderer [König] aufkommen, der wird ganz anders sein als die vorigen und wird drei Könige stürzen.' (Daniel, 7, 24). Der sechste Kopf blühte auf mit jenem türkischen König genannt Saladin, der einst [1187] die Heilige Stadt [Jerusalem] unterworfen hatte.[16]

Und Joachim schließt mit der Behauptung, die apokalyptischen Könige seien da, „um Mohammeds Blasphemie zu errichten."[17] Während die Allegorese der Kirchenväter von der geschichtlichen Bedeutung ausging, um zur anagogischen zu gelangen, geht Joachim wie alle modernen politischen Theologen, die sich von ihm herleiten, umgekehrt von der anagogischen Bedeutung aus, wo die Endzeit behandelt wird; er gelangt zu einer unmittelbar historischen, politisch orientierten Bedeutung: der Dritte Kreuzzug (1189–1192), der namentlich von Kaiser Friedrich Barbarossa befehligt wurde, begann zwei Jahre nach der Einnahme Jerusalems durch Saladin. Die Vorstellung einer dritten Stufe der Heilsgeschichte scheint so von vornherein an eine theologische Sicht der politischen Geschichte gebunden. Schon Fra Dolcino von Novara rief, bevor er von Bernardo Gui zum Scheiterhaufen verurteilt wurde, den zweimal exkommunizierten Kaiser Friedrich Barbarossa, Haupt des ‚Ersten Reichs', dazu auf, die Welt radikal umzugestalten.[18] So wurde, wie später Hitler für Carl Schmitt, Friedrich Barbarossa zum Agenten der Heilsgeschichte. Sobald man also aus dem ‚Dritten Reich' und der Vernichtung theologische und nicht nur politische Ereignisse macht, wird das prophetische Pathos durchaus zulässig und sogar notwendig. In seinem

15 Zwischen 1184 und 1187 verfasst, veröffentlicht 1527 in Venedig (Joachim von Fiore: *Expositio in Apocalypsim*. Frankfurt am Main: Minerva 1964).

16 Ebd., S. 86.

17 Ebd., S. 77.

18 Die katholische Kirche kennt keinen Millenarismus, sondern nur einen Tag des Zorns, ebenso keinen neuen Messias, er wäre der Antichrist.

Katastrophismus prophezeit Heidegger, was gerade geschehen ist, indem er die Ereignisse in der Geschichte des Seins neu verschlüsselt – oder indem er Gefahren heraufbeschwört: z. B. die (‚verjudete') Technik, die droht, (wie Trawny erinnert), die Erde in einer gewaltigen Explosion zu zerstören:

> Deren letzter Akt wird sein, dass sich die Erde selbst in die Luft sprengt und das jetzige Menschentum verschwindet. Was kein Unglück ist, sondern die erste Reinigung *des Seins* von seiner tiefsten Verunstaltung durch die Vormacht des Seienden.[19]

In der Katastrophe, die Trawny heraufbeschwört, erkennt man das Thema der *Ekpyrosis*, des allumfassenden Weltenbrands der Millenaristen. Es ist der reinigende Neuanfang, die Auslöschung der gegenwärtigen und ihre Ersetzung durch eine neue Menschheit, was dem Thema der Vernichtung und des Neuanfangs eine endzeitliche Wendung verleiht. – Neben der Erwähnung gegenwärtiger politischer Ereignisse verzichtet Heidegger keineswegs auf Prophezeiungen über mehrere Jahrhunderte, aber auch dann sind sie politisch.[20]

2. Verfahren

Verschlüsselung und Decknamen

Während sich Propheten an die gemeinen Sterblichen wenden und Politiker dasselbe tun, bleibt Heideggers Prophetie esoterisch, selbst in ihren Momenten der Offenbarung (wie in der *Rektoratsrede*) oder an Stellen, wo sie transparent ist (wie in den *Schwarzen Heften*). Die einfachste Art der Doppelsprache ist die Verwendung von *Decknamen*, ein Wort das der Meister in einem jüngst veröffentlichten Briefwechsel verwendet: 1943 vertraut er dem Briefpartner an, dass das „Sein des Seienden" für ihn oft ein *Deckname* sei, und er schreibt

19 *SH* III, S. 238. Die Juden sind die Seienden schlechthin, die das Sein bekämpfen. Die gleiche Bedrohung eines Untergangs der Menschheit wurde seit Langem von Hitler beschworen: „Siegt der Jude mit Hilfe seines marxistischen Glaubensbekenntnisses über die Völker dieser Welt, dann wird seine Krone der Totentanz der Menschheit sein, dann wird dieser Planet wieder wie einst vor Jahrmillionen menschenleer durch den Äther ziehen." (Hitler: *Mein Kampf*, S. 69–70.)

20 Siehe Kap. III.

auch, das *Vaterland* sei das *Seyn* selbst.[21] Heidegger schreibt z. B. an Kurt Bauch:

> Was du über das „Sein des Seienden" sagst, ist richtig. Es ist eine Formel, für mich oft ein Deckname, aber auch eine wirkliche Crux der Philosophie. Das, was zu sagen wäre, läßt sich in der Vorlesung nicht unmittelbar sagen. Auf die Terminologie kommt es nicht an, sondern auf den Duktus[,] wie ein Ganzes sprachlich dargestellt wird. Hinter der Formel, die ja eine „Unterscheidung" enthält, verbirgt sich etwas Wesentliches.[22]

In den *Schwarzen Heften* bestätigt der Meister nicht nur, dass *Seyn* ein Deckname ist, sondern auch dass das über das Wort gezeichnete Kreuz, das unzählige Kommentare wie den von Derrida in *De la grammatologie* zeitigte, eben das Zeichen für diesen verschlüsselten Gebrauch ist, das bis jetzt mysteriös blieb: „~~Seyn~~ sagt das, wofür ‚Sein', wie immer gedacht, ob indifferent oder different, ein ungemäßer Name geworden und zunächst ein Deckname war."[23] Die so verstandene Ontologie bekommt eine radikale nationalistische Färbung, denn *Seyn* ist dann nichts anderes mehr als ein Deckname für *Vaterland*. Das nährt weiter den Verdacht, dass die philosophische Terminologie hier *Blut und Boden*-Grübeleien mit einer akademischen Firnisschicht überdecken soll.[24] Die Täuschung funktioniert prächtig und schützt paradoxerweise die Doktrin vor jeglichem Widerspruch: Es ist nicht möglich, eine mit Decknamen formulierte Aussage für falsch zu erklären. Nur der Wissende kann den Inhalt erkennen und er kann ihn nur glauben, denn gerade seine Initiation macht aus ihm einen Eingeweihten.

Es ist möglich, die Verschlüsselung mit der Verschwörungstheorie und dem „unsichtbaren Krieg" zu assoziieren, die die Schweigegebote nicht nur im nationalsozialistischen Parteiapparat, sondern auch in

21 Ich verweise hier auf die Sektion 2,2 „Das Sein als Deckname" der Untersuchung von Emmanuel Faye: Der Nationalsozialismus in der Philosophie: Sein, Geschichtlichkeit, Technik und Vernichtung in Heideggers Werk. In: Hans J. Sandkühler (Hrsg.): *Philosophie im Nationalsozialismus*. Hamburg: Meiner 2009, S. 133–155.

22 Martin Heidegger: Brief an Kurt Bauch, 01.08.1943. In: Dies.: *Briefwechsel*, S. 92.

23 *SH* IV, S. 256.

24 Siehe Kap. III.

der Bevölkerung rechtfertigten.[25] Diese seit den 1920er Jahren angewendete Technik bleibt bei Heidegger eine Konstante; 1960 macht er den Leser in einer umschrieben anspielungsreichen Weise darauf aufmerksam:

> Es bleibt ein unvermeidlicher Notstand, daß der Leser, der natürlicherweise von außen an die Abhandlung gerät, zunächst und langehin nicht aus dem verschwiegenen Quellbereich des Zudenkenden die Sachverhalte vorstellt und deutet. Für den Autor selber aber bleibt der Notstand, auf den verschiedenen Stationen des Weges jeweils in der gerade günstigen Sprache zu sprechen.[26]

Dass die politische Quelle des „Zudenkenden" geheim gehalten bleibt und dass die Aussagen ihre Sprache der jeweiligen Initiationsstufe anpassen, kann so nicht besser gesagt werden. Diese Strategie wird sogar ontologisiert, wenn der Meister am Ende eines Kommentars zu Thukydides dem Leser anvertraut: „Ich bleibe und bin verborgen als ein Kommender. Die Verborgenheit ist ein Charakter meines Seins selbst und nicht Eigenschaft auf Grund des Nichterfassens vonseiten des anderen."[27]

Zwischen Decknamen, impliziten Hinweisen und nicht Gesagtem erstreckt sich so eine weite Grauzone. Hier geht es aber nicht darum, ‚Ungenauigkeiten' oder einen gelehrten Nebel zu beklagen, sondern zu betonen, dass es sich um eine konzertierte Strategie handelt, auf die Leserschaft Einfluss auszuüben. 1931 schrieb Heidegger an Blochmann:

25 Vgl. Sidonie Kellerer: Des Meisters neue Kleider. In: *Hohe Luft* 3 (2015). http://www.hoheluft-magazin.de/2015/03/des-meisters-neue-kleider/ (Zugriff am 19.02.2016).

26 *UK*, S. 74. Diese Gegenüberstellung verdanke ich Gaëtan Pégny: Polysémie et équivoque. Pour une philologie numérique du corpus heideggérien (l'exemple du terme Dasein). In: *Études romanes de Brno* 35,1 (2014), S. [123]–139.

27 *WW*, S. 229. Das Thema der *Kommenden* stammt von der völkischen Jugendbewegung, die eine Zeitschrift mit dem Titel *Die Kommenden* herausgab (vgl. Gaëtan Pégny: Vérité et mythe dans De l'essence de la Vérité. In: Faye (Hrsg.): *Heidegger. Le sol*, S. 211–241, hier S. 238, Anm. 3.) Dieses prophetische Thema feiert in der Gegenwart in der radikalen Heidegger-Umgebung fröhliche Urständ, so bei Agamben in seinem Pauluskommentar *Die kommende Gemeinde* bis hin zur Schrift *Der kommende Aufstand*, dessen Autoren mit „Unsichtbares Komitee" zeichnen und deren Anführer in seinem „unsichtbaren Krieg" mit Agamben in Verbindung steht.

> In diesem Semester mache ich wieder die Erfahrung, die mich immer wieder beunruhigt, dass das indirekt Gesagte am sichersten einschlägt u. dass wir immer noch zu sehr die Macht des Vorbildes unterschätzen u. zu wenig im Dienste des wahren Vorbildes arbeiten.[28]

Anderswo schreibt er: „Die *Philosophie* – ihr Eigentliches und stets Ungesagtes – ist nur Wenigen aufbehalten, und diese werden von ihr gebraucht und aufgebraucht."[29] Und noch an anderer Stelle formuliert er diese Definition: „*Begreifen*: das Ungesagte in einem Gesagten treffen."[30]

Diese Auffassung, die in den ersten *Schwarzen Heften*, gleichzeitig mit dem Brief an Blochmann, entworfen wurde, verändert sich in der Zeit des ‚Dritten Reichs' in keiner Weise: So bestätigt der Meister auf der ersten Seite des 96. Bandes der *Gesamtausgabe* die These, dass das Verständnis eines „denkenden Denkers" sich daran misst, in welchem Maße er „die befremdlichen Zumutungen, die von dem in ihrem Wort Ungesagten ausstrahlen" vorwegnimmt.[31]

Der Weg, dessen Stationen Heidegger anführt, ist nicht nur ein ‚Denkweg', es ist auch ein Weg der Initiation, dessen Karriere im deutschen Idealismus er beschreibt:

> Woher das Sein als Macht? Hinter der Gegenständlichkeit verbarg sich lange, bis zum deutschen Idealismus, genauer bis zu *Schelling*, das Sein als Wille – und der ‚Wille' als seelisch-geistiger Deckname für die Macht.[32]

28 Martin Heidegger: Brief an Elisabeth Blochmann, 30.12.1931. In: Dies.: *Briefwechsel 1918–69*, hrsg. v. Joachim Storck. Marbach: Deutsche Schillergesellschaft 1989, S. 46.

29 *SH* I, § 133, S. 393–394. Selbstverständlich verkörpert der Autor die Philosophie.

30 Ebd., § 160, S. 513.

31 *SH* III, S. 1. Vermutlich übernahm er diesen Gedanken von dem zehn Jahre jüngeren Leo Strauss, der nach seiner Promotion bei Cassirer bei Heidegger in Freiburg hörte (aber nicht sein Schüler war). Strauss analysierte bei Autoren wie Maimonides oder Gotthold Ephraim Lessing ihr Vorgehen, die Zensur zu umgehen und gleichzeitig für verschiedene Leserschaften zu schreiben. (Vgl. ders.: *Persecution and the Art of Writing*. Glencoe: Free Press 1952.) Heidegger verwendet also im Dienst des nationalsozialistischen Obskurantismus Schreibtechniken von bedrohten jüdischen Philosophen.

32 *GS*, § 56, S. 62. Heidegger bedient sich des gleichen Worts ‚Deckname', um die Ränke des Feindes zu denunzieren: „‚Demokratie' als der Deckname für den planetarischen Schwindel." (*SH* III, S. 146).

Der Weg der Initiation wird natürlich der Prophetie zugeordnet: Ein Prophet, der etwas auf sich hält, soll sich nicht klar ausdrücken, denn er beruft sich auf den Glauben, nicht auf die Vernunft. Seine dunklen Wendungen werden der transzendenten Dimension der Offenbarung zugeschrieben, deren Botschaft er überbringt. Sie haben im Übrigen einen erzieherischen Wert, denn die Prophetie bildet und sammelt die nach einem siegreichen Kampf Geretteten.

Diese weisen Männer bereiten das Kommen des Gottes vor: „Nur die großen und verborgenen Einzelnen werden dem Vorbeigang des Gottes die Stille schaffen und unter sich den verschwiegenen Einklang der Bereiten."[33] An anderen Stellen beruft er sich auf ein geheimes Reich, dessen Bedingung das historische Reich ist, und dessen Weiser er selbst wäre.[34] So wird der Leser gezwungen, nicht nur das Werk auf esoterische Weise zu lesen, sondern auch die Zeitgeschichte, die es in Andeutungen kommentiert.

Das Sektierertum, für das gewisse Heideggerianer bekannt sind, stammt ohne Zweifel vom Werk des Meisters selbst, denn die Strategie der initiatorischen Schreibweise schafft die geschlossene Gruppe. Kann aber eine philosophische Diskussion im Innern einer Gruppe von Eingeweihten geführt werden, die glauben, im Besitz einer Offenbarung zu sein? Zweifel sind notwendig, denn der Raum des Dialogs, aus dem Philosophie besteht, ist dadurch offen, dass die Fragen allen zugänglich gemacht werden, dass Vorurteile und Glaubenssätze abgelehnt werden. In seiner gelehrten Unwissenheit bleibt der Philosoph der einzige, der nicht im Besitz der Wahrheit ist, was es ihm ermöglicht, die Suche nach ihr zu problematisieren.

Vom Prophetentum

Gadamer selbst räumte ein: Die Theorie des kurzen Ausflugs in die Politik ist recht leichtfertig, denn sie nimmt Heideggers tiefen Vorsatz nicht ernst genug. Er bekennt zwar eine provisorische Illusion, aber er gibt deshalb den historischen Nationalsozialismus nicht auf,

33 *BPh*, S. 414.

34 Ebd., § 25, S. 61–62. Es findet sich hier das esoterische Prophetentum des George-Kreises wieder: „Holten die Himmlischen gnädig / Ihr letzt geheimnis ... sie wandten / Stoffes gesetze und schufen / Neuen raum in den raum ..." (Stefan George: Geheimes Deutschland. In: Ders.: *Das Neue Reich. Gesamt-Ausgabe der Werke, Endgültige Fassung*, Bd. 9. Berlin: Georg Bondi 1928, S. 60–61.)

und er vertieft den ewigen Nationalsozialismus: „Aus der vollen Einsicht in die frühere Täuschung über das Wesen und die geschichtliche Wesenskraft des Nationalsozialismus ergibt sich erst die Notwendigkeit seiner Bejahung und zwar aus *denkerischen* Gründen"; und er fügt hinzu, dass diese „,Bewegung' *unabhängig bleibt von der je zeitgenössischen Gestalt und der Dauer der gerade sichtbaren Formen*."[35] Diese Bemerkung von großer Tragweite überwindet das historische Reich und gründet das seinsgeschichtliche Reich, das ,Tausendjährige Reich' des geheimen Deutschland: Deshalb kann Heidegger auch nach der Niederlage von 1945 noch von der „inneren Größe der Bewegung"[36] sprechen und weiterhin prophezeien, z. B. das Ende des ,Amerikanismus' für das Jahr 2300. Ein Prinzip des Propheten ist nämlich, dass er die historische Zeit, die ihn umgibt, nach Jahrhunderten zählt (Hannah Arendt bemerkt, dass Heidegger in Jahrhunderten dachte), oder gar nach Jahrtausenden und dass er apokalyptische Visionen einer von den Juden verwüsteten Welt und ihrer Verschwörungen und Technik liefert. So ist Heidegger nicht nur ein einfacher Eingeweihter des Nationalsozialismus, sondern einer seiner wichtigsten Propheten.

Indem er behauptet, *Schickungen* des *Seyns-(Vaterlands)* zu erlangen, sieht sich Heidegger als Quelle einer ontologischen Offenbarung, die umso einzigartiger ist, als das Sein mit gutem Recht als Gott der Philosophen gilt. Was ist aber der Inhalt der Prophetie? Die Geschichte des Seins denkt seine Wahrheit als *Ereignis*:[37] Dieses Ereignis, das überall in den Kommentaren und Kommentaren der Kommentare der Heideggerianer gefeiert wird, von Fédiers Übersetzung ins Französische der *Beiträge zur Philosophie* bis zu *Das Sein und das Ereignis*, das laut Badiou „der Sockel meines gesamten philosophischen Werks ist"[38], ist nichts anderes als der Endsieg, das nationalsozialistische Armageddon, kurz: die Vernichtung. Ein Satz am Ende des Aufsatzes *Die Zeit des Weltbildes*, der lange Zeit rätselhaft geblieben war, beweist das in einer esoterischen Rhetorik des Ver- und Enthüllten, der Verdunkelung und plötzlichen Beleuchtung:

35 *SH* II, S. 408 (letzte Herv. F. R.).

36 *EM*, S. 208.

37 Vgl. Peter Trawny: Nachwort. In: *GS*, S. 225–229, hier S. 228.

38 Vgl. Alain Badiou: *Heidegger. L'être 3 – Figure du retrait*. Paris: Fayard 2015, S. 7–11, hier S. 7 (Vorbemerkung von 2015).

> Ein flüchtiger Wolkenschatten über einem verborgenen Land, das ist die Verdüsterung, die jene von der Heilsgewißheit des Christentums vorbereitete Wahrheit als die Gewißheit der Subjektivität über ein Ereignis legt, das zu erfahren ihr verweigert bleibt.[39]

Im Gegensatz zum jüdisch-christlichen Heil bleibt das *Ereignis* durch das (‚verjudete') Christentum verhüllt und bleibt ihm verborgen, wie es sich für die Parusie als Krönung des ‚Tausendjährigen Reichs' gehört.

Selbstverständlich übernimmt ein Prophet keinerlei persönliche Verantwortung: Als inspiriertes Sprachrohr einer empfangenen Offenbarung weissagt er ein kollektives Schicksal. Ohne einen eigenen Standpunkt zu vertreten, deutet er eine zwingende Wahrheit an, die sich als von einer höheren Garantie legitimierte darstellt, in unserem Fall das (deutsche) Schicksal in der Geschichte des *Seyns-(Vaterlands)*. Daher z. B. die zahllosen Paronomasien in den *Schwarzen Heften*, zwischen *Geschick* und *Geschichte*.

Der prophetischen Rede kann nicht widersprochen werden, sie bezeugt das Vorhandensein von Mächten, die gewöhnlichen Sterblichen, so gelehrt sie sein mögen, unzugänglich sind; und sie verkündet eine Wahrheit, die von der ‚jüdisch-wissenschaftlichen Verschwörung' verschleiert wird. Während die Annehmlichkeiten des Nichtwissens ein Lustprinzip preisen, rechtfertigt die Verweigerung des Realitätsprinzips einen Wahn, der als Unvernunft beansprucht wird, die höher ist als alle Vernunft.

Eine Prophezeiung enthält mindestens eine Klage (über die Technik, die moderne Welt, usw.) sowie die Ankündigung eines Ziels oder eines geschicklichen Anschlags. Zwischen diesen beiden Momenten gibt Heidegger die Mittel eines Vollzugs als Rätsel auf, um das Geschick zu erkennen, das Verhängnis zu enthüllen und die Zerstörung in drei Stationen zu denken: die gegenwärtige und erlittene Zerstörung, die für die Befreiung des Volkes zu vollendende Zerstörung und die von einem Gott verheißene Zerstörung. Die Prophezeiung gliedert so die Seinsgeschichte in die drei Momente der Auflehnung gegen die

39 *ZW*, S. 111.

Unterdrückung, der Wiedererrichtung der Ordnung und der apokalyptischen Restauration.[40]

Der prophetische Diskurs verbindet auf diese Weise zwei Formen der Radikalität: eine negative, die den gegenwärtigen Zustand herabsetzt und mit Katastrophen aufwartet, und eine positive, die den zukünftigen Zustand verherrlicht: Schließlich vereinigt das apokalyptische Moment beide in der völligen Zerstörung des Feinds. Diese Etappen erscheinen auch in der Hitlerschen Prophetie, die mit der Anrufung der Vorsehung endet. Denn nur eine Transzendenz kann den Mord vorschreiben: Die menschlichen Gesetze können zwar die gerichtliche Hinrichtung vorschreiben (oder sogar die außergerichtliche legalisieren), aber nur eine höhere Instanz kann den Feind aus der Menschheit ausschließen und seinen Mord rechtfertigen.

Ein Prophet erlaubt sich also, Schicksal zu spielen, dessen Sprachrohr er ist: In diesem Fall stellt Heidegger die begrenzte und unsichere Geschichte der Menschen unter die Sicherheit der Seinsgeschichte, so wie sie sich in der geschicklichen Aufgabe des deutschen Volkes manifestiert. Die Freiheit des Menschen besteht nur darin, ein Ziel der Vorsehung zu erkennen und zu fördern, das über jene hinausgeht. Schließlich erfüllt sich die Prophezeiung selbst und enthält eine Drohung: Wie schon erwähnt spricht Hitler des Öfteren von seinen Prophezeiungen, an erster Stelle von der Selbstvernichtung der ‚jüdischen Rasse' im Weltkrieg, den sie – an seiner Stelle – entfesselt habe.

Die Eigenart des Heideggerschen Prophetentums

Die esoterischen Zirkel, vom George-Kreis bis zur Thule-Gesellschaft, die das geheime Deutschland erfanden, bestanden zwischen den Weltkriegen in großer Zahl, aber einzigartig ist Heidegger dadurch, dass er die doppelte Sprache, die diese Zirkel in ihrer initiatorischen Dimension festschreiben, an die Universität brachte. Es ist so, dass in allen esoterischen Theorien Momente der Verhüllung mit Momenten der Entschleierung abwechseln. In den Jahren 1920 bis 1933 herrscht die Verhüllung vor, dann wird, von der *Rektoratsrede* bis zur Niederlage

40 Diese erzählerische Abfolge der qualifizierenden Prüfung, der Hauptprüfung (die den Ruhm des Helden begründet) und der ruhmreichen Prüfung taucht immer wieder im rassistischen Diskurs auf und verwendet das Dreier-Schema des indoeuropäischen Epos (vgl. François Rastier: *La Mesure et le Grain. Sémantique de corpus*. Paris: Honoré Champion 2011, S. 173–191 (Kap. 7)).

des Deutschen Reichs, teilweise enthüllt. Die Befreiung leitet eine neue Periode der Verhüllung – und der schönenden Neufassungen der Schriften – ein, die sich bis zur posthumen Veröffentlichung des Gesprächs mit dem *Spiegel* erstreckt. Diese zweite Verhüllungsphase endet im Jahr 2001 mit der Veröffentlichung des Aufrufs zur völligen Vernichtung, den damals keiner der Heideggerianer bemerkt zu haben scheint. Als guter Millenarist dachte Heidegger in Jahrhunderten, und der Beginn dieses neuen Jahrhunderts schien zur neuen Enthüllung geeignet, die nun durch die Veröffentlichung der ersten *Schwarzen Hefte* noch deutlicher wird. Er dachte, dass sie zu diesem Zeitpunkt gut aufgenommen werden würden, und so mancher Apologet gibt ihm in diesem Punkt auch Recht.[41]

Seit 2014 entsteht eine neue Situation: Außer der *Rektoratsrede* und gewisser anderer politischer Texte zeugten die meisten veröffentlichten Texte durch Decknamen, vielsagendes Schweigen und feierliche Unentschiedenheit für einen esoterischen Ehrgeiz. Die *Schwarzen Hefte* enthüllen nun die prophetische Versprechung, die einst nur angedeutet war: Ihr muss weiterhin gehorcht werden, sie darf nicht ausgelegt werden, der Glaube ist natürlich stärker als alle kritische Distanz, angefangen bei derjenigen, welche die Rationalität bedingt.

Da die Offenbarung weder vollständig noch endgültig ist, bleibt die esoterische Strategie mit Verschlüsselung und feierlicher Steife bestehen. Man glaube aber nicht, dass die Maske gefallen ist: Wenn ein Prophet das Verborgene enthüllt, so spricht er doch weiterhin in Andeutungen und verbirgt seine Wege. Die allerletzte Enthüllung kann überhaupt nie stattfinden, denn ein Prophet erlangt seine Bedeutung durch das, was er nicht sagt. Zwar kennt die esoterische Strategie taktische Variationen, sie hängt aber nicht von Gelegenheiten ab, nur um sich in bestimmten Zeiten zu schützen, und sie behält ihre strategische Tragweite: Das geheime Deutschland änderte seine seinsgeschichtliche Sprache im Lauf des historischen Auf und Ab des Reichs nicht.

Die prophetische Rede scheint sich an niemanden anderen zu wenden als an den, der spricht, als wären Ethos und Pathos endgültig verschmolzen. Darin kann sie identitäre Funktionen erlangen und passt

41 Die Offenbarung ist charakteristisch für prophetische Texte – ‚Apokalypse' bedeutet Offenbarung. Heidegger behielt sie für den Beginn unseres neuen Jahrtausends vor.

sich wunderbar dem Massennarzissmus des aggressiven Nationalismus an. Sie benutzt das Wir: Das Wir der Mörder Gottes im Monolog des tollen Menschen von Nietzsche scheint hier mit dem Wir der Anbeter des Führers zu verschmelzen.[42]

Dieses Wir bezeichnet zuletzt die *Volksgemeinschaft*, erweist sich aber zunächst als Bildung einer Kampfgruppe. Die Prophezeiung erfüllt sich in der Entstehung sehr lauter und politisch aggressiver Sekten. Im Jahr 1923, als er nach Marburg berufen wird, stößt der junge Professor in einem Brief an Jaspers Drohungen gegen seine Kollegen aus:

> [I]ch werde ihm – durch das Wie meiner Gegenwart – die Hölle heiß machen; ein *Stoßtrupp* von 16 Leuten [...] kommt mit [er spielt hier auf seine Schüler an] [...] die verschiedenen Medizinmänner der heutigen Philosophie müssen ihr furchtbares und jämmerliches Handwerk aufgedeckt bekommen – bei Lebzeiten, damit sie nicht meinen, mit ihnen sei das Reich Gottes heute erschienen.[43]

3. Prophetentum und Wahn

Seit Ernst Cassirer ist bekannt, dass der Einbruch des Mythos in die Geschichte in einem Blutbad endet; Heidegger bestätigt dies auf seine Weise: „Die Grundfrage nach dem Wesen der Geschichte bleibt ungefragt, solange nicht die Besinnung darauf geht, ob nicht der *Wahnsinn* zum Vollzug der Geschichte gehört."[44]

Trotz des nostradamischen Charakters seiner Prophezeiungen ist es nicht angebracht, darüber zu lächeln. Der Wahnsinn droht tatsächlich, und Richard Wolin bemerkt richtig, dass die *Hefte* oft in Okkultismus umschlagen.

42 Vgl. in Georges-Arthur Goldschmidt ausgezeichnete Untersuchung der Beschaffenheit dieses ‚Wir' in *Sein und Zeit* (ders.: *Heidegger et la langue allemande*. Paris: CNRS 2016, S. 99–112).

43 Martin Heidegger: Brief an Karl Jaspers, 14.07.1923. In: Dies.: *Briefwechsel*, S. 41–42. Die Stoß- oder Sturmtruppen waren Elitekommandos, deren Auftrag es war, in die Linien der Feinde einzusickern und Schrecken zu verbreiten. Nach dem Krieg bekamen die aus ehemaligen antikommunistischen Freikorps gebildeten nationalsozialistischen Kommandos den Namen Sturmabteilungen (abgekürzt in SA), der an die Sturmtruppen erinnert. Sie organisieren vermehrt Übergriffe, auch an den Universitäten. Heidegger schreibt seinen Brief am 14. Juli 1923, einige Monate, bevor als Folge des Hitler'schen Putschversuchs vom 9. November dieses Jahres die SA verboten wurden.

44 *SH* III, § 105, S. 233. Wahnsinn kann auch ‚kriegerischer Wahn' bedeuten.

> [Heidegger] verleiht hier willkürlich den mit dem Buchstaben H beginnenden Namen eine übernatürliche Macht; er zitiert z. B. Heraklit, Hölderlin und Hegel; aber auch Hitler könnte in der Liste stehen und auch Heidegger selbst. In einem anderen Auszug ergeht sich der Philosoph in numerologische Ausflüge und sagt voraus, dass eine endgültige ‚Entscheidung' über die planetarische Herrschaft des ‚Amerikanismus' im Jahr 2300 gefällt werden wird. Er verkündet, dass das Jahr 2327 ein historisches sein wird: sein eigener Name wird dann aus Gründen, die er nicht näher erläutert, dem Vergessen entrissen; aber ein günstiger Zufall will, dass dieses Jahr dem 400. Jahrestag der Veröffentlichung von *Sein und Zeit* entspricht.[45]

Dieser Nostradamismus verhindert jede philosophische Diskussion: Als guter Millenarist musste Heidegger prophetisieren und er tat es zur Genüge, indem er die Gefahren beschwor, die in unserer „dürftigen Zeit"[46] lauern – nämlich die Zeit nach dem Untergang des ‚Dritten Reichs'.
Da der Hass auf die Vernunft Monstren hervorbringt, hatte Primo Levi von einem „von schwarzer Magie durchdrungenen Milieu des nazistischen Hofes" gesprochen:[47] Der Okkultismus ist der Preis für eine Sicht der Welt, die sich dem Realitätsprinzip verweigert, um sich zum Kriterium jeglicher Wahrheit zu erheben.
Die Verschwörungstheorie entwickelt und entfaltet eine ‚Kontamination' ohne Ende; ihre Tragweite kann nicht weit genug eingeschätzt werden, denn ihre wahnhafte Logik der allgemeinen Metonymie, des Gebrauchs eines Wortes für ein anderes, sieht in verschiedenen Gestalten überall den gleichen Feind: die Phantastereien des Anklägers werden der tückischen Verstellungskunst der Angeklagten zugeschrieben. So projiziert eine initiatorische Sekte ihre eigene konspirative Bestrebung auf die Welt und stellt sich zur Aufgabe, die obskuren Machenschaften des Gegners anzuprangern, gegen die sie ihr eigenes Geheimnis schützt.
Verschwörung ist aber dem Prinzip der philosophischen Bestrebung diametral entgegengesetzt. Seit Platons *Gastmahl* nämlich ist die

45 Wolin: Heidegger, l'antisémitisme, S. 24.

46 „Die Zeit der Weltnacht ist die dürftige Zeit, weil sie immer dürftiger wird. Sie ist bereits so dürftig geworden, dass sie nicht mehr vermag, den Fehl Gottes als Fehl zu merken." (*WD*, S. 269.)

47 Primo Levi: *Das periodische System* [1987]. München: SZ-Bibliothek 2004, S. 125.

Philosophie für die Probe des Fremden offen: Jeder kann, ohne sich auszuweisen, Einwürfe machen, wenn er nur seine Argumente untermauert und die Mittel liefert, sie zu beurteilen. Im Übrigen versucht die Philosophie sich der Komplexität zu stellen, zu unterscheiden, um zu verbinden, ohne *a priori* vereinheitlichen zu wollen. Deshalb ist sie mit ihrem Erkenntniskonzept Vorhut und Begleitung der wissenschaftlichen Bestrebung selbst: die Phänomenologie Edmund Husserls z. B. verstand sich als wissenschaftlich.

Im Gegensatz dazu verhindert die Verschwörungstheorie, indem sie alles erklärt, jedes Verständnis auch ihrer selbst. Ihre Ablehnung des Widerspruchs und der Komplexität gehen Hand in Hand mit dem Hass des Anderen. So ruft sie auf zu einer ‚Reinigung des Seins', denn sie setzt eine geeinte Ontologie voraus. Sie ist deshalb leicht zu verstehen, wenigstens, wenn man ihr unkritisch anhängt: der *Glaube* lehnt jede Argumentation ab und gibt vor, über sie hinaus zu gehen – wie Trawny in der Nachfolge Heideggers.[48] Die einzig mögliche Erklärung benennt eine bestimmte Gruppe als Hauptgrund für alles Unglück der verdienstvollen und völkischen Menschheit. Sie ist deswegen notwendig dualistisch, stellt durch die Einteilung in ‚Unter'- und ‚Übermenschen' den Feind und das Wir gegeneinander, was dann die gegenwärtigen und künftigen ethnischen Säuberungen rechtfertigt.

48 Peter Trawny: *Irrnisfuge. Heideggers An-archie*. Berlin: Matthes & Seitz 2014, S. 76–79.

II.
Die Kunst, nicht zu lesen

> Es ist bei der Entstellung eines Textes ähnlich wie bei einem Mord. Die Schwierigkeit liegt nicht in der Ausführung der Tat, sondern in der Beseitigung ihrer Spuren.
> (Sigmund Freud: *Der Mann Moses*)

> Aechte Schriften nicht zu verstehen, unächte zu verstehen gleich unnütz.
> (Friedrich Schlegel: *Philologie I*)

Eine Disziplin muss dazu fähig sein, ihre grundlegenden Texte zu lesen. Was aber liest man von Heidegger und wie? Warum war die Veröffentlichung der *Schwarzen Hefte* ein solcher Schock, wo doch die 93 vorausgehenden Bände der Werkausgabe bei der großen Menge der praktizierenden Leser keineswegs Anstoß erregt haben.

1. Geschwächte Urteilsfähigkeit

Man wollte Heideggers politisches Engagement von seiner Philosophie loslösen. In Frankreich herrscht allgemein die Meinung vor, dass es sich wie bei Carl Schmitt um eine vorübergehende Urteilstrübung handelte[1] oder, wie Heidegger in einem seiner letzten Gespräche sagte, um *eine große Dummheit*[2] – obwohl man so eher einen Pennälerstreich bezeichnen würde. Emmanuel Faye konnte in seinem bei den französischen Philosophen verpönten Buch zeigen, indem er sich auf kürzlich bekannt gewordene oder bis dahin vernachlässigte Schriften stützte, dass das beharrliche politische Engagement des Philosophen eng verbunden war mit einem grundsätzlichen ideologischen Engagement seiner Philosophie.

Man hatte lange geglaubt, die Meinungen, Vorlesungen und Reden des nationalsozialistischen Universitätsprofessors von den grundlegenden Schriften des Philosophen trennen zu können. Die Veröffentlichung im Jahr 2001 des Doppelbandes, der die Bände 36 und 37 der *Gesamtausgabe* enthält, machte diese Trennung jedoch unmöglich: Heidegger formuliert beispielsweise in *Sein und Wahrheit* das Programm der „völligen Vernichtung" des inneren Feindes[3] und liefert dazu eine rassische Definition der Wahrheit. Diese vom Meister selbst geplante Veröffentlichung ist in ihrer philosophischen Bedeutung völlig durchdrungen von einer solchen Art von Programm, und zwar 13 Jahre vor der Veröffentlichung der ersten *Schwarzen Hefte*.[4] Wie ist es jetzt noch möglich, weiter hochfliegende Betrachtungen anzustellen, die gewöhnlich seine Lektüre begleiten? Wie ist es möglich, dem Aufruf zum Massenmord einen philosophischen Status zu verleihen?

1 Der Topos ist der gleiche für Heidegger und für Carl Schmitt, deren Lebensabrisse des Pariser Verlags Le Seuil sich offenbar gegenseitig inspirierten. Die schöngeredete Version, was Schmitt betrifft, liest sich z. B. so: „Er unterstützte das Naziregime, Antisemitismus inbegriffen, ging dann aber ab 1936 auf Distanz." (http://www.seuil.com/auteur/carl-schmitt/5727 (Zugriff am 24.12.2016).) Dagegen ist zu sagen, dass Schmitt aktiv das ‚Dritte Reich' vorbereitet hatte, mit der Theorie des permanenten Ausnahmezustands den Rahmen für seine Staatsverfassung lieferte, und wenn auch sein aktiver Katholizismus bei der SS keine einmütige Zustimmung fand, so geizte er bis 1945 nicht mit seiner Unterstützung und seinem Rückhalt für das Regime, wurde dann juristischer Berater verschiedener, vor allem südamerikanischer Diktaturen.

2 Zit. n. Helmuth Vetter: *Grundriss Heidegger. Ein Handbuch zu Leben und Werk*. Hamburg: Meiner 2014, S. 404.

3 *WW*, S. 91.

4 Dieses Programm wird 1933–1934 formuliert und 1942 bestätigt, als die ‚Endlösung' in die Tat umgesetzt wird: Heidegger schreibt damals: „Das Vernichten sichert gegen den Andrang aller Bedingungen des Niedergangs" (*NM*, S. 70). Vgl. in dem bahnbrechenden Buch von Reinhard Linde: *Bin ich, wenn ich nicht denke?* Herbolzheim: Centaurus 2003, das Kapitel „Das Stehen gegen den Feind. Heideggers Ontologie des totalen Krieges und der ‚völligen Vernichtung' der Feinde des Nationalsozialismus von 1933" (ebd., S. 300–329).

Warum sollte man den Autor, der als Neubegründer der Hermeneutik gilt, nicht lesen, wie er es verdient, nämlich sorgfältig, unter Einbeziehung des gesamten Korpus? Warum will man solche Sätze nicht wahrnehmen, wie diesen, dass „das *Prinzip* der Einrichtung einer Rassenzüchtung [...] metaphysisch notwendig ist“[5] oder dass „die ‚Motorisierung‘ der Wehrmacht ein metaphysischer Akt“ ist?[6] Sind sie nicht Ausdruck einer doch ziemlich eugenischen Metaphysik und eines ‚attraktiven‘ Denkens der Technik? Um die Trennung des Nationalsozialisten vom Philosophen aufrechtzuerhalten, bleiben viele lieber bei der Sprachidylle, ‚Hüter des Seins‘, und anderen Märchen.[7]

Drei wichtige Faktoren können die (un)willentliche Naivität so mancher französischer Philosophen verdeutlichen:

(i) Heideggers Philosophie wurde von Jean Beaufret, dem wichtigsten Wegbereiter in Frankreich, von ihren politischen Konnotationen befreit:[8] Er übersetzt z. B. *abendländisch* (in Anspielung

5 Ebd., S. 56.

6 *NN*, S. 333.

7 Ein Indiz dafür, was diese Märchen verbergen: Als ich eine Rezension des Buchs von Emmanuel Faye, verfasst von Kurt Flasch, veröffentlichte, wollten die Übersetzer, zwei Doktoranden in Philosophie, ihre Namen nicht darunter setzen, um ihre berufliche Zukunft nicht zu gefährden. Noch ein Indiz: Bei Erscheinen der Petition zur Aufforderung, die Heidegger-Archive zu öffnen, unterzeichneten Philosophieprofessoren aus Spanien, Italien, Deutschland, aber kein einziger aktiver französischer Philosophieprofessor. François Fédier rechtfertigt sich so: „Ich wünsche, dass die Archive für Forscher ohne vorgefasste Meinung geöffnet werden.“ (Radiodiskussion vom 23. Februar 2007, „Bibliothèque Médicis“, unter der Leitung von Jean-Pierre Elkabbach). Das Lustprinzip der Philosophie steht aber keineswegs dem Realitätsprinzip der Philologie entgegen. Die Frage, ob man das Korpus eines Philosophen lesen soll, um ihn zu verstehen, scheint unangebracht. Da die Zeiten eines Maurice Blanchot vorüber sind, hat sich die französische akademische Gemeinschaft durch ihre Weigerung, mehr wissen zu wollen, kompromittiert; durch ihr Leugnen hat sie sich in einer Grauzone eingeschlossen. Monique Canto-Sperber, eine einflussreiche Persönlichkeit, wollte in derselben Debatte Fédier zu Hilfe eilen, glaubte, indem sie die den Tatsachen entsprechende Beteiligung Heideggers an einer symbolischen Bücherverbrennung zu leugnen versuchte, die Institution zu verteidigen, und lenkte dann aber ein: „Aber wie viele Leute haben zur gleichen Zeit wieviele Dinge geschehen lassen!“ (ebd.), als könnte die Feigheit der einen die Verbrechen der anderen ungeschehen machen.

8 Es ist bekannt, dass Beaufret private Ermunterungsbriefe an den Holocaustleugner Robert Faurisson schickte; letzterer war boshaft genug, diese Briefe in den *Annales d'histoire révisionniste* zu veröffentlichen (Deux Lettres de Jean Beaufret. In: *Annales d'histoire révisionniste* 3 (1987), S. 204–205).

auf Oswald Spengler) mit dem Wort *abendlich*, das dem Dichter Alphonse de Lamartine gut anstünde. In seiner Nachfolge ersetzt François Fédier die berüchtigte *Gleichschaltung* (dieser Begriff ist über die preußischen Kasernen einer der Grundbegriffe des *Führerprinzips* geworden) durch eine sehr melodiöse ‚Harmonisierung', und unter seiner Feder wird aus dem Nationalsozialismus ein ‚nationaler Sozialismus', der sofort viel besser klingt.[9]
Überdies kann eine nur akademische Beherrschung der deutschen Sprache kaum die Techniken der Doppelbedeutungen erfassen und fördert eine untadelige Herzensreinheit. Wenn z. B. Heidegger-Spezialisten Heideggers Definition des Nationalsozialismus als eines *barbarischen Prinzips* als Beweis für eine behauptete Abkehr zitierten, so übersahen sie, dass in der nationalsozialistischen Sprache jener Zeit, der Victor Klemperer den Namen *lingua tertii imperii* (*LTI*) gab und die Heidegger virtuos handhabte, das Wort *barbarisch* genau wie das Wort *fanatisch* positiv besetzt ist.[10] Jetzt nämlich räumt Heideggers Gebrauch dieses Worts in den *Schwarzen Heften* jede Art von Zweideutigkeit aus.

(ii) Heidegger hat vor allem nach dem Krieg geschickt seine Doppelsprache systematisiert, was sich insbesondere im Gebrauch der Decknamen konkretisiert.

(iii) Die wichtigsten Archive werden immer noch eifersüchtig gehütet, und die Rechteinhaber folgen im Großen und Ganzen dem Veröffentlichungsplan, den Heidegger selbst noch aufgestellt hatte. Er rechnete wahrscheinlich mit einer neuen Radikalisierung: In den Neuausgaben seiner Vorlesungen, wie z. B. im Buch über Nietzsche, hatte er noch ‚brutale' Stellen gestrichen oder abgemildert, aber die 2001 erschienenen Bände der *Gesamtausgabe* zeigen (*WW*), dass Verschleierung im neuen Jahrhundert nicht mehr zeitgemäß ist. Die Tatsache, dass Heidegger in die maßgebende Ausgabe seiner Werke offen nationalsozialistische Texte aufnahm,

9 Diese Formel findet sich nicht selten bei Jean-Marie Le Pen, dem ehemaligen Vorsitzenden der rechtsextremen Partei Front National.

10 Z. B. schreibt Heidegger in einem Brief vom 07. Juni 1936 an Kurt Bauch, den Freund und Parteigenossen: „Der N. S. wäre schön als barbarisches Prinzip – aber er sollte nicht so bürgerlich sein ..." (Heidegger / Bauch: *Briefwechsel*, S. 29–30). Vgl. François Rastier: Heidegger aujourd'hui, ou le Mouvement réaffirmé. In: *Labyrinthe* 2,33 (2009), S. 71–108, hier S. 73, Anm. 1. Zur LTI (lingua tertii imperii) vgl. die bahnbrechende Arbeit von Klemperer: *LTI*.

> beweist, dass sie zu seinem Werk gehören, und ihre Aussonderung würde bedeuten, seinen Willen zu missachten.[11]

Der französische akademische Konformismus setzt jedoch sein Wirken fort, und man redet weiterhin von *Kehre* und von *Wesung*, als sei nichts geschehen. Emmanuel Faye erntete deshalb allgemeine Entrüstung, als er vor Jahren darauf hinwies, dass diese Philosophie tatsächlich nationalsozialistisch ist – obwohl beide Begriffe sich gegeneinander sperren. Er stützte sich auf die neu herausgegebenen Werke, auf in Marbach aufbewahrte Vorlesungen, die den Zensurbemühungen der Familie nicht unterliegen, vor allem aber auf seine Kenntnis des Korpus, in dem diese Schriften ihre Bedeutung bekommen, nämlich diejenige der wichtigsten Ideologen jener Zeit, die kaum mehr jemand liest, bei denen sich aber die gleichen Formulierungen und Thesen finden.

Fast unmittelbar danach reagierte das französische Erziehungsministerium damit, dass Heidegger Prüfungsthema für die schriftlichen Prüfungen der Agrégation wurde, damit er in den Kanon der vorgeschriebenen Studienthemen aufgenommen werden konnte. Luc Ferry hatte damals nicht die Petition unterzeichnet, die die Öffnung der Heidegger-Archive fordert – er hat dies bis heute nicht getan. Als er Erziehungsminister wurde, war er es, der Heideggers Aufnahme ins Curriculum betrieb. Als indirekt-schräge Antwort auf Emmanuel Faye schrieb er dann einen Artikel in der Zeitschrift *L'Histoire* mit dem Titel „Heidegger, der geniale ‚Dreckskerl'" („le ‚salaud' génial")[12], in dem er Heideggers Haltung als „antimodern, und in dem Sinn als neokonservativ" bezeichnet, was zumindest ein Euphemismus ist. Außerdem wird in diesem Text aus Heideggers nationalsozialistischem Glauben ein historischer Fakt und keine philosophische Frage mehr. Der höchst harmlose Charakter dieses Artikels erklärt sich mit einer Strategie der Banalisierung: Ferry versichert, dass jeder Philosoph, der diese Bezeichnung verdient,

11 2009 formulierte ich in der Zeitschrift *Labyrinthe* folgende Vermutung, welche die damals schon geplante, aber noch geheim gehaltene Veröffentlichung der *Schwarzen Hefte* leider bewahrheitet hat: „Die radikalsten und eindeutigsten Texte werden wahrscheinlich ganz am Schluss erscheinen, und es steht zu befürchten, dass sie dann mit offenen Armen empfangen werden." (Rastier: Heidegger aujourd'hui, S. 73.)

12 Luc Ferry: Heidegger, le « salaud » génial. In: *L'Histoire* 301 (2005), S. 21–22.

davon „träumen würde“, gewisse Bücher Heideggers „geschrieben zu haben“. Unkorrekte Nachweise – Ferry verlegt z. B. ein Zitat aus einer Vorlesung von 1935 zur Einführung in die Metaphysik in ein *Spiegel*-Gespräch von 1966 – zeigen, dass Heidegger, weil er zur Ikone geworden ist, nicht mehr gelesen zu werden braucht.
Die akademische Welt revidiert ungern ihre sicheren Positionen und Vorlesungen; sie beschließt lieber, wie neuerdings wieder klar wurde, als neue Manuskripte von Ferdinand de Saussure entdeckt wurden, dass es nichts Neues unter der Sonne gibt. Statt einer Diskussion der Fragen gibt es ein großes Kräftemessen, statt Debatten werden Angriffe *ad hominem* oder gar juristische Drohungen ausgestoßen. Zwei Richtungen profilieren sich in letzter Zeit, deren beider Ziel der Abschluss der Diskussion ist: die konservative Linie, vertreten durch die Orthodoxen und Dekonstruktivisten, dominiert die akademische, während die Linie einer radikalen Bewegung die politische Rezeption dominiert. Beide Linien schließen sich jedoch nicht aus, und die identitären Studienprogramme, die manchmal in gewissen Abteilungen der Cultural Studies angeboten werden, scheinen sich mit rassentheoretischen Ansichten zu vertragen.
Wie ist jetzt also Heideggers Werk zu lesen und zu deuten? Diese Frage öffnet freilich den Weg hin zu einer philologischen Revision und einer hermeneutischen Neueinschätzung.

2. Die philologische Ausnahme

Die Einrichtung der prophetischen Texte ist immer problematisch. Da die Inspiration sich ungern auf Fußnoten einlässt, kümmern sich die Propheten wenig um Philologie und überlassen die Hermeneutik den Theologen.
Heidegger unterscheidet sich von gewöhnlichen Philosophen dadurch, dass er vor der Herstellung, der Veröffentlichung und der Auslegung seiner Texte Schranken errichtet: Deshalb interessieren sich sowohl die Philologie als auch die Hermeneutik dafür. Kann man Heideggers Texte lesen, indem man ihnen philologische Kriterien zugrunde legt, von denen sich der Meister und seine Schüler auszunehmen scheinen? Soll man sie auslegen oder sich mit ihrer Selbstauslegung begnügen? Diese beiden Fragen scheinen nur legitim, wenn man anerkennt, dass Heideggers Texte keinen Ausnahmestatus genießen und dass sie so gelesen werden können, wie die eines jeden anderen Philosophen.

Was ist zu lesen?
Die Forschung hat keinen Zugang zu den handschriftlichen Quellen, obwohl der Nachlass vom Bund erworben wurde und in Marbach aufbewahrt wird. Die Rechteinhaber behalten sich vor, nur solchen Personen den Zugang zu gestatten, die sie für die Herausgabe der Werke ausgewählt haben, und zwar in der Weise, wie der Meister sie geplant hatte, eine Edition, die vierzig Jahre nach seinem Tod noch nicht abgeschlossen ist. Da sie die Auffassung vertreten, dass er 1946, nach der Niederlage, für ein Jahrhundert jeglichen Zugang untersagt hatte, verschieben sie die Öffnung der Archive auf das ‚Jahr des Herrn' 2046. Eine vor zehn Jahren von Emmanuel Faye initiierte Petition blieb bis heute ohne Wirkung, findet aber seit der Veröffentlichung der ersten *Schwarzen Hefte* immer mehr Zustimmung.[13]
Außer dem eigentlichen Werk sind inzwischen Briefbände erschienen, insbesondere Briefwechsel mit seiner Frau Elfride oder seinem Freund Kurt Bauch. Bestimmte Konvolute konnten von Wissenschaftlern in den Archiven konsultiert werden, unter der Bedingung, dass sie nichts kopierten, nichts zitierten oder gar paraphrasierten. Die „materiellen" Bedingungen der Lektüre scheinen so die Esoterik des Meisters zu reproduzieren und zu verschärfen: der genaue Wortlaut selbst bleibt unzugänglich.

Ablehnung der Werkausgabe
Schon die Herausgabe des Werks, wenigstens die 102 vorgesehenen Bände der Gesamtausgabe war ein Zugeständnis. In einem Brief an Vittorio Klostermann vom April 1972 lehnt Heidegger zunächst das Prinzip einer Herausgabe aller Schriften ab: „Leider kann ich Ihrem Wunsch, eine Gesamtausgabe meiner Arbeiten herauszubringen, nicht zustimmen. Es würde nicht dem Stil meiner Denkweise entsprechen."[14]
Trotzdem schreibt er einige Entwürfe für eine Einleitung, in der er es ablehnt, dass die Intention des Autors erwähnt, der Standpunkt des

13 Kein einziger Heideggerianer hat noch diese von Emmanuel Faye lancierte internationale Petition zur Öffnung der Archive unterzeichnet, obwohl sie alle ohne Zweifel brennend gern endlich Zugang hätten und auf www.hermeneute.com willkommen sind.

14 Zit. n. Peter Trawny: Martin Heidegger und seine Gesamtausgabe. Die letzte Hand des Zauberers. In: *Neue Zürcher Zeitung*, 18.04.2015. http://www.nzz.ch/feuilleton/buecher/die-letzte-hand-des-zauberers-1.18524364 (Zugriff am 22.03.2016).

Verlegers beschrieben wird und historisch feststellbare Standpunkte angeführt werden.

Diese Verweigerungen verorten einen Editionsplan, der weder kritisch noch wissenschaftlich noch historisch sein soll. Die Wünsche des Meisters wurden peinlich genau erfüllt. Diese Ablehnung der akademischen Normen und der Verlags-Deontologie bestätigt, dass in seinen Augen die Edition keinen Zugang zu hergestellten Texten, sondern zu seiner Meditation über die Seinsfrage bieten soll; anders gesagt, sie soll den Zugang zu jeder anderen Frage verhindern und allein Dienst an der Prophetie und am esoterischen Plan bleiben. Da Heidegger sich nicht für irgendeinen Autor hält, verlangt er einen verlegerischen Ausnahmezustand,[15] der einhergeht mit der Verweigerung des Zugangs zu den Originaltexten: So entzieht er sich jeder Kontrolle.

Ästhetik des Überflusses

Der Geschwollenheit des Stils entspricht die Maßlosigkeit des Werks: Wenn der letzte Band erschienen ist, erreicht das vom Meister geplante Gesamtwerk 102 Bände – mehr als die Werke von Kant, Hegel und Nietzsche zusammen.[16] Dabei steht in Band 97 der Satz: „Leute, die viele Bücher schreiben, beweisen damit nur, dass sie nichts zu sagen haben."[17] Schließen wir großzügig daraus, dass für ihn das Denken nichts mit seinen Büchern zu tun hat.

Hier spielt keine Rolle, dass diese Schriften von Vorlesungsnotizen bis hin zu affektierten und bedrohlichen Gedichten in unterschiedlichen Graden ausgearbeitet sind; ihre Veröffentlichung lässt einen monumentalen Gigantismus erkennen, der mit der Ästhetik der Berliner Reichskanzlei, dem Münchner Hauptquartier der NSDAP oder den

15 Der Ausnahmezustand, den Carl Schmitt im politischen Bereich theoretisiert und der das Hitlerregime charakterisierte, wird von radikalen Heideggerianern wie Agamben in die Philosophie übernommen: „Die Philosophie ist der erklärte Ausnahmezustand in jeglichem Wissen und jeglicher Disziplin. Dieser Ausnahmezustand heißt: Wahrheit. Die Wahrheit ist aber nicht das, in dessen Namen wir reden, sie ist der Inhalt unserer Reden; wir können nicht im Namen der Wahrheit reden, wir können nur die Wahrheit sagen." (Giorgio Agamben: *Il fuoco e il racconto*. Rom: Nottetempo 2014, S. 69.) Agamben illustriert hier eine prophetische Auffassung der Philosophie, die jegliche Suche nach der Wahrheit aufgibt, denn alles, was der Philosoph sagt, ist wahr.

16 Vgl. Wolin: Heidegger, l'antisémitisme.

17 *SH* IV, S. 445.

Plänen für ‚Germania' verglichen werden kann. Ihr repetitiver Charakter kann nicht gegen sie verwendet werden, denn dieser Überfluss zielt auf Einschüchterung ab und für den furchtlosen Leser auf das Eintauchen darin: „Ich bin hineingefallen"[18], schwärmte Yann Moix während des Kolloquiums in der Pariser Nationalbibliothek im Januar 2015. Nur ein rationales Projekt kann seinen Abschluss bestimmen, während der rhapsodische Stil der orakelhaften Meditation keinen Anfang und kein Ende aufweist.[19] Eine Prophezeiung hat nie ein Ende oder findet wenigstens ihr Ende nur in ihrer Erfüllung. Die gesammelten Texte sind also nicht endgültig: Sie stellen sich dar als noch sich Entwickelnde, und sie wurden im Übrigen vom Autor im Verhältnis zur jeweiligen politischen Entwicklung umgeschrieben.

Verachtung der Philologie

Als Heidegger 1916 seine Habilitationsarbeit über die spekulative Grammatik des Duns Scotus veröffentlichte (*Die Kategorien- und Bedeutungslehre des Duns Scotus*), kümmerte er sich nicht um die Autorschaft dieser Schrift, die 1921 von Martin Grabmann endgültig Thomas von Erfurt zugeschrieben wurde. Diese philologische Nachlässigkeit wurde bei den Heideggerianern von Generation zu Generation weitergegeben, so z. B. bei Françoise Dastur, die sich noch 2007 auf Duns Scotus bezog.[20]

Faktisch wird die Philologie abgelehnt: „In der Theorie der Philologie waltet die Sprache als das Unumgängliche."[21] Es geht hier darum, die Sprache zu umgehen oder wenigstens, sie zu instrumentalisieren, und dieser Dezisionismus steht in diametralem Gegensatz zur

18 In den in Frankreich jedermann bekannten Bildgeschichten mit Asterix und Obelix ist letzterer als Kind in einen Kessel mit Zaubertrank ‚hineingefallen', weshalb er dauerhaft enorme Kräfte besitzt.

19 Klemperer hatte die Bedeutung der Wiederholung in der Sprache des ‚Dritten Reichs' hervorgehoben (Klemperer: *LTI*, S. 36). Diese Schlüsselfigur der militärischen Redeweise bekommt bei Heidegger einen Wert, der sich von der doktrinären und sozusagen geschicklichen Bestrebung herleiten lässt. „Die Wiederholung ist so natürlich wie die Tatsache, dass sich die Erde dreht", sagte der vor zwei Jahren verstorbene Saxofonist Ornette Coleman im Gespräch mit Jacques Derrida (Quand Ornette Coleman improvisait avec Jacques Derrida, 20.08.1997. http://www.lesinrocks.com/1997/08/20/actualite/ornette-coleman-et-jacques-derrida-la-langue-de-lautre-11232142/ (Zugriff am 09.01.2017).)

20 Françoise Dastur: *Heidegger. La question du logos*. Paris: Vrin 2007, S. 34.

21 Martin Heidegger: Wissenschaft und Besinnung. In: Ders.: *Vorträge und Aufsätze* [1954]. Pfullingen: Neske 1990, S. 41–66, hier S. 60.

philologischen Realität. Heidegger umgeht sie also und befreit sich von jeglichem philologischen Anspruch: ohne weiteres stützt er sich auf zweifelhafte Editionen, und Jean-Pierre Faye wies seine nachlässigen Übersetzungen und Auslegungen nach; zweifelhafte Etymologien vervollständigen das Bild. Vor allem aber projiziert er seine essentialisierende Doktrin auf isolierte Sätze, deren syntaktische Bindungen er löst, um Worte zu isolieren, die er als romantische Symbole versteht. Jean Bollack und Heinz Wismann beschrieben diesen Vorgang detailliert am Beispiel des 50. Fragments von Heraklit.[22] Heidegger vereinfacht den editierten Text gemäß dem Stil des heraklitischen Sagens, verbindet dann seine Teile, obwohl sie syntaktisch nicht zusammengehören, sieht schließlich darin eine vierfache Wiederholung, und verwandelt den Text in eine Litanei, die das ‚Sagen des Seins' ständig wiederholt. Diese identitäre Hermeneutik instrumentalisiert den Text und schreibt ihn solange um, bis er das Denken des Meisters möglichst gut illustriert, gemäß dem Prinzip, dass die Wahrheit die Weltsicht ausdrückt, deren Kriterium sie ist. Nie kann also der Wortlaut des Texts dem Denken widersprechen, das ihn kommentiert und zurechtbiegt.

Die Grauzone der Herausgeber

Die Rechteinhaber und Herausgeber haben dieses Prinzip völlig verinnerlicht, was zur Folge hat, dass die maßgebliche Ausgabe der Werke ohne bestimmbaren wissenschaftlichen Wert ist, wovon verschiedene wunderliche Tatsachen zeugen:

(i) Es gibt Bände ohne handschriftliche Quellen, sie wurden von Fritz Heidegger anhand seiner eigenen Vorlesungsnachschriften kompiliert.

(ii) Die Transkriptionen sind absichtlich unvollständig: in seinem 2013 veröffentlichten Nachwort zu Band 73,2 der *Gesamtausgabe* räumt Trawny z. B. ein, dass er nicht sämtliche der zahlreichen Randbemerkungen Heideggers einbezieht, und er schließt mit feinem Humor oder mit zynischer Lässigkeit: „Der Leser ist auf

22 Jean Bollack / Heinz Wismann: Heidegger l'incontournable. In: *Actes de la recherche en sciences sociales* 1,5–6 (1975), S. 157–161. http://www.persee.fr/doc/arss_0335-5322_1975_num_1_5_2486 (Zugriff am 19.05.2016).

eigene Interpretationsversuche angewiesen“[23], wobei dieser ja gerade keinen Zugang zu anderen Quellen hat.

(iii) Die gleiche Lässigkeit kennzeichnet den dürftigen Editionsapparat: Z. B. taucht im von Trawny herausgegebenen Band 97 der *Gesamtausgabe* der Name Hitler im Personenregister nicht auf, obwohl er 19 Mal im Text erwähnt wird. Alfred Rosenberg, Joseph Goebbels, Anaximander und Jacob Burckhardt werden je einmal erwähnt, aber nur die beiden letzteren werden für würdig befunden, im Register zu erscheinen, während die beiden ersteren Opfer eines vorsichtigen Ostrazismus werden.

(iv) Umstrittene Sätze werden ohne jede Angabe getilgt, wie der in der Einleitung zitierte Satz über das „planetarische Verbrechertum“[24] der Juden. Trawny führt an: „Die Herausgeber und der Nachlassverwalter haben damals entschieden, den Satz nicht zu veröffentlichen“;[25] einer der wissenschaftlichen Herausgeber ist aber Trawny selbst: Er entdeckt heute einen Satz, den er vor 15 Jahren gefälligerweise weggelassen hatte. Er ist heute der letzte, der Heideggers Antisemitismus „entdeckt“ hat und erklärt sich „schockiert“, als sei der Aufruf zum Mord eine Unhöflichkeit.

(v) Einige Lesarten bleiben merkwürdig mildernd, so in Band 39, der Hölderlins Hymnen *Germania* und *Der Rhein* gewidmet ist, wo die Herausgeberin die Abkürzung *N.soz* (eine übliche Form für *Nationalsozialismus*) in *Naturwissenschaft* aufgelöst hat. Dieser schicksalhafte Lesefehler wurde nicht korrigiert und steht noch in der 3. Auflage. Obwohl die Lesart sowohl dem Buchstaben als auch dem Sinn nach widersinnig ist (der Meister verabscheute ja die Naturwissenschaften), wurde sie noch in einer Abhandlung über die Physis, die selbstverständlich jegliche Naturwissenschaft transzendiert, von Julia Ireland langwierig verteidigt, die daraus eine *felix culpa* macht.[26]

23 *ED*, S. 1491.

24 Zit. n. Trawny: *Heidegger und der Mythos*, S. 51.

25 Ebd.

26 Julia A. Ireland: Naming Φύσις and the 'Inner Truth of National Socialism'. A New Archival Discovery. In: *Research in phenomenology* 44 (2014), S. 315–346. http://www.academia.edu/12875760/Naming_Physis_and_the_Inner_Truth_of_National_Socialism_A_New_Archival_Discovery (Zugriff am 13.01.2016).

Diese Art von Tilgungen passt zu gewissen Neufassungen des Meisters selbst, der z. B. in seiner Vorlesung von 1935 zur Einführung in die Metaphysik über „innere Wahrheit und Größe des N.S." spricht (laut Typoskript von Fritz Heidegger) und 1953 diese Angabe durch die Worte „dieser Bewegung" ersetzt.[27]
Da ‚Lesefehler' solcher Art schließlich doch Fragen aufwarfen, schrieb kürzlich Arnulf Heidegger, ein Enkel des Meisters und der juristische Vertreter der Rechteinhaber, einen Rundbrief an die wissenschaftlichen Herausgeber der bisher erschienenen Bände und bat sie, diese ‚Lesefehler' aufzulisten, ohne Erfolg, wie es scheint, aber mit der Absicht, von der ohne Zweifel bestehenden Verantwortung der Rechteinhaber und des Verlegers abzulenken.

(vi) Für die *Schwarzen Hefte* bleiben die Datierungen umso fragwürdiger, als die verschiedenen Schreibphasen nicht genau dokumentiert sind, und so ist kaum überraschend, dass ein Ende der 1930er Jahre datiertes *Schwarzes Heft* ein 1959 publiziertes Buch erwähnt.[28]

Um den Skandal zu verhindern, versprach kürzlich Arnulf Heidegger, der Hauptrechteinhaber, die Herausgabe einer neuen, diesmal wissenschaftlichen Gesamtausgabe; ein hinhaltendes Versprechen, denn die nicht wissenschaftliche Ausgabe ist die maßgebende seit 40 Jahren, und solange die Forschung keinen Zugang zu den Handschriften hat, würde die neue Edition nicht mehr Garantien bieten als die erste.
Wie redlich auch immer die verschiedenen Akteure des Editionsprozesses sein mögen, so machen doch die Übereinstimmung der Verzerrungen oder gar Manipulationen die Hypothese wahrscheinlich, dass hier ein abgekartetes Spiel eine unauflösliche Situation schaffen soll. Da kein einziger Text wirklich verbindlich ist, kann nur der Glaube der Eingeweihten die Texte, die sie kommentieren, für gültig erklären.

27 Martin Heidegger: *Einführung in die Metaphysik*, hrsg. v. Petra Jaeger. Tübingen: Niemeyer 1987, zit. n. *EM* 40, S. 208.

28 Vgl. Kellerer: Des Meisters neue Kleider, S. 140. Ihre Fragen hierzu an den Verleger blieben unbeantwortet.

Ein Korpus als Phantom

Das Korpus ist nicht erstellt, selbst der Begriff wird abgelehnt, wie im Übrigen sämtliche philologischen Grundbegriffe. Nicht nur sind die Texte verschlüsselt, sondern sie wurden neu verfasst und politisch neu ausgerichtet. Sidonie Kellerer publizierte 2011 die erste Fassung ihrer philologischen Studie über *Die Zeit des Weltbildes*, den berühmten Vortrag über die Technik, erschienen 1938 und noch immer zur Verteidigung des Hüters des Seins zitiert. In der hauseigenen Zeitschrift des Archivs von Marbach, wo Heideggers Handschriften verwahrt werden, zeigte sie, dass dieser Vortrag nach dem Krieg neu geschrieben wurde, und dass die Fassung von 1938 eine bedingungslose Verteidigung der nationalsozialistischen Technik ist, was Heideggers Aussage im *Spiegel*-Gespräch, der Nationalsozialismus sei in seinem Verhältnis zur Technik in die richtige Richtung gegangen, in ein grelles Licht rückt.

Rüdiger Safranski antwortete kürzlich, dies alles ändere nichts für ihn, denn der Text von 1950 sei von „epochaler Bedeutung", wobei das Wort *epochal* in verwirrender Weise auf die phänomenologische *Epoché* weist und auf die Epoche, die es wahrscheinlich in der Geschichte des Seins einleitete, die selbstverständlich die Veröffentlichungsgeschichte transzendiert.[29] Im Klartext heißt das, das Vorurteil kann nicht zurückgewiesen werden, sobald es Glaubenssatz geworden ist.

29 Vgl. Rüdiger Safranski: Religion ohne Gott. In: *Süddeutsche Zeitung*, 24.03.2015, S. 11–13, hier. S. 12. Mutatis mutandis zeigt sich die gleiche Art von akademischer Gläubigkeit und Verachtung des Authentischen, wenn Derrida einen unechten Text legitimiert, der von Kollegen von Saussure geschrieben und drei Jahre nach seinem Tod unter seinem Namen veröffentlicht wurde: „Inwieweit ist Saussure selbst für den Cours verantwortlich, so wie er redigiert und posthum veröffentlicht wurde? Diese Frage ist nicht neu. Es braucht nicht eigens betont zu werden, daß wir sie, zumindest hier, nicht für dringlich erachten. Wenn man das Wesen unseres Vorhabens nicht gänzlich mißversteht, so wird man bemerkt haben, daß wir uns außerordentlich wenig darum gekümmert haben, was Ferdinand de Saussure persönlich gedacht hat, vielmehr war unser Interesse auf einen Text gerichtet, dessen Wortlaut seit 1915 jene Rolle gespielt hat, die sich inzwischen auf ein ganzes System von Lesarten, Einflüssen, Mißverständnissen, Anleihen und Zurückweisungen usw. ausgewirkt hat. Was man aus dem Cours de linguistique général herauslesen und was man nicht aus ihm herauslesen konnte, war für uns jenseits jeder verborgenen und „wahren" Intention Ferdinand de Saussures von Bedeutung. Und selbst wenn man entdecken würde, daß dieser Text einen anderen verdeckt hat – man wird es immer nur mit Texten zu tun haben –, ihn in einem ganz bestimmten Sinn verdunkelt hat, so wird die von uns vorgeschlagene Lektüre aus diesem Grund allein noch lange nicht hinfällig werden. Im Gegenteil."

Von da wird verständlich, warum der Verleger und die Rechteinhaber bis jetzt Sidonie Kellerer nicht gestatten, eine kritische Edition zu veröffentlichen, in der sie die verschiedenen Fassungen des Vortrags *Die Zeit des Weltbildes* miteinander vergleicht.

Es versteht sich von selbst, dass ein Autor die Freiheit hat, wie Peter Gordon und Rüdiger Safranski betonen, seine Werke neu auszuarbeiten. Aber Heidegger gibt seine Neufassung für das Original aus und benutzt die Gelegenheit, sein Lob der Technik im Zusammenhang mit der Motorisierung der Wehrmacht in eine Kritik der Technik in der westlichen Welt der Nachkriegszeit umzumünzen; er verfasst auf diese Weise eine Fälschung des Autors; das Mindeste wäre anzuführen, was verändert wurde und das Veränderte nicht vorzudatieren. Als Hartmut Buchner, der damals Heidegger bei der Neuausgabe assistierte, vorschlug, die Änderungen zu kennzeichnen, wurde der Meister zornig: „Das kann ich nicht, das wäre eine historische Fälschung; ich habe das damals so gesagt – und wenn die heutigen Leser nicht verstehen wollen, was damit im Ganzen der Vorlesung eigentlich gesagt sein möchte, dann kann ich ihnen auch nicht helfen"[30]. Er leugnet also seine Manipulation, führt den Leser in die Irre, lenkt von der Verantwortung seines Denkens ab und schreibt mit Hilfe einer Art von Negationismus an der Quelle die Geschichte seines Denkens wie die seiner Werke neu. Sein Wille macht Geschichte und revidiert sie, wie es ihm passt.

Da die permanente Revision durch die ‚Interpretationen' der Herausgeber noch akzentuiert wird, die den Text an entscheidenden Stellen verändern oder gar verfälschen, hat sie zur Folge, dass keine Fassung des Texts zuverlässig ist: Dieser verliert jede Garantie, spielt in Zugzwang seine letzte Karte aus, verliert jede Tragweite und sogar sein Wortlaut wird zweifelhaft.

Der Glaube, den man einem Propheten schenkt, setzt gewöhnlich voraus, dass er selbst an seine Prophezeiungen glaubt, ohne dass er sie je nach politischer Wetterlage oder nach seinen jeweiligen Interessen

(Jacques Derrida: *Grammatologie* [1967], aus d. Franz. v. Hans-Jörg Rheinberger / Hanns Zischler. Frankfurt am Main: Suhrkamp 1983, S. 128–129; Derrida erlaubt sich auch die Angabe eines falschen Datums, denn nur seine Lektüre ist es, die zählt).

30 Zit. n. Hartmut Buchner: Fragmentarisches. In: Günther Neske (Hrsg.): *Erinnerung an Martin Heidegger*. Pfullingen: Neske 1977, S. 47–52, hier S. 49.

umschreibt. Der gefälschte Text weist diesen Irenismus zurück: Das Original war, im Hitlerschen Sinne, nur ein Fetzen Papier, ein Moment in einer Eristik, die jede Ethik der Verantwortung zurückweist. Die politische Absicht wird deutlich, ein politischer Text kann ja auf zynische Weise umgeschrieben werden, ein philosophischer Text jedoch kann nuanciert, widerlegt, aber nicht im geheimen Kämmerlein revidiert werden. Die verborgene Revision vernebelt die Absicht des Autors, die schon durch den esoterischen Plan verschleiert ist; sie verwandelt das Dunkel in offene Lüge, welche die zahlreichen Ausführungen zur *Aletheia*, zur *Lichtung*, kurz, die Offenbarungsmetaphern, die immer wieder auftauchen, nicht kaschieren können. Das Geheimnis schützt und ermöglicht die Lüge, denn eine auf Leugnung sich stützende Schreibweise kann nicht erläutert werden.

Die Schreib- und Umschreibprozesse steigern so die Unsicherheit bei der Auslegung und machen eine kritische Lektüre unmöglich. Leider liegt aber, wie einer schrieb, den der Meister den „Juden Freud" nannte, „bei der Entstellung eines Textes die Schwierigkeit in der Beseitigung ihrer Spuren". Obwohl trotz der Unmöglichkeit, die Handschriften einzusehen, eine ganze Anzahl dieser Spuren inzwischen entdeckt wurden, blieben sie den meisten Lesern lange verborgen, aber man gewinnt jetzt die Überzeugung, dass ein System dahintersteckt.

Der, dem es laut Adorno gelungen ist, den „Jargon der Eigentlichkeit" zu schaffen, hat es auch geschafft, seinen eigenen Texten die Echtheit zu nehmen. Wohl behält der unauthentische Text einen wenn auch zweifelhaften Wortlaut, aber er beraubt sich der Bedeutung, sowohl durch den unklaren Standpunkt, den er reflektiert, als auch durch die Falschheit der Garantie, die er voraussetzt, und er kann lediglich Kommentare erzeugen, die ebenso bedeutungslos sind. Der gefälschte Text wird zur Variante eines unbekannten Mythos und sein Kommentar eine zweitrangige Variante davon. Mit welchem guten Glauben auch immer der Kommentator herangeht, jeder unkritische Kommentar einer Fälschung ist selbst eine und wird auf seine Vergeblichkeit zurückgeworfen, denn er respektiert nicht die Deontologie der Objektdefinition und ist nur noch Vorwand oder Zitiermaterie.

Die Lektüre, die sich selbst etwas vormacht, kümmert sich weder um den Text noch um die nationalsozialistische Absicht, aber sie setzt ihren inzwischen unmöglich gewordenen, von ihrem Gegenstand durchdrungenen Diskurs fort: Ihr Objekt, der idealisierte, poetisierte, romantisierte Heidegger, ist ihr abhandengekommen. Sie mag guten Glaubens sein, aber angesichts der aberwitzigen Radikalität der *Schwarzen Hefte* ist sie jetzt bewusst blind. Selbst wenn sie, wie Hadrien France-Lanord, von „schönen Entdeckungen" schwärmen, wird es für die Apologeten immer schwieriger, weiter auf Irrfahrt zu gehen, weiter die kompromittierendsten Ungeheuerlichkeiten der *Schwarzen Hefte* auf sich zu nehmen. Die Falle der Radikalisierung schnappt hinter ihnen zu, denn die überzeugte Lektüre übernimmt die akritische Hermeneutik des Meisters und führt die Auserwählten notwendigerweise der nationalsozialistischen Absicht zu: Indem er die Neufassungen nicht kennzeichnete, schrieb er eine esoterische Lektüre vor und erklärte, dass er für diejenigen nichts tun könne, die die ursprüngliche Absicht trotz der Umformulierungen nicht verstehen.

Ein erschüttertes Korpus

Das Korpus muss im düsteren Licht der *Schwarzen Hefte* neu überdacht werden, deren gegenwärtige Veröffentlichung einen Bruch in den vorherrschenden Lektüretraditionen herbeigeführt hat. Sie verändert die Umrisse des Korpus, ermöglicht es, Elemente, die verstreut schienen, zusammen zu lesen, und intensiviert deutlich seine obsessive Kohärenz. Sie fordert zu einer neuen Lektüre auf, denn mit der fortschreitenden Präzisierung des Entwurfs bekommt das Werk einen neuen Status.

Es ist unmöglich geworden, das Werk zu lesen, ohne die letzten Bände zu berücksichtigen; man kann das Korpus nicht abtrennen und die *Schwarzen Hefte* links liegen lassen wie Claude Romano, der stolz berichtet, dass er sie nicht liest, denn das einst kanonische Korpus, von 1930 bis 1970, bekommt einen Kontrapunkt von Texten, die gleichzeitig entstanden sind, die in der gleichen Sprache geschrieben sind, die gleichen Themen behandeln, aber hinzufügen, was die Korpustexte verschwiegen, oder klarer neu formulieren, was sie verschleierten. Und es handelt sich auch nicht um Gelegenheitstexte, wie es von der *Rektoratsrede* gesagt werden konnte.

Die Trennung in zwei Korpora ist ausgeschlossen: Entweder man rechnet die *Schwarzen Hefte* dazu und bringt mit ihnen den Nationalsozialismus ins friedfertige Bild des Heideggerschen Denkens hinein, oder man erhebt den unklar oder eindeutig formulierten Nationalsozialismus in den Rang einer Philosophie, und in den Registern stehen dann Heinrich Himmler neben Hegel und Julius Streicher neben Baruch de Spinoza. Diese Falle hat der Meister aufgestellt, und einer nach dem anderen sind seine Anhänger hineingegangen.

Die Abschottung und die Überfülle des Korpus haben den Effekt, dass es die Kategorien seiner eigenen Interpretation enthält oder vorgibt zu enthalten. Wie die Schrift für Martin Luther spielt es die Rolle seines eigenen Auslegers. Der prophetische Text steigert so die Zahl der immersiven Prozeduren, insbesondere wenn er seine eigene Lektüre zu behindern scheint, um die Wünsche der Eingeweihten anzufachen.

Die Prophetie verschließt sich ihrer Umwelt und nimmt so die sektiererische Abschottung vorweg. Schon in *Sein und Zeit* sind Verweise auf andere Autoren selten, selbst wenn sie paraphrasiert werden; aber zum sichtbaren Intertext der Philosophen gesellt sich jetzt ein zweiter, transparenter Intertext: Der erste, philosophisch und begrenzt, wurde ausgiebig erkundet, von Parmenides bis hin zu Husserl; der zweite, auf den die *Schwarzen Hefte* durch die Erwähnung von Rosenberg, Hitler oder Himmler hindeuten, bleibt den meisten Philosophen unbekannt, denn sie begnügen sich im Allgemeinen mit Arendts zuvorkommender These, die sie in der Festschrift zu des Meisters 80. Geburtstag formulierte, dass nämlich die Philosophie nichts mit dem Nationalsozialismus zu tun hat. Man wird also mit der paradoxen Aufforderung konfrontiert, zwei Intertexte heranzuziehen, um ein- und denselben Text zu lesen, den der klassischen Philosophen und den der Klassiker des Nationalsozialismus. Die *Schwarzen Hefte* bedienen sich des letzteren in einer Art, dass beide neu begründet werden. Jedoch wäre dann das Œuvre des Meisters, das sich einmal auf das Denken (und sogar auf die Poesie) bezog, auch jenseits der Philosophie und der politischen Ideologie angesiedelt … Kurz gesagt, eine Beschränkung auf einen innerphilosophischen Kommentar ist nicht mehr möglich, denn Autoren wie Rosenberg haben sich selbst davon ausgeschlossen, und solche wie Hitler wollten nie dazugehören.

3. Hermeneutische Aporien

Eine unmögliche neue Lektüre?

In der vom gewöhnlichen Nietzscheismus dominierten Doxa wird die Frage des Heideggerschen Nationalsozialismus immer unter dem Blickwinkel des Ressentiments und der Ewigen Wiederkehr aufgefasst, und ‚die Fayes' folgen einander von Generation zu Generation.[31] So will man nicht sehen, dass eine Studie eine Frage neu aufwerfen und sich auf neue Dokumente stützen kann – z. B. ist der Brief an Bauch, in dem Heidegger den Begriff *Decknamen* benutzt, erst seit 2004 zugänglich. Nun wächst aber der Zweifel mit wachsender Erkenntnis und stemmt sich gegen die Kanonisierung.

Die interne Geschichte der Entwicklungen des Werks bestimmt die äußere Geschichte seiner Rezeption. In diesem Zusammenhang muss über die Theorie der *Kehre* nachgedacht werden, mit der Heidegger die Perioden seines Werks aneinanderfügt. Er formulierte sie nach dem Krieg, sie bestimmt eine inzwischen üblich gewordene Unterteilung, und ausgezeichnete Autoren reden wie selbstverständlich vom ersten und vom zweiten Heidegger. Das aber bedeutet, dass das ‚Dritte Reich' ausgeblendet wird und dass die offen nationalsozialistischen Schriften zu Gelegenheitswerkchen deklariert werden.

Wenn man die Schreibtechniken betrachtet, ist die Periode von 1927 bis 1933 die der Anspielungen, die Periode von 1933 bis 1945 die der Behauptungen. Die letzte Periode ab 1945, die der Verwischungen, entwickelt Überlegungen, die weit entfernt vom Politischen scheinen, und sie ist auch die der Tilgungen und Schönfärbereien der härtesten Passagen in den neu herausgegebenen Werken. Zunächst in den 1950er Jahren errichtet, nach Texten der ersten Periode, vor allem *Sein und Zeit*, konsolidierte sich die Heideggersche Doxa in den 1970er Jahren mit Texten, die in der dritten Periode publiziert wurden. So konnten die ‚politischen' Texte der zweiten Periode der biographischen Anekdote angeheftet und ihnen der Status eines wichtigen

31 Jean-Pierre Faye hatte vor Jahren ein vielbeachtetes Buch zur Sprache des Nationalsozialismus veröffentlicht und es gewagt, Heidegger ohne Verharmlosung zu übersetzen (ders.: *Langages totalitaires, critique de l'économie narrative*. Paris: Hermann 1972). Wenn man also von *den* Fayes spricht, wie Michel Deguy oder Gérard Guest es tun (letzterer lästert auf feine Art über die erfundene, ebenso plutokratische wie amerikanisierte Firma *Faye and Sons, inc.*), so ertränkt man den heute so wichtigen Beitrag von Emmanuel Faye in einem uralten genetischen Fatum, das an die *Rougon-Macquart* von Emile Zola erinnert.

Teils des Werks aberkannt werden. Und schließlich kann zwar diese grobe Periodisierung in drei Teile die spezifisch Hitlerschen Texte isolieren, es gelingt ihr aber nicht auszuschließen, dass die Texte der letzten Periode ideologisch nationalsozialistisch sind: Wenn das Sein *Vaterland* ist, wenn die *Sprache* die deutsche Sprache oder zur Not die griechische ist, dann ist es zulässig, sich über die *Sprache* des *Seins* bei Heidegger Gedanken zu machen.

Gegen die Interpretation

„Das Mißverstandenste wäre der Versuch des Denkens, sich verständlich zu machen. [...] Die hartnäckigste Gefahr für das Denken ist die Bemühung, verständlich zu sein."[32] Kann man sich darüber wundern, dass Heidegger vor einer Auslegung seiner Texte warnt? Sie wurden nicht dazu geschrieben, dass man sie versteht, sondern sie sollen empfunden werden (was sie oft unerträglich macht), und seine Schülerin Jeanne Hersch erinnerte an den beschwörenden Ton, der in seinen Seminaren vorherrschte. Übrigens sind die Existenzialien, die in *Sein und Zeit* lang und breit beschrieben werden, keine Begriffe, sondern Affekte: Es sind nämlich die Grundgefühle (Furcht, Angst), an die sich seine Sprachgewalt wendet – in einem zwar sehr eigenen Stil, der aber doch die Verfahrensweisen des großen totalitären Stils enthält. Der geschwollene Stil setzt sich durch und beeindruckt durch die Wiederholungen und die inbrünstigen Längen, das rhythmische Schaukeln und die Assonanzen, die das Denken im Zaum halten, das Fehlen von Definitionen und von jeglicher Distanz vom Ausgesagten, das Fehlen auch einer Gliederung: Das alles begünstigt die Versenkung in die Affekte und die mobilisierende Einwirkung. Unterscheidet ein solcher ‚Hoher Stil' das Denken von der Philosophie? Nicht nur gegen die Veröffentlichung seiner Schriften äußert Heidegger Vorbehalte, sondern selbst gegen die Tatsache, dass sie gelesen werden; so schreibt er an den nationalsozialistischen Kunsthistoriker Kurt Bauch: „*Sein und Zeit* sollen Sie besitzen, aber nicht ‚lesen'. Was wir durcheinander ‚lernen', geschieht am glücklichsten im Zuge gemeinsamer Arbeit, wobei oft das Wesentliche und Letzte nicht einmal zur Sprache kommt."[33] Die esoterische Übertragung findet in

32 *SH* IV, S. 488.

33 Martin Heidegger: Brief an Kurt Bauch, 09.08.1935. In: Dies.: *Briefwechsel*, S. 23.

der Gegenwart und unter dem Einfluss des Meisters statt, das Buch funktioniert dabei nur wie ein Fetisch, der seine Kräfte freisetzt, es braucht nicht gelesen zu werden. Das erklärt ein wenig die Opposition von Interpretation und Denken: „Alle Welt interpretiert. Niemand denkt.“[34]

Heidegger schreibt im selben Brief:

> Einzelne Schriften, Vorlesungen und Vorträge sind immer nur als Ganzes eine Aktion, durch die sich eine Eroberung[,] d. h. zugleich Ausbau einer nächsten Ausgangsstellung für den sehr langen Angriff vollzieht. Früheres ist nicht einfach überholt, um verbessert zu werden, sondern ist eine ‚Position‘, die, weil sie aufgegeben wird, ihre Notwendigkeit bestätigt.[35]

Die Begriffe *Angriff* und *Position* stammen aus dem militärischen Bereich, in dem eine Position ohne Weiteres aus taktischen Gründen aufgegeben werden kann, was die Gleichgültigkeit Heideggers erklärt, die er gegenüber den Manipulationen an seinen Texten an den Tag legt.

Im Grunde schrieb Heidegger nicht, um verstanden zu werden, sondern um in seinen Leser ‚einzudringen‘: anders gesagt, zur Einschüchterung und Unterwerfung. Das Lesen ist keine kritische Aneignung, sondern Kontemplation, und sei es nur angesichts der imposanten Reihe des guten Hunderts der Werkbände.

Die Interpretation passt nicht zur Prophetie, die natürlich nicht geändert werden darf, sondern in ihrer feierlichen Buchstäblichkeit befolgt werden muss: Da sie ein Schicksal verkündet, hat sie Befehlswert.[36]

Ernst Jünger bewunderte bei Heidegger die Befehlssprache, denn der Inhalt der Prophetie bleibt die Unterordnung unter die geschickliche Aufgabe des Volks, der *Volksgemeinschaft*.

Heidegger verwarf die Interpretation und sah im Uninterpretierbaren das Kriterium des Denkens, in dem Sinn, wie er es gegen die Philosophie, die Wissenschaft und ganz allgemein gegen jede Objektivierung

34 *SH* III, S. 267.

35 Heidegger: Brief an Kurt Bauch, 09.08.1935.

36 „Ihr sollt nichts dazutun zu dem, was ich euch gebiete, und sollt auch nichts davontun, auf dass ihr bewahrt die Gebote des HERRN, eures Gottes, die ich euch gebiete.“ (5. Mose 4,2).

stellte. Deshalb erschwerte er die Interpretation, wo er konnte, handelte also folgerichtig im Sinn des Esoterismus und des prophetischen Geists, da ja die Prophetie die Menschen aus Gründen mobilisieren soll, die für sie dunkel bleiben.

Ein Text, der nicht interpretiert werden kann, kann nur noch Gegenstand der Verehrung sein – oder des Misstrauens: Da er so, aus entgegengesetzten Gründen, buchstäblich undiskutierbar geworden ist, verschärft er die Konfrontation von Gegnern, aus denen Feinde geworden sind, wie die äußerst heftigen Pamphlete zeigen, die gegen Emmanuel Faye veröffentlicht wurden.

Die Verwandlung des Propheten in eine Ikone bleibt der einzige Inhalt der Prophetie. Illustriert mit den immer wiederkehrenden bukolischen Fotos der Hütte im Schwarzwald[37] hat sich das autobiographische *Storytelling* im Werk festgesetzt und färbt seine Lektüre oder ersetzt es sogar: Der Inhalt der Prophetie reduziert sich hier auf das persönliche Leben des Propheten, denn die *Führung* ist eine Inkarnation. Deshalb praktizieren Heidegger, und nach ihm die Seinen, den Kult des Denkers und weisen seinen Schriften einen zweitrangigen Platz an. Die Epigonen interpretieren sie, ohne das Korpus herzustellen, kommen immer wieder auf die gleichen Passagen zurück und kommentieren einzelne Wörter – in der Art, wie Heidegger mit Gedichten von Hölderlin oder Rilke verfuhr.

Die Schwarzen Hefte *und der hermeneutische Umschwung*

Um ihre Tragweite zu bagatellisieren, behauptet von Herrmann, diese *Schwarzen Hefte* seien nur hastige, in schlaflosen Nächten aufgezeichnete Notizen: Nichts zeugt allerdings von großer Eile, die Schriftzüge der im Faksimile mitgeteilten wenigen handschriftlichen Seiten sind so klar wie anderswo, und die Unklarheiten sind nicht weniger geplant als im übrigen Werk. Es handelt sich nicht um ein Tagebuch, denn die Texte sind nicht datiert und Vertraulichkeiten oder biographische Elemente gibt es nicht. Sie sind nicht intim, noch weniger geheim, denn der Autor bestimmt sie ja zur wenn auch posthumen Veröffentlichung. Sie sind weniger fragmentarisch als vorhergehende Bände (wie z. B.

37 Sie ist Gegenstand eines von Fédier herausgegebenen und unter der Schirmherrschaft von Sollers stehenden Kunstbands mit dem Titel *Soixante-deux photos de Martin Heidegger*. Paris: Gallimard 1999.

Band 69 der *Gesamtausgabe*), und sie sind keineswegs auf eine Sammlung von Entwürfen oder Konzepten zu reduzieren, wie man sie in den Nachlässen findet.[38] Sie sind voll ausgearbeitet, und das Vorbild des Genres ist immer wieder Nietzsche. Diese Reihe von Meditationen, manchmal unterbrochen von Aphorismen, findet viele Niederschläge in den veröffentlichten Werken, ohne dass man sie zu Konzepten oder zu vorbereitenden Dokumenten im Anhang herabstufen könnte.

Immer schob Heidegger strategisch Zeitpunkte hinaus: 1927 kündigt er den zweiten Teil von *Sein und Zeit* an, der aber nie erscheint. 1946 schiebt er laut Rechteinhaber die Publikation seines Gesamtwerks um hundert Jahre hinaus. 1966 verzögert er die Veröffentlichung seines Gesprächs mit dem *Spiegel* und bestimmt, dass es nach seinem Tod erscheinen soll. Und er verschiebt die Veröffentlichung der *Schwarzen Hefte*, ihr erster Band erscheint 42 Jahre nach seinem Tod.

Nun ist es aber so, dass der Einstieg in ein Werk seine Lektüre orientiert, färbt, ja sogar determiniert; so liest man die Bibel anders, wenn man (wie manche Rabbiner) mit *Salomos Hohelied* beginnt oder (wie manche protestantische Christen) mit dem *Römerbrief* des Paulus. Die 2014 begonnene Publikation der *Schwarzen Hefte* verändert die Lektüre und das Verständnis der 93 Bände, die ihnen vorausgehen, denn sie krönen das Publikationsgebäude, so wie es minutiös vom Meister geplant war. Da sie in einem Zeitraum von vier Jahren erscheinen, ist ihr Diskurs permanent, sie sind ein Echo des veröffentlichten Werks der Zeit der Reife, dessen Lektüre durch radikale Klärungen eine neue Richtung nimmt.

So kulminiert der gesamte Publikationsprozess in den *Schwarzen Heften*, die vielleicht eine Matrix des Schreibvorgangs waren und es rückwirkend ermöglichen, die verschiedenen Aspekte des Werks wiederzulesen, neu zu untersuchen und endlich ihren Zusammenhang und ihre Geschlossenheit zu schaffen, kurz, seinen großen Entwurf neu zu

38 Die Nachlässe der Autoren enthalten meist Texte, die nicht zur Veröffentlichung bestimmt waren: Die *Schwarzen Hefte* sind es aber ganz eindeutig. Mit einer gespenstischen Argumentation versucht Babette Babich sie zu entwirklichen, indem sie von *zombie writings* spricht, weil sie posthum sind. (Vgl. Babette Babich: Zombie Writings and the Backwards Efficacy of Posthumous Texts, Technology, and Heidegger's Nachlaß Hermeneutics. In: Ingo Farin / Jeff Malpas (Hrsg.): *Reading Heidegger's Black Notebooks 1931–1941*. Cambridge: MIT 2016, S. 59–86.)

erschaffen: „Denn bei Heidegger sind alle Teile von Anfang bis Ende ein Ganzes," schrieb Jean Beaufret.[39]
Seit den 1930er Jahren war *Sein und Zeit* der Einstieg in die Lektüre des Heideggerschen Korpus. Die *Schwarzen Hefte* bringen *in fine* einen anderen Einstieg ans Licht, Zeit einer Rekapitulation und Ort einer finalen Enthüllung. Für den ehemaligen Seminaristen bleibt das biblische Modell prägend: Während man in die Schrift über die Genesis eintritt, wird das *Dasein* am Anfang von *Sein und* Zeit wie ein aus dem irdischen Paradies vertriebener Adam von vornherein in die Verlassenheit geworfen. Während die Schrift mit der Apokalypse endet, rekapitulieren die *Schwarzen Hefte* den Vernichtungsauftrag des deutschen Engels und realisieren das Ende der Geschichte.
Das Prinzip der Kirchenväter der prägenden Initiale bedeutet, dass die ersten Worte eines Textes seine Schreibweise bestimmen und seine Lektüre färben. Das Prinzip ist übertragbar auf das gesamte Korpus: Der als Einstieg gewählte Text bestimmt oder erzwingt einen bestimmten Interpretationsverlauf. Aber hier wird dieses Prinzip von einem anderen umgeworfen, nämlich vom Prinzip des *nachhaltigen Finales*, denn das Gesamtwerk muss jetzt im schwarzen Licht der *Hefte* neu gelesen werden: Dies stimmt überein mit einer initiatorischen Strategie, erlaubt es aber vor allem, dem bisher publizierten Werk eine Kohärenz zu verleihen.

Paradoxerweise hat das Werk des Meisters die Eigenschaft, dass es weder gelesen noch interpretiert zu werden braucht, und seine Wünsche wurden nur allzu oft befolgt; heute aber scheint es ganz so, als würde diese hochtrabende Augenwischerei nicht nur von ihrem eigenen Gigantismus erdrückt, sondern auch durch ihre Manipulationen diskreditiert.
Da der Heideggerismus sich zum Studium der Philosophie Heideggers verhielt wie die Mystik zur Wissenschaft der Religionen, bleibt eine nicht Heideggersche Interpretation nicht nur erlaubt, sondern notwendig, um mit der pietistischen Lektüre zu brechen, die sich die

39 Jean Beaufret: A propos de l'existentialisme – Martin Heidegger. In: Ders.: *De l'existentialisme à Heidegger. Introduction aux philosophies de l'existence*, hrsg. v. Guy Basset. Paris: Vrin 2000, S. 18–32, hier S. 18.

unkritische Hermeneutik des Meisters zu eigen macht – die aber nur die Auserwählten zum nationalsozialistischen Plan zurückführt.
Die gefälschten Texte erfordern eine besondere Interpretation, denn es muss zunächst die Geschichte der Manipulationen beschrieben werden: Hier bestimmt die Entstehungsgeschichte die Hermeneutik und gibt ihr entscheidende Kriterien. Die kritische Lektüre stellt die aufeinanderfolgenden Stadien der Ausarbeitung klar und macht die internen und externen Umformulierungen deutlich. Dazu muss sie die philologischen Umstände klären und die Texte von ihren überzeugten Interpretationen, ihren Kommentarschichten befreien. Sie alle gehen von einem lobhudelnden Vorurteil aus, wollen durch die Größe, die sich der Meister zuschrieb, einschüchtern, und sie vergrößern sie noch ohne Ende, um seine – und ihre eigene – Macht zu sichern.
Wie soll man Heidegger lesen, und in welchem Korpus? Die Bemühungen um Verständnis nehmen die Möglichkeiten der philologischen Hermeneutik, oder wie Friedrich Schleiermacher und nach ihm Peter Szondi sagten, der ‚materiellen' Hermeneutik für sich in Anspruch. Sie haben begonnen, die Heidegger-Studien tiefgehend zu erneuern und werden sich auf ein internationales Forschungsprogramm zur nationalsozialistischen Philosophie stützen können.

III.
Die Kunst zu schreiben

> Ein Text ist nur ein Text, wenn er dem ersten Blick, dem ersten Dahergelaufenen sein Kompositionsprinzip und die Regel seines Spiels verbirgt.
> (Jacques Derrida: *La pharmacie de Platon*)

Während sich seine Parteigänger wenig um Heideggers Sprache kümmerten, wurde diese Frage insbesondere von Adorno, Bourdieu und Meschonnic in drei wegweisenden Büchern behandelt – zu denen ich einige zusätzliche Bemerkungen hinzufügen möchte –,[1] aber auch und vor allem, mit unerreichtem Scharfsinn, von Minder und Goldschmidt.[2]

Heidegger schrieb: „*Das Schreiben*' ist das geheimnisreichste und deshalb *strengste* Hand-werk."[3] Dieses Kapitel soll einige dieser Geheimnisse erkunden. In einem fulminanten Interview sah Max Ernst in dieser Sprache ein Mittel der Verführung:

1 Theodor W. Adorno: *Jargon der Eigentlichkeit. Zur deutschen Ideologie*. Frankfurt am Main: Suhrkamp 1964; Pierre Bourdieu: *Die politische Ontologie Martin Heideggers*, aus d. Franz. v. Bernd Schwibs. Frankfurt am Main: Syndikat 2005; Henri Meschonnic: *Heidegger ou le National-essentialisme*. Paris: Teper 2007.

2 Robert Minder: Heidegger und Hebel oder die Sprache von Messkirch. In: *Hölderlin unter den Deutschen und andere Aufsätze zur deutschen Literatur*. Frankfurt am Main: Suhrkamp 1968, S. 86–153; Georges-Arthur Goldschmidt: *Heidegger et la langue allemande*. Paris: CNRS 2016, S. 15–55.

3 *SH* III, S. 236.

> Selbst Heideggers spezielle Sprache (er ‚stellt' die Sprache wie ein Jagdhund, der das Wild stellt) ist für manche ein Reiz. Wenige sind es, die wagen, diese Sprache als intensiven Anbau rhetorischen Blumenkohls zu bezeichnen. Und doch ist genau in dieser rhetorischen Sprache Heideggers (teilweise) das Geheimnis seines enormen Erfolgs zu suchen.[4]

Max Ernst hatte einen Sinn für die charakteristische Prosodie dieses Stils, darum sagte er noch:

> So unangenehm Heideggers Sprache auch sein mag, man kann ihr eine gewisse militärische Größe nicht absprechen. Jedes Wort trägt die Heideggersche Uniform. Jeder Satz beugt sich den erbarmungslosen, martialischen Befehlen des weisen Mannes. Alles marschiert im Tritt, in guter Ordnung, gehorcht dem Befehlenden aufs Wort. Und wenn Sie das Glück hätten, Zeuge eines solchen Zugs der uniformierten Worte zu sein, der schönen Disziplinfiguren, die diese Tiraden bilden, wären Sie ganz benommen, aber Sie würden vielleicht das gleiche Unbehagen fühlen, das Sie überkommt, wenn Sie unglücklicherweise Zeuge der kinematographischen Vorführung einer Militärparade werden. Gibt es ein perfekteres Bild für das berühmte, unseren Existenzialisten so teure Nichts, das nichtet?[5]

1. Kunst zu schreiben und doppelte Sprache

Um diese Worte zu veranschaulichen, erlauben ich mir einen etwas trockeneren Exkurs über Heideggers Rede, in dem an Beispielen gezeigt werden soll, wie er um- und neu schreibt, wie er seine Aussagen streut und zwei- oder mehrdeutig macht.

Wie wird der Hitlerismus stilisiert?

Die Art und Weise, wie Heidegger Hitler weiter verarbeitet, ist besonders interessant und würde ein eigenes Forschungsprogramm erfordern. Beschränken wir uns hier auf ein Beispiel. Dort wo Hitler in *Mein Kampf* schrieb: „Das Deutsche Reich soll [...] aus diesem Volke die wertvollsten Bestände an rassischen Urelementen nicht nur [...] sammeln und [...] erhalten, sondern langsam und sicher

4 Max Ernst: Sur l'Allemagne, Entretien avec Jean Schuster [1954]. In: Ders.: *Écritures*. Paris: Gallimard 1970, S. 403–407, hier S. 405.

5 Ebd., S. 406.

zur beherrschenden Stellung empor[...]führen“[6], paraphrasiert ihn Heidegger so: „[...] die Grundmöglichkeiten des urgermanischen Stammeswesens auszuschöpfen und zur Herrschaft zu bringen.“[7] Hier die wichtigsten Umformulierungen, die beide Stellen verbinden:

(i) *wertvollsten Bestände* [...] *sammeln und* [...] *erhalten – Grundmöglichkeiten*;
(ii) [*deutsche*] *rassische Urelement – urgermanische*;
(iii) *beherrschenden – Herrschaft*;
(iv) *empor*[...]*führen – zu bringen*.

Die Abfolge der wichtigsten Elemente bleibt die gleiche, wie das so ist, wenn man abkupfert – die Computerprogramme zum Aufspüren von Plagiaten berücksichtigen dieses wichtige Indiz.
Heideggers Stilisierung besteht zunächst in Kürzung und Synthetisierung: Die stufenweise Veränderung (*sondern langsam und sicher*) verschwindet. Auch haben sich die Zeiten geändert, das Programm wird inzwischen verwirklicht, denn Hitler schrieb seinen Text 1924, Heidegger 1933–1934.
Die Integration der Hitlerschen Aussagen in den philosophischen Diskurs ist gekennzeichnet durch Ontologisierung, und zwar in zwei Richtungen:

(i) die eine ist explizit, durch Einführung des Morphems „*wesen*“ und der Schaffung des Begriffs *Stammeswesen*, der das Semantem /Herkunft/ mit dem Präfix *ur-* aufnimmt;
(ii) die andere ist implizit, durch Nominalisierung: aus dem Partizip *beherrschenden* wird *Herrschaft* – die ontologische Tradition bevorzugte grundsätzlich Nomina, von denen man seit Aristoteles annimmt, dass sie die Substanzen repräsentieren.

Schließlich benutzt Heidegger Morpheme, die das Thema der grundständigen Verwurzelung verstärken, wie *Grund* und *Stamm*, gemäß seinem Gründungsentwurf. *Stamm* kann eine Volksgruppe bezeichnen: Es handelt sich hier in der Tat darum, den Nationalsozialismus

6 Hitler: *Mein Kampf*, S. 439.
7 *WW*, S. 89. Ich wurde zu dieser Gegenüberstellung von Faye: *Heidegger. Die Einführung* angeregt.

philosophisch zu begründen, denn wenn Hitlers Text sich auf eine biologische Lesart beschränkt, nämlich positive Eugenik, so begründet sich bei Heidegger die politische Herrschaft darüber hinaus in der Ontologie, einem dunklen und feierlichen *Stammeswesen*. Die gesamte Prozedur mündet in eine Radikalisierung der Aussage, sie wird noch affirmativer und wird auf die ‚Metaphysik' ausgedehnt.

Wie wird der Antisemitismus ontologisiert?
Am 18. Oktober 1916 schrieb Martin an seine Verlobte Elfride: „Die Verjudung unsrer Kultur u. Universitäten ist allerdings schreckerregend u. ich meine die deutsche Rasse sollte noch soviel innere Kraft aufbringen um in die Höhe zu kommen."[8] Wenn es dabei nicht nur um Geplapper zwischen Verliebten ging, was wird aus diesem programmatischen Denken in *Sein und Zeit*? Lesen wir noch einmal in § 27 die Beschreibung eines unauthentischen Lebens, das durch Identitätsverlust und Seinsvergessenheit gekennzeichnet ist. Hier ist nicht mehr die Rede von jüdischen Kollegen, aber immerhin von einem unerträglichen *Man*. Das Miteinandersein von *Dasein* und *Man* wird in angsterregenden Begriffen beschrieben. Denn hier, anstatt dass das *Dasein* „im Vorrang über die Anderen darauf aus ist, sie niederzuhalten",[9] anstatt ‚in die Höhe' zu kommen, „steht es in der *Botmäßigkeit* der Anderen"; so „… entfaltet das Man seine eigentliche Diktatur"[10] in einem banalen Alltag, in dem es um Zeitungen und städtische Verkehrsmittel geht. Diese Entfremdung wird § 38 noch verdeutlicht: das „verführerische" (also teuflische) *Man* verleiht dem *Dasein* eine trügerische „Beruhigung", treibt zu abwegigem Betrieb und ist durch *Bodenlosigkeit*[11] gekennzeichnet, kurz Entwurzelung (siehe *Bewegtheit*[12]; anders gesagt, vaterlandsloser Kosmopolitismus).

8 Martin Heidegger: Brief an Elfride Petri, 18.10.1916. In: Ders.: *Briefe Martin Heideggers an seine Frau Elfride; 1915–1970*, hrsg. v. Gertrud Heidegger, München: DVA 2005, S. 51.

9 *SZ*, § 27, S. 126.

10 Ebd.

11 Ebd., S. 177.

12 Ebd. Der Begriff Bewegtheit ist normalerweise nicht pejorativ bei Heidegger, wird es aber in diesem Kontext, denn es geht um die „Bewegtheit" des Verfallens – da Heidegger hier das Wort in einem für ihn ungewöhnlichen Sinn benutzt, setzt er es in Anführungszeichen.

Das Ergebnis ist *Verfallen* in einer Welt des *commercium.*[13] Dieses *commercium* erinnert unweigerlich an das Geld, wie auch die „Öffentlichkeit" des § 27, von der Emmanuel Martineau bemüht ist klarzustellen, dass sie nichts mit Reklame zu tun hat.[14] So dient hier eine simple Technik der semantischen Streuung[15] dazu, die Elemente eines wohlbekannten Themas zu verhüllen: die Diktatur einer kosmopolitischen Plutokratie.

Dem oben zitierten Satz gegen die ‚Verjudung' der Universität aus dem Brief an Elfride folgte der Ausruf: *„Allerdings das Kapital!"*, der sowohl auf den Marxismus wie auf die Habgier der Juden verweist, das unbestimmte und drohende Höllengezücht des *Man*.

Die Konfrontation zwischen *Dasein* und *Man* überträgt und zergliedert implizit Martin Bubers Theorie, die er in *Ich und Du* entwickelt:[16] Danach bindet das Verhältnis Ich–Du das Ich an den anderen und an Gott, während das Verhältnis Ich–Das das Ich an den Gegenstand bindet. Bei Heidegger ist das Man ein entpersonalisiertes Du, das sein Anderssein eingebüßt hat, das zu einem Zwischending zwischen dem Du und dem Das wird und das *Dasein* zu beherrschen droht. Daher muss das *Dasein* (deutsch und unübersetzbar, da das *Sein Vaterland* ist) die Diktatur des (jüdischen) *Man* zurückweisen. Dieses *Man* ist umso denkwürdiger, als dieses germanische Pronomen nicht einen oder mehrere unbestimmte Menschen bezeichnet, sondern diejenigen, die man nicht nennen kann oder will – die englische Übersetzung wäre *They*. Vielleicht sind es genau jene, die jüdischen Kollegen, die wenig später vom Rektor Heidegger von der Universität

13 Ebd., S. 177. Lateinische Wörter und Wortwurzeln tauchen bei Heidegger äußerst selten auf, sie werden gewöhnlich als dem Deutschtum fremde Elemente in pejorativer Weise benutzt und in Anführungszeichen gesetzt. Heidegger wendet in perfekter Weise die xenophoben Empfehlungen des Allgemeinen Deutschen Sprachvereins an, der schon während des ersten Weltkriegs eine Sprachreinigung forderte. Diese wurde vorbildlich von Leo Spitzer untersucht (ders.: *Fremdwörterhatz und Fremdvölkerhaß: Eine Streitschrift gegen die Sprachreinigung*. Wien: Manz 1918).

14 Martin Heidegger: *Être et Temps*, aus d. Dt. v. Emmanuel Martineau. Paris: Authentica 1985, Anm. S. 127.

15 Vgl. dazu François Rastier: Formes sémantiques et textualité. In: *Langages* 163 (2006), S. 99–114.

16 Martin Buber: *Ich und Du*. *Werke*, Bd. 1: Schriften zur Philosophie [1923]. München: Schneider 1962.

vertrieben werden, die uns in der Mittelmäßigkeit verharren lassen, jenes unnennbare *Man*, das im berühmten § 27 von *Sein und Zeit* gebrandmarkt wird.[17]

Meine seinerzeit dazu gestellte Frage bekam eine definitive Antwort von Claude Romano: „Das ist völlig unsinnig."[18] Aber er ist stolz darauf, dass er die *Schwarzen Hefte* nicht liest, in denen er in folgendem Satz über die Leute, die über die nationalsozialistischen Verbrechen sprechen, eine andere Antwort gefunden hätte: „Ahnt ‚man', daß jetzt schon das deutsche Volk und Land ein einziges Kz ist?"[19]; das „*Man*" in Anführungszeichen, hier eine ungewöhnliche Zeichensetzung, bezeichnet die Ankläger, die Opfer werden hier zu KZ-Aufsehern.[20]

Unter den Existenzialien, die man als *a priori*-Kategorien der Existenz verstehen kann, nämlich Grundgefühle, die für ihn die Stelle der Begriffe einnehmen, verleiht Heidegger der *Furcht* einen besonderen Rang „als existenziale Möglichkeit der wesenhaften Befindlichkeit des Daseins überhaupt."[21] Diese Furcht aber, die Teil der Definition der Subjektivität selbst ist, hat einen gleichzeitig bestimmten und unbestimmten Grund: Wer aus einer fremden Gegend kommt,

17 Vergessen wir die Studenten nicht, denn in seinem Brief an Bauch vom 7. Februar 1935 teilt Heidegger seine Hörer folgendermaßen ein: „Versprengte Juden, Halbjuden, sonst Mißglückte, Jesuiten u. Schwarze in Laiengestalt u. einige Schöngeister." (Heidegger / Bauch: *Briefwechsel*, S. 29). ‚Halbjuden' ist eine Kategorie der Rassegesetze, die im selben Jahr verkündet wurden. Die Aufzählung macht die unbestimmte Rotte des Feindes konkret.

18 Claude Romano: L'idée d'antisémitisme philosophique est un non-sens, entretien avec Claudia Serban. In: *Critique* 811 (2014), S. 1008–1018, hier S. 1017.

19 *SH* IV, S. 100.

20 Meine Untersuchung des Man in *Sein und Zeit* (Rastier: Heidegger aujourd'hui) wurde angeregt von Arbeiten über die Pronomina der 3. Person, insbesondere der Dissertation von Anje Müller Gjesdal über das frz. Pronomen On (*Étude sémantique du pronom ON dans une perspective textuelle et contextuelle*. UiB – Institut für Fremdsprachen, Universität Bergen 2008). Damals war mir noch nicht bekannt, dass Georges-Arthur Goldschmidt in seinen Seminaren des Collège international de philosophie von 2004–2006 (ders.: *Heidegger et la langue allemande*) über andere Wege zu analogen Ergebnissen gelangt war, indem er eine Parallele von Man und Wir in *Sein und Zeit* annahm. Ich kann mir also selbst dafür schmeicheln, als letzter entdeckt zu haben, dass Man dort auf verdeckte Weise die Juden meint, umso mehr als beide Untersuchungen sich gegenseitig bestärken und jetzt vom Meister selbst bestätigt wurden.

21 *SZ*, § 30, S. 142.

hat den „Charakter der Bedrohlichkeit“[22]; überdies ist „die Gegend selbst und das aus ihr Herkommende […] als solches bekannt, mit dem es nicht ‚geheuer‘ ist“.[23] Je nach Art seiner Annäherung kann der Fremde (geschönt als „das ganz und gar Unvertraute“)[24] Erschrecken, Grauen oder gar Entsetzen auslösen. Kierkegaards Angst wird so als eine Angst vor dem unbestimmten Anderen neu motiviert: „Diese Unheimlichkeit setzt dem Dasein ständig nach und bedroht, wenngleich unausdrücklich, seine alltägliche Verlorenheit in das Man.“[25]
Angst und Furcht, in denen Augustin, später Luther und Kierkegaard – jeder auf seine Weise –, eine Folge der Erbsünde sahen, finden so einen äußeren Grund, den Fremden – den perfekten Sündenbock. Das *Man* des Miteinanderlebens wird eine vaterlandslose Bedrohung, die fremde Gegend des § 30 wird ein „nirgends“ in § 40. Das „Drohende […] ist schon ‚da‘ – und doch nirgends, es ist so nah, daß es beengt und einem den Atem verschlägt – und doch nirgends.“[26]
Im Fortschritt der Erzählung, der dem der phantastischen Romane gleicht, bemerkt das *Dasein* mit der Zeit, dass der trügerisch beruhigende Alltagstrott das Entsetzliche birgt.[27]
So wird der Ort des Feindes deutlich, ohne genannt zu sein, vielleicht ist er unnennbar: Die grundsätzliche Scheidung zwischen dem Feind und Uns wird klar dargestellt in Schmitts *Der Begriff des Politischen*, wo der Feind als „der andere, der Fremde“[28] definiert wird.

22 Ebd., § 30, S. 140.
23 Ebd.
24 Ebd., § 30, S. 142.
25 Ebd., § 40, S. 189.
26 Ebd., § 40, S. 186.
27 Die Erzählstruktur von *Sein und Zeit* wurde noch nicht genügend untersucht: Sie erzählt die Abenteuer der in eine bedrohliche Welt geworfenen Seele des *Daseins*, wie einst in den initiatorischen manichäischen Erzählungen. Ein bemerkenswerter Umstand ist, dass die Sprache dieser Erzählung jene Unterwerfung verdoppelt: Der Leser erlebt einen unerhörten Diskurs, der nach den idiosynkratischen Gesetzen stark stereotypisiert ist. Viel verdankt wahrscheinlich die initiatorische Wirkung des Werks genau dieser Doppelheit der Erzählstruktur und der Erzählung, die sie formuliert; die Seele und der Leser bestehen die gleichen Prüfungen.
28 Carl Schmitt: *Der Begriff des Politischen* [1933]. Berlin: Duncker & Humblot 1991, S. 27.

Das unerträgliche Miteinanderleben mit dem Fremden war zwar noch nie ein philosophisches, aber es bleibt ein kennzeichnendes Thema der rassistischen und fremdenfeindlichen Reden.[29] Diese Lesart entging George Steiner nicht, der Autor eines Buchs über Heidegger ist und im Übrigen ein berühmter Essayist, als er das Thema des existentiellen Miteinanderlebens aufgriff und die beste Art beschrieb, mit dem Identitätsverlust fertig zu werden:

> Weil wir *unsere* persönliche Identität bedroht fühlen durch die alles erstickende Masse der Anonymität, sehen wir uns *destruktiven Krämpfen* unterworfen und empfinden das blinde Bedürfnis, wild herumzuschlagen und uns Luft zu machen.[30]

Die Schlussfolgerung lässt nicht auf sich warten:

> So betrachtet könnte man in den *genoziden Reflexen* des zwanzigsten Jahrhunderts, in diesem zwanghaften Ausmaß des Massakers, das Umsichschlagen der erstickenden *Psyche* sehen.[31]

Für Heidegger war zur Wiedererlangung der Identität die erste Bedingung die Ankunft des *Führers*, der ‚uns' von der Enteignung befreien und das große Wiederbringen ermöglichen würde. Da wird ein Jubeln sein: „die Wiederbringung des Seienden" ist „der andere Anfang", wo der Mensch „die Freiheit der Zugehörigkeit zum Jubel des Seyns" bringt.[32] In seinem Essay „Über Ernst Jünger"[33] beschreibt Heidegger sein identitäres Programm so: „Die verborgene und noch ungeläuterte Wesenskraft der Deutschen ist fähig, eine neue Wahrheit des Seyns in ihrer Gründung vorzubereiten. Das ist, sagt er, *unser* Glaube." Und er preist den *Rassegedanken*, der, wie er schreibt, „der Erfahrung des Seins als Subjektivität [entspringt]".[34]

29 Vgl. z. B. François Rastier: Sémiotique des sites racistes. In: *Mots* 80 (2006), S. 73–85.

30 George Steiner: *In Blaubarts Burg. Anmerkungen zur Neudefinition der Kultur*, aus d. amerik. Engl. v. Friedrich Polakovics. Wien: Europa 1991, S. 51 (Herv. F. R.). Die deutsche Erstausgabe erschien 1972.

31 Ebd., S. 52–53.

32 Vgl. *BPh*, §§ 255–256, S. 411–412.

33 *EJ*, S. 222.

34 Vgl. Faye: *Heidegger. Die Einführung*, S. 381.

Wie werden die Schergen zu Opfern?
Nach dem Krieg wurde Heidegger von seinen Anhängern gedrängt, sich zur Vernichtung zu äußern, und in zwei Vorträgen von 1949[35] formulierte er darüber einige Sätze, die immer wieder zu seiner Entlastung zitiert wurden. Er erklärte:

> Hunderttausende sterben in Massen. Sterben sie? Sie kommen um. Sie werden umgelegt. Sterben sie? Sie werden Bestandstücke eines Bestandes der Fabrikation von Leichen. Sterben sie? Sie werden in Vernichtungslagern unauffällig liquidiert. [...] Massenhafte Nöte zahlloser, grausig ungestorbener Tode überall – und gleichwohl ist das Wesen des Todes dem Menschen verstellt. Der Mensch ist noch nicht der Sterbliche.[36]

Diese Hunderttausende werden nicht genannt, sind sie etwa unnennbar? Sie haben ihre Namen und ihre Eigenschaften verloren, ist ihr Name die Zahl, die ihnen auf den Vorderarm tätowiert wurde?
Die wiederholte Frage *Sterben sie?* scheint die Beschaffenheit ihres Todes anzuzweifeln, in dem Sinn, dass ihr Hinscheiden kein Todesfall ist, dass er von keiner Totenfeier und keiner Würdigung durch die Angehörigen begleitet wurde.[37] Aber insgeheim deutet sich eine weitere Leugnung an: Zum einen wird die Frage nie direkt beantwortet, zum anderen scheint es, als sei der Tod gestorben, und nicht die Opfer (der Mensch ist noch nicht der Sterbliche). Auch hier drängt sich die Anspielung auf Paulus auf: „Der Tod ist verschlungen in den Sieg. Tod, wo ist dein Sieg? Tod, wo ist dein Stachel?" (1. Kor. 15,54)
Eine weitere ergänzende Lesart stützt sich auf den Heideggerschen Intertext. Sie wurde in einem unveröffentlichten Gespräch zwischen

35 Die Geschichte dieser Texte ist komplex. Sie gingen in maschinenschriftlicher Form von Hand zu Hand, wurden kommentiert, wurden in deutscher Sprache aber erst 1994 gedruckt (in *GA* 79). Sie sind noch nicht auf Französisch erschienen.

36 *DG*, S. 56. Als Antwort auf Emmanuel Faye sah Alain Finkielkraut in diesen Zeilen eine großartige Reflexion über den Tod

37 Diese Stelle ist vermutlich eine Antwort auf den Beginn der *Aufzeichnungen des Malte Laurids Brigge*, wo der Erzähler anlässlich des Tods von Christoph Detlev Brigge über das Sterben-Können reflektiert und z. B. sagt: „Sie alle haben einen eigenen Tod gehabt" (Rainer Maria Rilke: Aufzeichnungen des Malte Laurids Brigge. In: Ders.: *Sämtliche Werke*, Bd. 6: Malte Laurids Brigge. Prosa 1906–1926, hrsg. v. Ernst Zinn. Frankfurt am Main: Insel 1966, S. 709–964, hier S. 720).

Alain Finkielkraut und Emmanuel Faye formuliert. Letzterer erkennt in dieser Stelle

> die nationalsozialistische Auffassung vom Tod als „Opfer des Individuums an die Gemeinschaft". Man findet sie schon in *Sein und Zeit* angekündigt, und Heidegger feiert sie im Mai 1933 in seiner Ruhmrede auf Schlageter, den Helden der Nationalsozialisten, der 1923 von den Franzosen erschossen wurde, um, so Heidegger, „für sein deutsches Volk und sein Reich zu sterben". Für Heidegger ist das die härteste und größte Art zu sterben. Doch diejenigen, die in den Vernichtungslagern umgekommen sind, sagt er, sind *grausig ungestorben.* [...] Die starben keinen Heldentod, sie waren nicht wesenhaft in der „Wahrnis des Seins". [...] Wer nicht als Held stirbt, stirbt nicht wirklich ... Wir haben es hier mit einer überaus entsetzlichen Art von ontologischem Negationismus zu tun.[38]

Diese Lesarten werden bestätigt durch die grammatische Auslöschung der Opfer, die nur durch ein Pronomen (*sie*) ohne Bezugswort bezeichnet werden. Die Schergen verschwinden hinter Nominalisierungen (*Fabrikation*) und Passivkonstruktionen ohne Agens.
Vorbereitet durch die feierliche und orakelhafte Unklarheit, litaneiartig rhythmisiert durch die Wiederholung, hebt der Schluss dieses

38 Emmanuel Faye: Gespräch mit Alain Finkielkraut und Brice Couturier, Sendung *Contre-expertise*, France-Culture, August 2005. http://skildy.blog.lemonde.fr/skildy/2005/09/ (Zugriff am 06.01.2016). Bekanntlich ist die Gleichheit vor dem Tod ein antiker Topos; aber für den Rassegedanken wird diese Gleichheit unerträglich: Es ist unmöglich, den ruhmvollen Tod des Helden auf einer Stufe mit dem Verenden von ‚Untermenschen' zu sehen. Schon in *Sein und Zeit* § 47 formuliert Heidegger die Theorie einer Unterscheidung zweier Formen des Todes, wobei er die zweite Form mit dem Begriff *Verenden* bezeichnet (ebd., S. 240). Diejenigen, die kein geschichtliches Dasein haben, sterben nicht, sie verenden: Das ist der Fall der (vaterlandslosen) Juden, aber auch der ‚Neger' und ‚Kaffern' (*LF* 38, S. 81–83 – kein Grund jedoch zu spotten: ‚Kaffern' haben natürlich eine Geschichte, wenn auch nur „wie die Affen und die Vögel"). In Andeutungen greift Hanna Arendt die Äußerungen ihres Meisters über die zwei Formen des Todes auf und mildert sie ab: „Indem die Konzentrationslager den Tod selbst anonym machten (indem sie dafür sorgten, dass es unmöglich war festzustellen, ob ein Häftling schon tot oder noch lebendig ist), nahmen sie dem Sterben den Sinn, den es immer hatte haben können. Sie schlugen gewissermaßen dem Einzelnen seinen eigenen Tod aus der Hand zum Beweise, daß ihm nichts mehr und er niemandem mehr gehörte. Sein Tod war nur die Besiegelung dessen, daß es ihn niemals gegeben hatte." (Hannah Arendt: *Elemente und Ursprünge totaler Herrschaft, Antisemitismus, Imperialismus, totale Herrschaft* [1986]. München / Zürich: Piper 2009, S. 930. Die deutsche Übersetzung wurde dem französischen Wortlaut angepasst.)

Passus seine theologische Dimension hervor, indem er die Frage des 8. Psalms zitiert: „Was ist der Mensch, dass du seiner gedenkst, und des Menschen Kind, dass du dich seiner annimmst?" Während Primo Levi mit *Ist das ein Mensch*[39]? antwortete, vernebelt Heidegger die historische Tatsache der Vernichtung, indem er schließt, dass der Mensch noch nicht der Sterbliche ist. Aber hinter der theologischen Anspielung wird ein ontologischer Rassismus sichtbar: Die Juden, als nur irrende Seiende, sind weltlos, da ohne Wurzel und Vaterland, sie haben kein Verhältnis zum *Seyn-(Vaterland)*.

Der Sinn dieser Vernebelung erhellt sich durch mehrere Ausdrücke, die zum nationalsozialistischen Jargon gehören: *liquidiert*, *Fabrikation von Leichen*[40], *Stück* (in *Bestandstück* statt *Bestandteil*); durch den Gebrauch des Worts *Stück*, unbelebt, findet die Entmenschlichung statt, dieses Wort war im Übrigen der übliche Begriff der Kapos bei der Zählung der Häftlinge.

In seinem zweiten Vortrag, der durch Arendt, Steiner, Agamben und viele andere ein Topos geworden ist, kehrt das Bild der Industrialisierung im Zusammenhang mit der landwirtschaftlichen Produktion wieder: „Ackerbau ist jetzt motorisierte Ernährungsindustrie, im Wesen das Selbe wie die Fabrikation von

39 Zu den Antworten auf die Frage des Psalms vgl. François Rastier: *Ulysse à Auschwitz. Primo Levi, le survivant*. Paris: Cerf 2005, S. 40. Als Sohn eines Küsters strebte Heidegger zunächst das Priesteramt an und begann ein Theologiestudium.

40 Dieser für den Humor der Nationalsozialisten kennzeichnende Ausdruck geht auf den SS-Arzt Friedrich Entress zurück, der das Bild der Fließbandarbeit beisteuerte (*am laufenden Band*); vgl. Rastier: *Ulysse à Auschwitz*, S. 157. Agamben meint sogar, dass Heidegger und Levi hier übereinstimmen: „Und merkwürdigerweise bedeutet ‚Fabrikation von Leichen' auch hier – wie bei Levi –, daß man bei den Opfern der Vernichtung nicht von Tod sprechen kann, daß sie nicht wirklich starben, sondern nur in einer Fließbandfabrikation hergestellte Stücke waren." (Giorgio Agamben: *Homo sacer. Teil 3. Was von Auschwitz bleibt: das Archiv und der Zeuge*, aus d. Ital. v. Stefan Monhardt. Frankfurt am Main: Suhrkamp 2003, S. 64.) Levi sprach selbstverständlich nie von einer solchen Fabrikation: Er betonte nur die Tatsache, dass die Vernichteten um die Achtung gebracht wurden, die man Sterbenden und ihrer sterblichen Hülle schuldet. In seinem ontologischen Negationismus vertritt Agamben die Meinung, dass der Tod der „Muselmänner" „nicht Tod genannt werden kann, sondern nur ‚Fabrikation von Leichen'" (ebd., S. 71). Er schließt daraus, dass das Lager der Triumph der „faktischen Herrschaft des Nichtauthentischen" ist, und wiederholt „die Menschen sterben nicht, sondern werden als Leichen hergestellt." (ebd., S. 65). So wäre die von Heidegger so verachtete Faktizität die große Verantwortliche, nicht für Tote, sondern für Nicht-Tote.

Leichen in Gaskammern und Vernichtungslagern, das Selbe wie die Blockade und Aushungerung von Ländern, das Selbe wie die Fabrikation von Wasserstoffbomben."[41]

Alles kehrt sich um und scheint ineinander überzugehen: Es ist nicht die Rede vom Krieg, sondern vom Frieden, nicht von der Vernichtung, sondern von Landwirtschaft, man nennt „Fabrikation von Leichen" die Vernichtung lebender Menschen. Die Blockade ist nicht die des Warschauer Gettos durch die Nationalsozialisten, sondern die von Berlin durch die Russen im Jahr 1948.[42]

Die nationalsozialistische Vernichtungspolitik wird *wesentlich* die gleiche wie die russische und amerikanische Politik – die USA waren dabei, die H-Bombe zu entwickeln. Dieses Thema ist bei allen zeitgenössischen Radikalismen aktuell geblieben.

Schematisch gesehen werden auf diese Weise zwei Serien parallelgeschaltet:

Krieg	Nazis	Lager	Industrie	Gaskammern	Juden
Frieden	Amerikaner/ Russen	Blockade	Landwirtschaft	H-Bombe	Deutsche

Die semantischen Bestände von Krieg und Frieden werden implizit mitgedacht; wie im zuletzt zitierten Auszug werden die handelnden Personen nicht genannt. Obwohl nicht lexikalisiert, werden kontrastreiche semantische Formen substituiert: Amerikaner–Russen und Deutsche, Nazis und Juden, Schergen und Opfer; gewöhnlich unzusammenhängende Formen werden als einander entsprechend dargestellt: Blockade von Berlin und Vernichtungslager, Gaskammern und

41 *DG-S*, S. 27. Es handelt sich hier um einen Topos der Nationalsozialisten; die Vernichtung verschwindet, wird plötzlich unterbrochen, und die angeprangerte Gefahr kommt aus Amerika: Louis-Ferdinand Céline z. B. beschreibt am Anfang seines Romans *Norden* (aus d. Franz. v. Werner Bökenkamp. Reinbek: Rowohlt 1969) „die schlimmste Erz-H-Bombe Z-Bombe Y-Bombe" (ebd., S. 5), „die Z-Bombe", „zehn zwanzig Hiroshima täglich" (ebd., S. 7); und der erste Teil schließt mit einem Porträt der Croupiers in Baden-Baden, „alle angeblich ‚deportiert' ... die öligen Tollen, die gleichen ... die gebogenen Nasen ebenfalls" (ebd., S. 11). Kurzum, die Juden sind immer noch da und zählen Geld, und wir leben unter der Bedrohung der amerikanischen Atombombe.

42 Heidegger antwortete 1947 auf einen Brief von Marcuse, in dem dieser geschrieben hatte: „Ein Philosoph kann sich nicht täuschen über ein Regime, das Millionen von Juden umgebracht hat – bloß weil sie Juden waren", mit den Worten „statt ‚Juden' [hat] ‚Ostdeutsche' zu stehen" (zit. n. Faye: *Heidegger. Die Einführung*, S. 404–405), mit anderen Worten: die zu beklagenden Opfer sind die Deutschen.

H-Bombe. Solche Gleichsetzungsverfahren gehören zur Tradition des Antinomismus: Man versichert, dass die Gegensätze identisch sind, um zu einer Absurdität zu gelangen, die zur höheren Einheit erklärt wird.[43] Aber hier führt eine Mikrodialektik von der ersten Zeile der Tabelle zur zweiten, von der angedeuteten Vergangenheit zur bejahten Gegenwart und Zukunft, und zwar durch eine Art umgekehrter Allegorese, in der die buchstäbliche, historische Bedeutung verborgen und die übertragene Bedeutung in der unmittelbaren politischen Anspielung zur buchstäblichen gemacht wird. In dieser Allegorese, die an die des Joachim von Fiore erinnert,[44] gleichzeitig aber eine Umkehrung der Werte enthält, spielt die Vernichtung der Juden die Rolle der Prophezeiungen von Moses' Gesetz, die sich im gegenwärtigen Unglück der Deutschen erfüllen, wodurch aus Schuld eine Opferrolle wird.

Dieser antinomistische Diskurs zerstört die historische Bedeutung der alten Welt, leugnet sie und wendet sie in eine neue Bedeutung, in der die nationalsozialistische These bejaht wird. Sie beruft sich auf eine antinomistische Hermeneutik, in dem Sinn, wie sie Paul de Man, der Theoretiker des post-heideggerischen Dekonstruktivismus in *Allegories of Reading* beschrieb: Danach hat jeder Text eine Bedeutung, die im Gegensatz zu der steht, die er scheinbar zum Ausdruck bringt.[45]

Das subtile Verfahren Heideggers bleibt durch die Struktur des rednerischen Pathos verhüllt: Wiederholungen, orakelhafte Aussagen, generelle Präsensformen. In beiden Vorträgen erscheint die Formulierung der Fabrikation von Leichen, charakteristisch antinomisch, es wird immerhin auf diese Weise eine Vernichtung bezeichnet: Das Krematorium als Bestandteil der Gaskammer wird nicht erwähnt, obwohl es am Ende des Fließbands die Erzeugnisse dieser Industrie beseitigt, die Antithese also schwächt.

43 Heidegger stützt sich hier auf einen uralten Topos, demzufolge sich Ackerbau und Frieden einerseits Massakern und Krieg andererseits gegenüberstehen. In der antiken Literatur wimmelt es von Figuren, die diese Opposition konkretisieren, vgl. die Geschichte von Cincinnatus, Vergils *Georgica* („Et curvae rigidum falces conflantur in ensem", I, V. 508) oder Ovids *Metamorphosen* (I, V. 95–127.) über den Übergang des vom Beginn des Ackerbaus gekennzeichneten silbernen Zeitalters zum bronzenen Zeitalter, in dem der Krieg aufkommt.

44 Siehe Kap. I, S. 13.

45 Erst spät wurde die Vergangenheit des aktiven Antisemiten Paul de Man bekannt. Sie stellt die Bequemlichkeit einer Hermeneutik, die dazu dienen kann, die Geschichte umzuschreiben, in ein neues Licht und gestattet es Derrida, ihm ein Huldigungsbuch zu widmen (Jacques Derrida: *Mémoires. Für Paul de Man*. Wien: Passagen 2012).

Während das Prinzip des analytischen Denkens – und schon der Dialektik nach Plato – in Unterscheidung zur Aufgliederung besteht, geht es hier darum, sowohl die Formen als auch die semantischen Bestände und die Momente durch die schicksalhafte Intervention einer metaphysischen Identität zu verschmelzen, die *im Wesen* angesiedelt ist. Die Verwesentlichung ermöglicht es, aus der Geschichte herauszutreten, indem Ontologie geschaffen wird: Das Verschwinden der Handelnden und die Nominalisierungen verwesentlichen den Tod und die Technik, die *per se* als mörderisch eingeschätzt wird. Aber die politische Botschaft hinter den ‚Decknamen' bleibt eindeutig: 1949 sind die Deutschen die Opfer.
Die Komposition aus Formulierungen der Bibel, aus Elementen metaphysischer Sprache und Jargon der Nationalsozialisten, verbunden mit der Prosodie des ‚Hohen Stils', all das ist verführerische Täuschung: Jeder kann darin die großartige Meditation lesen, die ihm gefällt. Und wenn in dieser doppelten Sprache der Sinn eindeutig unklar ist (was für eine Rolle spielt die H-Bombe in einer Meditation über das Sein?): Wer es wagt, ihn zu erkennen, riskiert, von einem devoten Chor an den Pranger gestellt zu werden oder ganz einfach die akademische Welt gegen sich aufzubringen.
Könnte man, nach einer solchen Geschichtsvernebelung, nicht einfach mit Marcel Conche sehr fromm schlussfolgern: „Der Nationalsozialismus selbst hat als solcher nicht viel mit Auschwitz zu tun"?[46] Unter der Feder eines respektierten Berufsphilosophen ist ein solch ätherischer Negationismus für die irenische Rezeption Heideggers eine Autorität: keine Decknamen, keine doppelte Sprache. Nie wird gesagt, dass die Einführung des Nationalsozialismus in die Philosophie diese zu ideologischer Unterwerfung herabwürdigt; so wie es auch unschicklich wäre zu erwähnen, dass Kollegen, guten Glaubens oder nicht, mit Arbeiten über einen zumindest zweifelhaften Autor Karriere machen konnten und sich von ihm dabei inspirieren ließen, wenn sie jede argumentative Deontologie verwarfen.

46 Marcel Conche: *Heidegger par gros temps*. Le Revest-les-Eaux: Les Cahiers de l'Égaré 2004, S. 84. Gewichtiger Bärendienst: ist also der Nationalsozialismus zur Entlastung von Heidegger zu rehabilitieren? Trawny bedient sich des gleichen haarsträubenden Arguments: „Heideggers Äußerungen über die Juden können nicht mit Auschwitz verknüpft werden" (Trawny: *Heidegger und der Mythos*, S. 12).

Elemente des Hohen Stils
Heidegger hat ohne jeden Zweifel eine durchtriebene Strategie der doppelten Sprache entwickelt. Aus sich selbst entstanden verschließt sich der Heideggersche philosophische Idiolekt in sich selbst und kann nur mit seinen eigenen Worten, ja sogar nur in seiner eigenen Sprache kommentiert werden. Daher rühren unauslotbare Übersetzungsprobleme: Z. B. ist es unmöglich, laut Heidegger, das Wort *Dasein* zu übersetzen. Das Deutsche wird damit zur „Sprache des Seins": Noch ihre geringfügigsten Merkmale wie die Ableitungsstämme oder gar die Assonanzen werden zu Bedingungen eines „höheren Denkens"[47] und unterwerfen so die Philosophie einem unsinnigen sprachlichen Nationalismus.[48]
Diverse Paralogismen werden durch einen Schwarm von Paronomasien induziert, deren Initialen durchs ganze Alphabet gehen: vom „Anwesen des Anwesenden", „Dingen des Dinges", „Nichten des Nichts" über das berühmte „die Welt weltet" bis zum unvergesslichen „Zeigen des Zeichens" im Zusammenhang mit dem „Zeigzeug"[49]. Verschmitzt erinnerte Voegelin angesichts solcher Formeln an das *Wagala weia! Wallala weiala! Weia!* zu Beginn von Wagners *Rheingold*. In einem philosophischen Text sind Paronomasien nicht nur Zierrat à la Gorgias: Sie entziehen ihn der Diskussion, denn weder Assonanzen noch Alliterationen kann widersprochen werden. Dagegen setzen sie eine obskure Einheit voraus, nach Art der Tautologie, zwar immer wahr, aber deshalb ohne Sinn. Man könnte sich wundern über die Verknüpfung von globalen semantischen Charakteren (wie dem Nationalismus) mit Charakteren lokalen Ausdrucks (wie den Paronomasien): Natürlich ist die Paronomasie als solche nicht nationalistisch, aber da ihr Prinzip ist, immer den Wörtern die Initiative zu überlassen, verleiht sie dem Diskurs eine analogische, nicht logische Ausdruckstiefe,

47 Vgl. Martin Heidegger: Die Frage nach der Technik. In: Ders.: *Vorträge und Aufsätze*. Pfullingen: Neske 1985, S. 9–40, hier S. 23.

48 Das gleiche gilt für die charakteristische Trennung zusammengesetzter Wörter des Deutschen (z. B. *Da-sein*, siehe *SZ*, § 28, S. 132), als erstünde eine Urwahrheit aus jedem einzelnen abgetrennten Morphem.

49 Das „Zeigzeug" als „Zeigen des Zeichens" (vgl. ebd., § 17, S. 77–78); jenes Zeichen, das das „Zeigzeug" bezeichnet, ist nichts anderes als der Fahrtrichtungszeiger der damaligen Automobile.

die hier übereinstimmt mit der Regression des Denkens zugunsten der esoterischen Autorität der germanischen Wurzeln.
So bleibt der Heideggersche Text verschlüsselt durch die Ausstreuung von Begriffsformen im rhapsodischen Stil, der der Rationalität nur noch wenig Platz einräumt. Die offenbare Begrifflichkeit wird durch idiosynkratische Umschreibungen benannt, während die entscheidenden Begriffe nicht wörtlich ausgedrückt, sondern durch ihre semantischen Bestandteile ausgebreitet werden. Der Meister formuliert also nicht wirklich Begriffe, nicht einmal Metaphern: Die immer wiederkehrenden Texteinheiten sind *Leitbilder*, ein Begriff, der nach dem des Wagnerschen *Leitmotivs* gebildet wurde, d. h. immer wiederkehrende semantische Formen, die in vielerlei Art kombiniert und als dominierende Bilder präsentiert werden, die die Phantasie erregen und als Losungen dienen soll'en: die *Lichtung*, das *Apeiron*, das *Ereignis* usw.
Die Strategien der Mehrdeutigkeit schaffen einen Hintersinn, der esoterische Lesarten und unbestimmte Kommentare gestattete. Sie dienen auch dazu, den philosophischen Diskurs durch eine schon in den ersten Werken diffuse politische Ideologie zu stören. Zwar urteilte Paul Ricœur, dass *Sein und Zeit* kein nationalsozialistisches Buch sei, denn es enthalte weder Ethisches noch Politisches. Und er formulierte die Hypothese, dass der Hitlerismus später diese Lücken ausfüllte. Aber diese für die Ethik bereits fragwürdige Position kann jetzt auch für die Politik neu diskutiert werden.
Ohne Mühe wird man mir entgegenhalten, dass auch meine Lesart dekonstruktivistisch scheint. Ist sie deshalb abwegig, wo doch gerade die dekonstruktivistische Hermeneutik von Derrida in der Lektüre Heideggers und nach dem Bild der von Heidegger selbst praktizierten Lesarten geschaffen wurde? Ihr Fehler ist aber eine gewisse Äußerlichkeit, indem sie im Wesentlichen auf punktuell ausgedrückte oder suggerierte Thesen hinweist, als sei Heideggers Sprache prinzipiell eine philosophische. Diese generöse Vorgabe muss jetzt im Licht der Analysen zur LTI und zur Heideggerschen Schreibweise neu bedacht werden. Die LTI beschränkt sich nicht auf ein Vokabular, auch nicht auf ein soziales Verhältnis zur Sprache: Sie formte sich in konstantem Pathos, dessen Rhythmus und Auftritt nachzubilden die Übersetzungen Mühe haben. Eher als eine nationalsozialistische Philosophie konstruiert Heidegger, ausgehend vom damaligen Jargon, eine nationalsozialistische ‚Poetik'.

Die erstickende Dichte der Verfahren, oft der Predigt entlehnt, die den periodischen Stil des Deutschen so sehr inspiriert hat, die rhapsodische Komposition mit Wiederholung der Leitmotive, die zahlreichen Perioden, die rhetorischen Klauseln, die wertenden Abstufungen, die beständigen Anaphern, die rhythmischen Wiederaufnahmen, die aus der alten germanischen Dichtung entlehnten Stabreime, die durch den ständigen Wechsel zwischen gewalttätigem und fadem Ausdruck erzeugte emotionale Saturation, all das bildet einen inspirierten orakelhaften Stil, der dem Denker einen Nimbus verleiht und die Leser und Hörer in seinen Bann schlägt.
Hier ein kleines Beispiel:

> In jedem neuen Augenblick werden sich Führer und Volk enger verbinden, um das Wesen ihres Staates, also ihres Seins zu erwirken; aneinander wachsend werden sie den beiden bedrohenden Mächten Tod und Teufel, d. h. Vergänglichkeit und Abfall vom eigenen Wesen, ihr sinnvolles und geschichtliches Sein und Wollen entgegensetzen.[50]

Der interne Drehpunkt des ersten Teils der Periode markiert einen prosodischen Gipfel, der im Endkampf des zweiten Teils wiederaufgenommen wird. Diese Struktur wird in der Tiefe gedoppelt durch die obsessionelle Dualität der Synonyme, die eine dualistische Welt bilden, in der sich zwei Mächte, der Feind und das Volk, bekämpfen. Die prophetische Zukunft, die Vereinigung in einer symbiotischen Klimax, die in den Kampf zwischen Sein und Wollen umschlägt, vermischen das Theologische mit dem Historischen, und genau das ist politische Theologie. Der gewöhnliche ontologische Grund (*Wesen*, *Sein*) ist noch da, aber was hat hier der Teufel zu suchen? In *Mein Kampf* bezeichnet *Teufel* die Juden.[51]
Während die rustikale und technizistische Funktionärssprache sowjetischer Art kaum einmal feurig wurde, schuf der Nationalsozialismus auf dem Gebiet der Sprache Diktion, Prosodie und Pathos, die für ihn rein spezifisch waren. Heidegger, für den der prosodische ‚Duktus' über allem stand,[52] war an ihrer Ausarbeitung beteiligt, indem er

50 Martin Heidegger: Über Wesen und Begriff, siebte Sitzung, § 13. Deutsches Literaturarchiv Marbach, Fonds V. Klostermann, zit. n. Faye: *Heidegger. Die Einführung*, S. 192.

51 Siehe Kap. I, S. 28.

52 Martin Heidegger: Brief an Kurt Bauch, 01.08.1943. In: Dies.: *Briefwechsel*, S. 92.

Philosophie und Dichtung in einer neuen Sprache vereinigte, die aber weder mit jener noch mit dieser etwas zu tun hatte, sondern mit jenen heruntergekommenen Mythologien, die wir Ideologien nennen.

Die Prozeduren der gebundenen Rede, der *oratio vincta*, mit der die alten indo-europäischen Dichter die Sprache der Götter schufen oder nachahmten und von der man z. B. noch bei Heraklit, dem Großpriester der Artemis von Ephesos, einen Nachklang finden kann, werden wiederaufgenommen und zur Schaffung einer Sprache der ‚Übermenschen' verwendet.

Die Wiedervereinigung der seit Platon strikt getrennten Dichtung und Philosophie war schon von manchen Mystikern versucht worden. Sie wurde dann die große Unternehmung der Jenaer Romantiker. Für seinen Plan, die Rationalität zu delegitimieren, kommt Heidegger auf die Verführungen der orakelhaften Sprache zurück; und im Grunde haben alle post-heideggerischen Strömungen, an erster Stelle der Dekonstruktivismus, Essays produziert, die sich um literarischen Stil bemühen, wenn auch dabei die Vereinigung von Dichtung und Philosophie immer zu Lasten der einen oder der anderen geht.

Die ‚poetischen' Prozeduren tragen schließlich zum Pathos bei,[53] zum „wunderbare[n] unwahrscheinliche[n] rednerische[n] Pathos"[54], das Goebbels so bewunderte und dessen schwärmerische Färbung die Vernichtung vorbereitete und rechtfertigte. Kurzum, das konstante Pathos der Heideggerschen Sprache hat eher mit theologisch-politischer Schwärmerei zu tun als mit Philosophie.

Untersuchungsrichtungen

Gewiss fordert das philosophische Vokabular Aufmerksamkeit, aber das lexikalische Glacis der Decknamen kann nicht die substantivierten Pronomina (wie *das Man*), nicht die aus festen Redewendungen entlehnten banalen Wörter und nicht einmal die bescheidenen Partikeln eskamotieren.

53 Einzelheiten hierzu bei François Rastier: Croc de boucher et rose mystique – Le Pathos sur l'extermination. In: Michael Rinn (Hrsg.): *Émotions et Discours. L'usage des passions dans la langue*. Rennes: Presses universitaires de Rennes 2008, S. 249–273.

54 Goebbels: Tagebucheintrag vom 10.02.1932, zit. n. Klemperer: *LTI*, S. 120.

a. *Banale Wörter*. – Konkrete Wörter wie *Wurzel* oder *Quelle* kommen in großen Mengen in abstrakten Texten vor, denn sie stammen aus idiomatischen Redewendungen, wie *an der Wurzel* oder *an der Quelle*. Z.B. bemerkt Cassirer, dass das kritische System der Philosophie „die *Wurzel* seiner Kraft" besitzt[55] oder dass das Denken des Nikolaus Cusanus in der Scholastik *wurzelt*;[56] aber Heidegger haucht diesen ‚toten' Metaphern neues Leben ein, und die *Wurzel* wird ein Leitmotiv seiner Schriften.

Das Thema der Wurzel ist in allen nationalistischen Diskursen üblich, z.B. in dem Buch *Les déracinés* [Die Entwurzelten] von Maurice Barrès. Nehmen wir bei Heidegger das Beispiel des Worts *Wurzel* in seinen Beziehungen zur Ontologie. Schon auf der ersten Seite von *Sein und Zeit* finden sich im Zusammenhang mit dem Sein die Wörter *pflanzen* und *hegen*. Im darauf folgenden Satz wird festgestellt, dass die Vorurteile über das Sein „ihre Wurzel in der antiken Ontologie selbst" haben. In § 4 wird erklärt, dass die existenziale Analytik „*ontisch* verwurzelt" ist. Ein Verständnis, das „im eigensten Sein des Daseins verwurzelt ist"[57], wird verlangt, während es gilt, die Diskurse „auszurotten", wie den von Cassirer, die „irgendwelche wurzel- und heimatlose ‚allgemeine Meinung'"[58] postulieren. Das wiederum erinnert an die Warnung vor der „leere[n] und wurzellose[n] *convertabilitas* des *ens, verum, pulchrum, bonum*" oder die „teuflische Phrase vom ‚Wahren, Guten und Schönen'".[59] Es soll nämlich die „Preisgabe des einfachen Wurzelbodens des Denkens"[60] vermieden werden.

Diese Sprache ist nicht metaphorisch, sondern buchstäblich: Das Denken hat wirklich seine Wurzeln im Boden, denn das *Seyn*, dem es nachsinnt, ist ein Deckname für das Vaterland. Für Heidegger ist „die Verwurzelung einer Gemeinschaft in ihrer Bodenständigkeit"[61] Anlass zur Freude. Deshalb warnt Hitler, der die gleichen Bilder benutzt, in *Mein Kampf*:

55 Ernst Cassirer: *Das Erkenntnisproblem in der Philosophie und Wissenschaft der neueren Zeit*, Bd. 1. Berlin: Cassirer 1922, S. 14.

56 Ebd., S. 61.

57 *SZ*, § 1, S. 2–3; § 4, S. 13; § 6, S. 21.

58 *SH* I, S. 32.

59 Ebd., S. 72; mit diesem *teuflisch* zeigt der jüdische Teufel, hier von Cassirer verkörpert, wieder einmal seine Hörner.

60 *SH* IV, S. 63.

61 *SH* I, S. 40.

> Wenn ein Volk die ihm von der Natur gegebenen und in seinem Blute wurzelnden Eigenschaften seines Wesens nicht mehr achten will, hat es kein Recht mehr zur Klage über den Verlust seines irdischen Daseins.[62]

Schädlinge befallen die Wurzeln. Es ist bekannt, dass die Reblaus, die die Wurzeln der Weinstöcke angreift, in Heideggers Jugend in Baden Weinberge vernichtete, und dem Sohn eines Küfers konnte das nicht gleichgültig sein. Und tatsächlich: In der *Einführung in die Metaphysik* stehen folgende Sätze: „Irgendwo in den Weinbergen tritt z. B. die Reblaus auf, etwas unbestreitbar Vorhandenes. Man fragt: Woher dieses Vorkommen, wo und welches ist der Grund?"[63] In seiner Vorlesung *Über das Wesen der Wahrheit* fordert er seine Studenten auf, „mit dem Ziel der völligen Vernichtung" des Feindes zu arbeiten, der „in der innersten Wurzel des Daseins eines Volkes sich festgesetzt haben" kann.[64]

Nun ist es zwar so, dass im Deutschen das Wort *Wurzel* (wie *racine* im frz.) in allen möglichen idiomatischen Wendungen verwendet wird; aber es wird bei Heidegger ein Leitbild, wenn nicht sogar ein eigenständiger philosophischer Begriff, der in der Ontologie einen zentralen Platz hat, vermutlich weil die Wurzel das *Seyn* (Deckname) im Boden des *Vaterlands* (gedecktes Wort) verwurzelt. Das Bild war in der Vorstellungswelt der Nationalsozialisten prägend, denn das Zyklon B wurde, bevor es in den Gaskammern eingesetzt wurde, unter anderem zur Bekämpfung der Reblaus benutzt.

b. *Partikeln.* – Manche Autoren bemerkten den prosodischen Zweitakt der Heideggerschen Sätze, was Jean-Pierre Faye einst den „semantischen Oszillator"[65] nannte und was auf der syntaktischen Ebene die manichäische Sicht einer in zwei sich bekämpfende Lager geteilten Welt konkretisiert.

62 Hitler: *Mein Kampf*, S. 359. Hitler benutzt die Wörter *Wesen* und *Dasein*, denn auch er wendet einen essentialistischen Diskurs an, vgl. zur aufschlussreichen Verwendung des Worts *Wurzel* auch ebd., S. 430, 628, 652.

63 *EM*, S. 30; auch zit. in Julio Quesada: Décapitation de la phénoménologie et biopolitique nazie. Une herméneutique immunitaire. In: Faye (Hrsg.): *Heidegger. Le sol*, S. 145–178, hier S. 148.

64 *WW*, S. 91.

65 Jean-Pierre Faye: *Le langage meurtrier*. Paris: Hermann 1996, S. 11–184 (Teil I).

Die repetitive Ästhetik des Massiven ist kennzeichnend für den Totalitarismus: identische Säulenhallen, endlose Marschkolonnen, Fanfaren, all das konkretisiert die Aussage eines Genies der militärischen Rhetorik, Napoleon Bonaparte, demzufolge nämlich die Wiederholung die stärkste der rhetorischen Figuren sei. Betrachten wir ernsthaft das Bild der Marschkolonne, das insbesondere von Max Ernst und Goldschmidt aufgegriffen wird: Die Instruktion für den Stechschritt hieß im Befehl *Auf!* für das nach vorne gerade gestreckte Bein, und *Ab!* für das andere, das fest auf den Boden tritt. Diese Bewegung (*Bewegung* wird gewöhnlich auch der Nationalsozialismus selbst genannt, auch von Heidegger) kann so interpretiert werden: Man wirft sich nach vorne der Neuen Welt zu und tritt den Boden der alten Welt, die man hinter sich lässt. Nun sind aber genau diese Partikeln *auf* und *ab*, wie auch *ent-*, die den Bruch oder die Trennung bezeichnet, Partikeln also, die Teil vieler lexikalischer und syntaktischer Konstruktionen sind, gerade im Heideggerschen Korpus signifikant häufig – wie übrigens im Korpus der nationalsozialistischen Ideologen auch – im Gegensatz zu anderen Autoren wie Cassirer oder Husserl.[66] Der verführerische Radikalismus dieser Schriften verdankt vermutlich sehr viel diesem Rhythmus der Partikeln, die eine abstrakte und konstante Bewegung nachahmen, und zwar sogar an den Stellen, wo die Bewegung gar nicht in Worten ausgedrückt wird.

66 Diese Beobachtung stützt sich auf zu wenige Auszählungsergebnisse, ist also noch Hypothese: Sie muss sich in einer kontrastiven Korpussemantik (vgl. Rastier: *La Mesure et le Grain*) bewähren. Wie ist es möglich, politische Ideologie einerseits und Philosophie und Sozialwissenschaften andererseits auseinanderzuhalten? Diese Frage stellte sich mit einer gewissen Schärfe in den Jahren 1925–1945 und hat an Gegenwartsbezogenheit nichts verloren. Zum Beispiel erwähnt Emmanuel Faye verstörende Berührungspunkte in den Jahren 1933–1935 zwischen den Vorlesungen und Reden Heideggers und den Reden Hitlers: So merkwürdig sie scheinen könnte, die Analyse dieser Nähe könnte zu einer empirischen Frage werden. Die jüngere Entwicklung der Korpuslinguistik, auch ihre Ausweitung auf theoretische Texte, ermöglicht es jetzt, diese Frage zu beantworten. Wir haben ein Projekt initiiert, das vorsieht, ein Studienkorpus von so unterschiedlichen Autoren wie Spengler, Hitler, Schmitt, Jünger, Streicher, Heidegger, Heyse, Bäumler und Rosenberg zu digitalisieren. Als Kontrastkorpus werden Werke von Autoren wie Cassirer, Husserl, Klemperer u. a. benutzt. Ziel ist, die Entstehung und Ausbreitung dessen, was seit Klemperer als LTI bezeichnet wird, zu beschreiben; über den spezifischen Wortschatz und die Phraseologismen hinaus sollen vor allem thematische textuelle Formen erfasst werden, um ihre Entwicklung zu verfolgen, selbst wenn sie verschleiert sind. Vgl. Pégny: Polysémie et équivoque; ders.: The Many Lives of *Dasein*.

Der Nationalsozialismus wiederum verdankt sehr wahrscheinlich einen Gutteil seiner Verführungskraft der Vereinfachung: Alles Komplexe wird durch die *Gleichschaltung* beseitigt, Widersprüche werden eliminiert und kritische Distanz, mit der man ihn beurteilen könnte, wird unmöglich gemacht. Die Wiederholung des Immergleichen füllt den ganzen Raum: den politischen Raum durch die Ausschaltung all dessen, was sich der Partei nicht unterwirft; den sozialen Raum durch die ethnische, genetische Säuberung und die Tötung der Kranken; den kulturellen Raum durch die Bücherverbrennung, die Verteufelung der ‚Entarteten Kunst', die Verfolgung kritischer und/oder jüdischer Intellektueller. In der Philosophie drückt sich dies in einer dialektischen Verarmung und der immer wieder erfolgenden Wiederholung der Themen in willentlich litaneiartigen Texten wie denen von Heidegger aus.

2. Kunst zu schreiben und politische Theologie

Die Kunst, die Vernichtung zu tarnen

Die Schreibkunst der Verfolgten wurde von Leo Strauss umfassend untersucht, aber die der Verfolger konnte bisher nicht genug Aufmerksamkeit auf sich ziehen. Z. B. verbirgt die Hitlersche ‚kolossale Lüge' nichts von ihren Intentionen, beschreibt diese aber in einer derart gewalttätigen Weise, dass sie unwahrscheinlich werden und unredlich, übertrieben oder von den Verhältnissen diktiert scheinen können. Die *Rektoratsrede* konnte bekanntermaßen von solcher Art Nachsicht profitieren.

Die Schreibkunst der verfolgten Philosophen berücksichtigt mehrere Intelligenzstufen, damit zwar jeder lesen kann, damit aber auch die Intention des Werks nur denjenigen Lesern zugänglich ist, denen sie wirklich gilt. Heidegger übernimmt dieses System, indem er in der Form von Leugnung Richtungen der Suche weist. Er setzt z. B. die Furcht vor dem Anderen als Grundkategorie der Existenz und schreibt: „Es soll nicht ontisch berichtet werden über das Seiende, das vielfach und zumeist ‚furchtbar' sein kann."[67] Zurückübersetzt in die Sprache der Ontologie orientiert dieses einleitende *Folgt-meinem-Blick* die Lektüre auf das allogene und wurzellose *Man*.

67 *SZ*, § 30, S. 140.

Schließlich – und Leo Strauss hat diese Ausdrucksweise nur wenig untersucht – benutzt Heidegger einen Stil, der die gewünschte Lesart vorgibt. Das Werk wendet sich an die ‚Stammdeutschen' und ist, vor allem durch seine Verbindung mit der Sprache der Nationalsozialisten, nur denen ganz zugänglich, die verstehen, dass sie selbst die Zielgruppe sind – durch eine Wortwahl, die die Ableitungsmöglichkeiten der deutschen Morphosyntax feiert.
Auf diese Weise war es möglich, ja überzeugend, die Leugnung eines nationalsozialistischen Engagements so lange aufrechtzuerhalten. Indem er sich als Opfer widerlicher Behauptungen darstellte, tat Heidegger dies nach dem Krieg zur Genüge, und seine Parteigänger tun es weiter mit einer gezwungenen Blauäugigkeit, aber mit wachsendem Ärger, ohne zu sehr darauf zu achten, dass die wahren Verfolgten sich nie öffentlich als Opfer gerieren.

Die Zukunft einer politischen Mythologie
So können also Heideggers Schriften sowohl offen philosophisch (ontologisch) als auch verdeckt politisch gelesen werden. Doch sind in aller Regel die verdeckten Elemente entscheidend: Was bedeutet nun aber die Tatsache, dass in *Sein und Zeit* die Gemeinschaft, das Volk, erwähnt wird? Das *Dasein* „versteht [...] sich, frei für [den Tod] in der eigenen *Übermacht* seiner endlichen Freiheit" und findet sein Geschick im „Geschehen der Gemeinschaft, des Volkes. [...] Im Kampf wird die Macht des Geschickes erst frei."[68] Dort ist das Heil zu finden.
In den Evangelien wurde so vorgegangen, dass der geistige Sinn verhüllt und auf den historischen Sinn verwiesen wurde, um die menschliche Geschichte in Heilsgeschichte zu überführen: Jesus war der Handelnde, der die verschiedenen Bedeutungen der Schrift zusammenführte, denn die Drangsale dieses Rechtsbrechers aus Palästina, der mit dem jüdischen Establishment gebrochen hatte, finden ihren Ursprung im göttlichen Plan. Hier geht Heidegger umgekehrt von der (seinsgeschichtlichen) Geschichte des Heils zur Geschichte der Menschen über. So ordnet er die Zeit der Geschichte der apokalyptischen Zeit des *Ereignisses* unter, um auf diese Weise die Geschichte auszuschalten und eine unaufrichtige Theologie zu errichten: Indem

68 Ebd., § 74, S. 384.

er die Zeit zur seinsgeschichtlichen, zur ursprünglichen, zur prophetischen macht, wird sie für die Geschichte nicht denkbar.[69]
Eins der Prinzipien der modernen politischen Theologie ist, dass man Geschichte *machen* kann, vor allem dank des totalen Staats und seines zum Halbgott stilisierten Führers. Sie erfüllen nicht die Vorsehung, sie beherrschen und ersetzen sie.
Selbst jenseits des Nationalsozialismus ermöglicht es die Lesart nach dem identitären Mythos, die verstreuten Teile des bisher zugänglichen Heideggerschen Korpus miteinander kommunizieren zu lassen. Eine ausschließlich politische Lektüre würde sicher zu kurz greifen, wie auch eine ausschließlich theologische, denn wenn auch die Wurzeln des *Seyns* aus der Scholastik stammen, so instrumentalisiert Heidegger verschiedene Elemente der Theologie, die nur in einer politischen Lektüre miteinander zusammenhängen. Die Beschreibung der Verschleierungsstrategie, welche die (zumindest französischen) Philosophen nicht so sehr zu interessieren scheint, ist also Aufgabe der Historiker des Denkens.
Es geht hier nicht darum, Heidegger mit einem ‚neuen' Schlüssel zu lesen. Die Interpretation besteht nicht darin, eindimensionale Lesarten zu vermehren, sondern es muss die Interaktion der verschiedenen Lesarten problematisiert werden, die das Werk sowohl fordert als auch ablehnt: Vor allem durch diese Interaktion bekommt dieses Werk seinen komplexen Charakter.
Die ontologische Lesart wird zwar von Heidegger gefordert, auch dann, wenn er von Politik spricht, deswegen ist aber die Lesart nach der politischen Ideologie nicht weniger statthaft: Ihre bloße Ausdehnung, ihre Fähigkeit zur Erhellung muss sich erst noch beweisen, aber sie wird von vielen anerkannt: „Mit vielen anderen teile ich das Urteil, dass nichts im Denken Heideggers mit absoluter Sicherheit mit seiner persönlichen Verstrickung mit dem nationalsozialistischen Regime nichts zu tun hat."[70] Dieser Zweifel veränderte

69 Die Geschichte entschwindet nicht, sie bleibt abhängig von den herrlichen Taten des Helden, der sie geschehen lässt: „Wenn das Flugzeug freilich den Führer von München zu Mussolini nach Venedig bringt, dann geschieht Geschichte." (*LF* 38, S. 83) Erstaunlicherweise wird hier das Flugzeug, ein technisches Werkzeug, zum Agens des Satzes und zum historisch Handelnden, was mit dem gleichzeitigen Lob auf die Motorisierung der Wehrmacht übereinstimmt.

70 Salanskis: *Heidegger*, S. 144.

die Gewohnheiten nur wenig, aber die verschiedenen Lesarten schließen einander nicht aus. Die ontologische Isotopie ist sichtbar und allgegenwärtig, die weniger dichte, oft unterschwellige, ungleich verteilte politische Isotopie muss systematisch geprüft werden.
Die Heideggersche Sprachkonstruktion bestand darin, ein deutsches Idiom zu schaffen, in dem die Diskurse der philosophischen Ontologie, des identitären Mythos und des politischen Radikalismus unter Verbergung der Nahtstellen vermischt werden konnten. Aus dem ontologischen Diskurs entnimmt er vor allem Assimilationsprozeduren, eine Wortwahl, die er durch mannigfaltige Ableitungen bereichert und die jeden einzelnen Satz durchsiebt; aus dem identitären Mythos stammt die rhapsodische Erzählstruktur und die repetitive Dialektik, aus dem radikalen politischen Diskurs die binäre Syntax und der oratorische Numerus.
Die Ontologie deckt und legitimiert den identitären Mythos, der seinerseits eine Politik der Vernichtung deckt und legitimiert. Diese drei semantischen Bereiche sind damit in konstanter Interaktion verschränkt. Es sei nur an die Erhebung der „‚Motorisierung' der Wehrmacht" zum „metaphysischen Akt"[71] erinnert, einer philosophischen Rechtfertigung des Blitzkriegs. Die gleiche philosophische Weihe bekommt die ‚rassische Auslese' im Winter 1941–1942: „Das *Prinzip* der Einrichtung einer Rassenzüchtung [...] [ist] metaphysisch notwendig."[72] Und schließlich folgen an vielen Stellen die drei semantischen Bereiche aufeinander und verschmelzen in einem Ausdruck wie: „Das noch nicht gesäuberte [identitärer Mythos der reinen Rasse] Wesen [Terminus der Ontologie] der Deutschen [politische Kategorie]" – nach diversen Programmen der ethnischen Säuberung wissen wir nur zu gut, wie es geht, das Wesen eines Volkes zu säubern.

71 *NN*, S. 333.
72 *NM*, S. 56. Die Wannseekonferenz fand am 20. Januar 1942 statt. Die nationalsozialistischen Würdenträger verschmähten die ontologische Sprechweise nicht; Goebbels z. B., wenn er erklärt, warum die Plutokratie und der Bolschewismus ein und dasselbe sind, schreibt am 22. Juni 1941: „Schließlich ist eine absolute Klärung des Wesens von Plutokratie und Bolschewismus nötig. Beide haben einen jüdischen Ausgangspunkt." (Zit. n. Peter Longerich: *„Davon haben wir nichts gewusst!" Die Deutschen und die Judenverfolgung 1933–1945*. Berlin: Siedler 2006, S. 159.) Die Vereinigungsprozeduren der Ontologie dienen so dazu, einen gleichzeitig einzigen und vielgestaltigen Feind zu entwerfen.

Die häufigen neu geschaffenen Wortzusammensetzungen konkretisieren die absichtliche Verwirrung der drei Bereiche, in der ehernen Einheit einer ‚Weltanschauung'. Z. B. Wörter wie *Stammeswesen* und *Rassegedanke*: Sie vereinen den identitären Mythos (*Stamm*, *Rasse*) mit dem philosophischen Diskurs (*Wesen*, *Gedanke*). Einmal im zusammengesetzten Wort verbunden, verschmelzen beide Bereiche ganz selbstverständlich, eine Diskussion wird unmöglich, denn jedes dieser Wörter verkörpert eine These.
So wird Philosophie wieder zum Mythos und gestattet es, in ihren eigenen Begriffen die erhabenen Taten des Reichs zu erzählen. Bei diesem Vorgehen vermittelt der identitäre Mythos zwischen dem ontologischen und dem politischen Bereich. Die Ideologen des Nationalsozialismus – Hitler zuerst – hatten sich, nicht ohne Erfolg, bemüht, letztere beide zu verschmelzen, wobei der identitäre Mythos den politischen Radikalismus begründet; Heidegger aber formt ihren Diskurs um, um so den identitären Mythos in der Ontologie zu begründen. Man beachte die metaphorische Orientierung: Nicht das *Seyn* bedeutet *Vaterland*, sondern umgekehrt; anders gesagt, die ‚geistige' Bedeutung wird zur buchstäblichen, im Dienst eines identitären Mythos, der noch festzustellen sein wird, und *in fine* eines politischen Programms, das die letzte Rolle der anagogischen Bedeutung spielt. Auf diese Weise kommunizieren die drei hierarchisierten semantischen Bereiche der Ontologie, des identitären Mythos und der Politik durch konstante Assimilationen miteinander, mit dem Ziel, eine unzerstörbare Doktrin zu bilden.

IV.
Wie wird gerechtfertigt, was nicht zu rechtfertigen ist?

> Mein Freund, es geht immer weiter, immer weiter.
> (Josef Mengele, *Spiegel*, 1985)

Das im Dezember 2013 unter der Verantwortung einer renommierten Herausgebergruppe veröffentlichte *Dictionnaire Heidegger* bestand darauf, dass in Heideggers Werk keine Spur von Antisemitismus zu finden sei. Aber gleich nachdem die *Schwarzen Hefte* erschienen waren, ändert sich die Tendenz der Leugnung: Nichts Neues unter der Sonne, wir hatten es doch schon immer gesagt. Jean-Luc Nancy erklärt:

> Seit 30 Jahren konnte niemand daran zweifeln, dass auch Heidegger den Europa beherrschenden Antisemitismus der dreißiger Jahre teilte, selbst wenn in seinen Texten diesbezüglich keinerlei Erklärung zu finden war. In dieser Hinsicht erfahren wir aus den *Schwarzen Heften* nichts Neues.[1]

So scheint es in ein paar Monaten den französischen Heideggerianern gelungen zu sein, die Geschichte ihrer eigenen Leugnung neu zu schreiben und ihre im Chor gesungene Entrüstung gegen Emmanuel

1 Jean-Luc Nancy: L'antisémitisme d'Heidegger n'invalide pas son œuvre. In: *Le Monde*, 26.09.2014, S. 21. Die Antwort von Michèle Cohen-Halimi und Francis Cohen wurde im gleichen Blatt am 01.10.2014 veröffentlicht (dies.: Le déni persistant de l'antisémitisme d'Heidegger. In: Ebd. http://www.lemonde.fr/idees/article/2014/10/01/le-deni-persistant-de-l-antisemitisme-d-heidegger_4498389_3232.html (Zugriff am 13.01.2016).

Fayes Buch zu vergessen, wovon vor allem die Aufsatzsammlung mit dem zweideutigen Titel *Heidegger à plus forte raison* zeugt.

Im Unterschied zu Denkern wie etwa Ernst Krieck oder Alfred Baeumler, die heute nur noch Historikern des nationalsozialistischen Denkens bekannt sind, ist Heidegger ein Autor von heute, denn es ist ihm gelungen, seinen Einfluss und sein Überleben zu sichern: Jede einzelne Neuerscheinung schlägt international ein – und im Juli 2015 wurde sogar von Trawny und Di Cesare ein internationaler Heidegger-Kreis gegründet.

Die Rezeption der *Schwarzen Hefte* ist jedoch nicht weniger beunruhigend als ihr Inhalt, und ich werde natürlich in der Gegenwart darüber schreiben. Seit ihrem Erscheinen gibt es Apologeten, die sich radikalisieren, im Leugnen wie auch in der Affirmation, sei es, indem sie weiterhin den Philosophen vom Nationalsozialisten trennen (Badiou), sei es, dass sie Heidegger ihre Anerkennung dafür aussprechen, er habe sich mutig politisch engagiert (Vattimo), sei es endlich wie bei Trawny, dass sie den Antisemitismus in die Philosophie integrieren und sich dabei selbstredend auf jüdische Autoren stützen.

1. Badiou und die universelle Leugnung

Als der Sammelband *Heidegger, le sol, la communauté, la race* erschien,[2] wollte der Chefredakteur einer philosophischen Zeitschrift eine Rezension veröffentlichen. Die angeschriebenen Heideggerianer weigerten sich, das Buch zu lesen. Schließlich erklärte sich ein Derrida-Spezialist, Jean-Clet Martin, bereit, eine Rezension zu schreiben. Er erhielt öffentliche Unterstützung durch einen offenen Brief von Alain Badiou, der ihn „sehr gut", aber „zu maßvoll" findet und über die Autoren des Buchs (zu denen ich gehöre) herzieht. Ich empfehle wärmstens, ihn zu lesen.[3]

Übergehen wir die persönlichen Angriffe auf die „Moralhermeneutiker", die „Inquisitoren", die „inquisitorischen guten Apostel", die „untolerierbar sind und nicht geduldet werden dürfen"; diese Sprache, deren philosophische Tiefe der Leser bewundern wird, erinnert an

2 Faye (Hrsg.): *Heidegger. Le sol.*

3 Alain Badiou: Lettre à propos d'une recension autour de Faye/Heidegger, 06.04.2014. http://strassdelaphilosophie.blogspot.fr/2014/04/lettre-dalain-badiou-propos-dune.html (Zugriff am 14.01.2016).

Denis Tillinac und seine „Torquemada de la rive gauche"[4], aber es handelt sich ja um ein Pamphlet, das sich keinen Zwang antun muss.
Den Autoren wird vorgeworfen, dass sie „reinigen" wollen, zu einer „Säuberung" aufrufen. Dabei benutzt Badiou selbst genau die Sprache der politischen Säuberung, er spricht von „Clique", „Gruppe", „Verschwörung" und ruft mit einer Parole, die von den Roten Garden stammen könnte, zu Maßnahmen auf: „Nieder mit den kleinen Säuberungsmeistern der Philosophie!"[5]
Seine ehrliche Empörung gegen den Moralismus verzichtet aber selbst nicht auf moralische Urteile. Der Adressat wird so gelobt: „Ich schätze deine *Treue*, deine loyale und kenntnisreiche Verteidigung von Derrida und Foucault." (Foucault wird im Buch, das er angreift, nicht erwähnt.) Dagegen werden die Autoren des Sammelbands im Namen der „französischen Philosophie (die, nebenbei gesagt, unsere Inquisitoren in Misskredit bringen)"[6] mit Lehm beworfen. Badiou hat also eine Position, die ihn befähigt zu entscheiden, wer die französische Philosophie in Misskredit bringt und wer nicht, und man kann ihm dazu nur gratulieren. Was aber ist das Verbrechen der ‚Clique', die er so verurteilt? Diese Autoren verlangen die Öffnung der Heidegger-Archive (die der Forschung noch immer verschlossen sind), sie wollen Heidegger lesen, und zwar unter gänzlicher Einbeziehung der letzten veröffentlichten Bände der Gesamtausgabe, vor allem des Doppelbands 36/37 (2001) und der letzten erschienenen Bände mit den *Schwarzen Heften*; sie fragen sich z. B., was in der Philosophie ein Aufruf wie der zur „völligen Vernichtung" zu suchen hat und wie legitim Begriffe wie ‚Weltjudentum' sind.
Laut Badiou sollen aber genau solche Fragen auf keinen Fall gestellt werden:

4 Das ironische *Glossar der französischen Neuen (extremen) Rechten*, das von der Zeitschrift *Obs* im Netz publiziert wird, definiert diesen Ausdruck folgendermaßen: „Die Gesamtheit der Schriftsteller und Journalisten, deren Auftrag es ist, die ungeteilte Macht des Einheitsdenkens zu sichern." (http://bibliobs.nouvelobs.com/actualites/20120919.OBS2873/parlez-vous-le-neo-facho.html (Zugriff am 06.04.2016).)

5 Badiou: Lettre à propos. Er hatte auch eine Drohung parat: „Ich habe vor, 2015 mein Seminar von 1987 herauszugeben, das genau von Heidegger handelt. Ich schreibe dann vielleicht ein kleines Vorwort über die hartnäckige Verschwörung der Moralhermeneutiker." (ebd.) Badiou zog es dann vor, seine Drohung nicht wahrzumachen.

6 *Ehre* und *Treue* sind ohne Frage moralische, wenn nicht männliche Tugenden und finden sich deshalb auch auf der Fahne der Fremdenlegion wie in der Devise der SS: *Meine Ehre heißt Treue.*

Es ist sehr wichtig, überall das Zugeständnis zu erreichen, dass jemand *Antikommunist, Stalinist, Philosemit, Antisemit, Frauenfeind, Feminist, Monarchist, Demokrat, Militarist, Nationalist, Widerständler, Nationalsozialist oder Mussolini-Anhänger, homosexuell, sexuell konformistisch, Internationalist, Kolonialist, Gleichheitsfanatiker, Aristokrat, Massenfreund, Elitist und vieles andere sein oder gewesen sein und trotzdem ein wichtiger Philosoph sein kann.*[7]

Diese bunte Aufzählung stellt Feministen und Nationalsozialisten, Homosexuelle und Philosemiten in eine Reihe, vermutlich um aus der Philosophie ein transzendentes Paradies zu machen, das sich jeder Beurteilung entzieht, in dem die mörderischsten Ideologien reingewaschen und wiederaufbereitet werden können.

Wenn Heidegger in seinen jetzt veröffentlichten Schriften einen Antisemitismus vertritt, den der von den Rechteinhabern bevollmächtigte Herausgeber, Peter Trawny, mit dem eines Rosenberg oder eines Hitler vergleicht, handelt es sich nicht um anekdotische persönliche Meinungen, die es allzu leicht ermöglichten, den Autor gegen das Werk auszuspielen. Heideggers Philosophie enthält keine Ethik, aber nichts gestattet, die Frage nach der *Verantwortung des Denkens* zu umgehen. Rithy Panh, Überlebender und Zeuge des kambodschanischen Genozids sagt richtig: „Vor jedem Massaker steht eine Idee."[8]

Um seine These von der unverwüstlichen Größe Heideggers zu erhärten, versammelt Badiou wichtige Namen: „Derrida wie Foucault, wie Nancy oder Lacoue, sie alle akzeptierten voll und ganz, dass Heidegger ein großer und unumgänglicher Philosoph war (und so mancher andere schließt sich dem an, z. B. Sartre, [Jean] Hyppolite, [Jean-François] Lyotard ...)"[9] Die meisten dieser Autoren hatten aber Zugang zu höchstens der Hälfte der bis jetzt veröffentlichten Werke; wenn man die andere Hälfte und Heidegger ohne vorgefasste Meinung lesen will, heißt das, das Unumgängliche umgehen zu wollen? Badious Ausführungen werden aber dadurch geschwächt, dass er sich rühmt, den Sammelband, den er verwirft, *nicht gelesen zu haben*, vermutlich um ihn ins Nichts zu expedieren: „Ich habe diese Sammlung

7 Badiou: Lettre à propos (Herv. F. R.).

8 Jean Hatzfeld / Rithy Panh / Jacques Sémelin / Nicolas Truong: Comment devient-on un bourreau. In: *Le Monde*, 03.04.2014. http://www.lemonde.fr/idees/article/2014/04/03/comment-devient-on-un-bourreau_4395245_3232.html (Zugriff am 22.01.2017).

9 Badiou: Lettre à propos.

nicht gelesen und werde es auch nicht tun." Diese Hermeneutik des Nicht-Lesens verweist vielleicht diejenigen auf das Buch von Pierre Bayart *Comment parler des livres qu'on n'a pas lu*, die noch glauben könnten, dass Philosophie Diskussion und Widerspruch zulässt.

Es gibt jedoch Überlebende, die den Schlächtereien entkommen. Rithy Panh ließ sich in seinem gewaltigen Film *S-21. La machine de mort Khmère rouge* (KPU / F, 2004) von Primo Levi inspirieren. Knapp davongekommen und, nachdem seine gesamte Familie massakriert wurde, nach Frankreich gelangt, erinnert er sich in seinem Buch *Auslöschung*, wie er auf Badious am 17. Januar 1979 erschienenen Artikel mit dem Titel „Kampuchéa vaincra !" stieß (zur gleichen Zeit, da die Führung der Roten Khmer vor der vietnamesischen Gegenoffensive flüchtend das Land verließ); ohne ein Wort für die Opfer des Genozids zu verlieren, kritisierte Badiou den „gegenwärtig zu beobachtenden Versuch einer ‚Endlösung'"[10], wie er die Befreiung von Phnom Penh und die Einsetzung des derzeitigen Regimes bezeichnet.

Heute vertritt Badiou in verschiedenen Schriften die Ansicht, dass der politische Terror „eine Bedingung für die Freiheit"[11] ist. Das ist wohl der Grund dafür, dass er seine bedrohliche Sprache verwendet, *Clique* und *Verschwörung* inbegriffen, um die Philosophie, diejenige Heideggers wie die seine, von jeder Verantwortung fernzuhalten. Sie kann durchaus Vernichtungen gutheißen:

> Wenn es wirklich darum geht, eine neue Welt zu gründen, dann ist der Preis, den die alte Welt bezahlen muss, und sei es die Zahl der Toten oder die Menge der Leiden, eine relativ zweitrangige Frage.[12]

Rithy Panh beschreibt genau dieses Massaker des ‚neuen Volks' am ‚alten Volk'.

10 Rithy Panh: *Auslöschung*, aus d. Franz. v. Hainer Kober. Hamburg: Hoffmann & Campe 2013, S. 205.

11 Vgl. Alain Badiou / Slavoj Žižek (Hrsg.): *Mao. De la pratique et de la contradiction*. Paris: La Fabrique 2008; Alain Badiou: *La Philosophie et l'Événement*. Paris: Germina 2010, S. 30–32.

12 Alain Badiou: Interview with Peter Hallward and Bruno Bosteels, Paris, 02.07.2002. http://cirphles.ens.fr/ciepfc/publications/alain-badiou/article/alain-badiou-entretien-avec-peter?lang=fr (Zugriff am 14.01.2016).

Badious offener Brief umgeht selbstverständlich die Frage und liefert ein Scheingefecht; die Tatsache bleibt aber, dass eine vollständige Heidegger-Lektüre notwendig und unabwendbar bleibt, die Philosophie und die intellektuelle Ethik können dabei nur gewinnen. In der Vorbemerkung vom Januar 2015[13] zur Ausgabe seines Seminars über Heidegger erwähnt Badiou mit keinem Wort die *Schwarzen Hefte* und bestätigt so sein Leugnen durch Schweigen.

2. Heideggers schmutzige Hände und die merkwürdige Niederlage des Gianni Vattimo

International gedeiht der Heideggerismus in Frankreich, aber auch in Italien, und die *Italian Theory*, deren Hauptvertreter Vattimo ist, verdankt dem Meister genau so viel wie die *French Theory*. Gianni Vattimo, ein international bekannter Vertreter des Dekonstruktivismus, Herausgeber des berühmten Sammelbandes *Il pensiero debole*[14], präsentiert sich als „heterodoxer und nostalgischer Christ". Er war Abgeordneter des Partito Radicale und ist noch heute eine Figur des akademischen Radikalismus. Sein letztes ins Englische übersetzte Buch, *Hermeneutic Communism*, trägt den Untertitel „Von Heidegger zu Marx".[15] Er war lange Abgeordneter im Europäischen Parlament für die populistische Partei Italia dei Valori (Italien der Werte) und beruft sich hin und wieder auf Mao.

Nach dem Erscheinen der italienischen Übersetzung von *Heidegger. L'introduction du nazisme dans la philosophie*[16] gab er in einem in *Lettera 43* unter dem Titel „Heidegger, maestro nazista"[17] veröffentlichten Gespräch mit Bruno Giurato, und eine Woche später, in *La Stampa* vom 2. Juni 2012, in einem Artikel mit dem Titel „Ma

13 Badiou: *Heidegger. L'être 3*, S. 7–11.

14 Gianni Vattimo / Pier Aldo Rovatti (Hrsg.): *Il pensiero debole*. Mailand: Feltrinelli 1983.

15 Gianni Vattimo / Santiago Zabala: *Hermeneutic Communism. From Heidegger to Marx*. New York: Columbia University Press 2011.

16 Emmanuel Faye: *Heidegger. L'introduzione del nazismo nella filosofia*, aus d. Franz. v. Francesca Arra, hrsg. v. Livia Profeti. Rom: L'asino d'oro 2012.

17 Gianni Vattimo: Heidegger, maestro nazista. In: *Lettera*, 26.05.2012. http://www.lettera43.it/cultura/heidegger-maestro-nazista_4367549661.htm (Zugriff am 15.01.2016).

Heidegger non era razzista" seiner Empörung Ausdruck.[18] Vattimo sucht den Grund für Fayes Untersuchung in einem sehr französischen Cartesianismus:[19] Aber dieses essentialistische Klischee kann natürlich nicht eskamotieren, dass Frankreich seit langer Zeit das Weltzentrum des Heideggerismus ist, von Jean Beaufret bis zu Jacques Derrida und von Jean-Luc Marion bis zu Jean-Luc Nancy. Statt das philosophische Thema von Fayes Buch anzusprechen, begrüßt er Heideggers „mutiges" nationalsozialistisches Engagement:

> Heidegger [...] hat damit, dass er Anhänger des Nationalsozialismus wurde, etwas Mutiges getan. [...] Er stand in vorderster Reihe, er setzte seine persönliche Vorstellung eines engagierten Intellektuellen in die Tat um. Dass es dann eine falsche Idee war, ist eine andere Geschichte. Aber er hat sich die Hände schmutzig gemacht.[20]

Vattimo nimmt auch diesen Satz des Meisters wieder auf: *Wer groß denkt, muss groß irren.*[21] Heidegger würdigte so seine eigene Größe und stellte sich jenseits von Gut und Böse. Dieses Argument findet sich auch im rot-braunen Diskurs einer gewissen *Pop-Philosophie* von heute wieder.[22] So betont Žižek in seinem Buch *Auf verlorenem Posten* eindeutig, dass Heidegger *nicht trotz* seines nationalsozialistischen Engagements, sondern *deswegen* groß sei, und er kritisiert sogar Hitler, dass dieser nicht „genug Gewalt" angewendet habe.[23]

18 Gianni Vattimo: Ma Heidegger non era razzista. In: *La Stampa*, 02.06.2012. http://www.lastampa.it/2012/06/05/cultura/libri/il-libro/faye-heidegger-non-era-razzista-XtD14RHcfDobZbjlgCc3lL/pagina.html (Zugriff am 03.03.2016).

19 „Vattimo: Heidegger war gegen die Aufklärung, gegen Descartes. Und es ist bekannt, dass die Franzosen, wenn man an Descartes rührt, das nicht mögen. *Lettera: Es gibt also in dieser Sache ein „genetisches" Problem zwischen den Deutschen und den Franzosen?* Vattimo.: Ganz sicher." (Vattimo: Heidegger, maestro nazista.)

20 Ebd.

21 Martin Heidegger: *Aus der Erfahrung des Denkens*. Pfullingen: Neske 1963, S. 17.

22 Ich bezeichne hier als rot-braun jene Autoren, die proklamieren, sie seien revolutionär, die sich aber auf Naziideologen wie Martin Heidegger und Carl Schmitt stützen, um charakteristische Themen wie die Volksgemeinschaft oder den Ausnahmezustand neu zu entwerfen.

23 Vgl. Slavoj Žižek: Why Heidegger Made the Right Step in 1933. In: *International Journal of Žižek Studies* 1,4 (2007). http://www.egs.edu/faculty/slavoj-zizek/articles/why-heidegger-made-the-right-step/ (Zugriff 30.06.2015): „Heidegger is ‚great' not in spite of, but because of his nazi engagement".

Während Heideggers Engagement für den Nationalsozialismus lange heruntergespielt als zeitlich begrenzt verstanden wurde, geht Vattimo erstaunlich positiv damit um und verteidigt den engagierten Intellektuellen, *engagé*, wie er auf Französisch sagt. Höchst merkwürdig ist solch ein Argument: Ein politisches Engagement wäre also völlig unabhängig von jeder ethischen Erwägung? „Das ist eine andere Geschichte", verharmlost Vattimo, der genau weiß, dass in Heideggers Werk kein Platz für Ethik ist. Immerhin erkennt man ein diskretes Lob des Willens als solchen – ‚heroisches' Thema bei Nietzsche, das seit Mussolini typisch totalitär geworden ist.[24]
Und schließlich: Wenn Vattimo Heidegger das Verdienst der ‚schmutzigen Hände' in Anspielung auf Sartre zuspricht, stellt er das Engagement für den Nationalsozialismus mit dem ‚linken' Engagement auf eine Stufe. Mehr noch: Heidegger habe den Mut besessen, seinen Standpunkt auch nach dem Krieg noch zu vertreten – was ihn in die Nähe eines romantischen Rebellen rückt, während man „von ihm eine öffentliche ‚Bekehrung' zu den ‚menschlichen' Werten des siegreichen Westens erwartet hätte"[25]. Eine öffentliche Bekehrung verlangte niemand, und dieser Satz erinnert an die Inquisition. Aber das Argument ist erstaunlich: Gehören die Deutschen nicht zum Westen? (Manche sagen, sie gehören zum Norden). Sind die Russen nicht auch Sieger? Die Spitze des Arguments richtet sich nämlich nicht gegen Hitlerdeutschland, sondern gegen die USA. Mit einer für die dekonstruktivistische Logik charakteristischen Geste kritisiert Vattimo Hitlerismus und Atlantismus im gleichen Atemzug und stellt sie auf die gleiche Stufe:

> Es ist vernünftiger zu folgern, dass Heidegger nie daran dachte, sich auf den Standpunkt der absoluten Wahrheit zu stellen: weder als er sich für Hitler entschied noch danach, als er ein disziplinierter „demokratischer" und atlantischer Philosoph hätte werden sollen.[26]

24 Leni Riefenstahls Kultfilm über Hitler trug übrigens den Titel *Triumph des Willens* (D 1935).

25 Vattimo: Ma Heidegger non era razzista.

26 Ebd.

Einerseits stellte sich Heidegger sehr wohl auf die Seite der absoluten Hitlerschen Wahrheit, als er z. B. in *Sein und Wahrheit* das Ziel einer völligen Vernichtung formulierte; andererseits verlangte niemand von ihm, Atlantist zu werden. Das Wesentliche bleibt die Unterstellung, dass die „Demokratie“ nur ein Konformismus sei oder gar ein lügenhafter Absolutismus (die Anführungszeichen weisen darauf hin) wie bei den weiter oben erwähnten „menschlichen“ Werten. Dies ist im Übrigen eine der Konstanten des radikalen Heideggerismus, die Menschenrechte und die Demokratie als Augenwischerei zu denunzieren.[27] In diesem Punkt nähert sich diese dekonstruktivistische Strömung auf merkwürdige Weise der radikalen extremen Rechten an; aber es wäre unhöflich, hier weiterzufragen.

Die Bilanz der nationalsozialistischen Philosophie muss aber jetzt gezogen werden. Ist denn das „schwache Denken“, auf das sich Vattimo beruft, vereinbar mit einem Lob der Stärke? Das birgt das Risiko, die Philosophie auf den Rang einer gefährlichen Ideologie herabzustufen. Und nun vergreift sich Vattimo, aus seiner defensiven Position heraus, am Andenken zweier antifaschistischer jüdischer Intellektueller: Ernst Cassirer und Marc Bloch.[28] Zuerst macht er aus Marc Bloch, einem Helden der Résistance, einen Anhänger Stalins. Ein merkwürdiger jüdischer Bolschewik ... Jeder weiß, dass weder Bloch, der von der Gestapo zuerst gefoltert und dann erschossen wurde, noch seine Widerstandsgruppe Franc-tireur kommunistisch waren. Und wie könnte die Erwähnung eines erfundenen Stalinisten einen authentischen Nationalsozialisten entlasten?

Was Cassirer betrifft, so deutet Vattimo an, dass jener es sich erlauben konnte, Rationalist[29] zu sein, weil er aus einer reichen Hamburger Familie stammte. Leider scheint hier das Stereotyp des jüdischen

27 Vgl. auch Giorgio Agamben über die „sogenannten menschlichen Werte und Menschenrechte“ (ders.: *L'Aperto*. Turin: Bollati Boringhieri 2002, S. 24).

28 „Viele damalige Intellektuelle, vom Historiker Marc Bloch bis zum Literaturkritiker György Lukács waren auf Seiten Stalins.“ (Vattimo: Heidegger maestro nazista.)

29 Auf die Frage „Waren denn alle damaligen Intellektuellen so gnadenlos militante Stalinisten?“ antwortet Vattimo: „Der Philosoph Ernst Cassirer nicht, er war ein Mann der Aufklärung, aber er konnte es sich erlauben: Er war ein reicher Hamburger. Er ging fort, als Jude musste er aus Nazideutschland fliehen, aber er war nicht gezwungen, Stellung zu beziehen. In Deutschland dagegen waren die Zeiten schwer für alle. Gadamer erzählte mir, dass Heidegger und er sich bei ihm zu Hause trafen, um *Krieg und Frieden* beim Licht einer einzigen Kerze zu lesen. Sie hatten keine zweite.“ (Ebd.)

Plutokraten durch, und zwar umso klarer, als Vattimo ihm das Bild eines armen Heidegger gegenüberstellt, der mit seinem Schüler Gadamer beim Licht einer einzigen Kerze *Krieg und Frieden* liest – die Zeiten waren schwer, sie hatten nur eine Kerze.[30] Während Heidegger in Wirklichkeit immer sein ansehnliches Professorengehalt bezog, hatte Cassirer seit 1933 keine Bezüge mehr, und zwar infolge eines Gesetzes, das der Rektor Heidegger, das arme Kerzenopfer, mit Eifer in die Tat umsetzte.

In gewisser Hinsicht geschützt durch sein erzwungenes Exil hatte Cassirer keine Wahl, und er war weder Stalinist noch Nationalsozialist: Vattimo unterstellt Cassirer, er habe nicht gegen den Nationalsozialismus Stellung bezogen, und lässt damit die Eventualität einer nachsichtigen Haltung offen, als hätte Cassirer nicht 1932 *Die Philosophie der Aufklärung* veröffentlicht und als hätte nicht sein letztes, 1946 posthum erschienenes Buch, *Vom Mythus des Staates*, eine tiefgehende philosophische Antwort sowohl auf Rosenberg[31] als auch auf Heidegger[32] formuliert. Kurz vor seinem Tod formulierte Cassirer einen Plan, der weiter blickte als nur auf den Nationalsozialismus und sämtliche politische Theologien betreffen sollte: Er empfahl nämlich, „den Ursprung, die Struktur, die Methoden und die Technik der politischen Mythen sorgfältig [zu] studieren", was erlauben würde „dem Gegner ins Angesicht [zu] sehen, um zu wissen, wie er zu bekämpfen ist."[33] Wer die Argumente Vattimos liest, bekommt den Eindruck, dass dieser Plan nichts an Aktualität verloren hat.

Selbst angenommen, dass die französischen Philosophen einen Deutschen brauchten, um denken zu können, oder dass sie nur auf Deutsch denken konnten, wie der Meister behauptete, so ist doch erstaunlich,

30 Rührende Szene, in der die verdienten, aber notleidenden Philosophen, vermutlich wie auf alten Fotos mit einer schwäbischen Baumwollmütze auf dem Kopf, in dieser Idylle „Abend in der Hütte" an das berühmte Bild *Der arme Poet* von Carl Spitzweg erinnern, offensichtlich ohne sich über die Lächerlichkeit dieses biedermeierlichen Caravaggismus im Klaren zu sein.

31 Rosenberg: *Der Mythus des 20. Jahrhunderts*.

32 Cassirer zeigt darin, dass Heidegger eine passive Sicht der Kultur entwickelt, da das Individuum nur „geworfen" ist; seine Schaffensmission fällt der Gemeinschaft zu, so müssen der Künstler oder der Denker, die im Volk verwurzelt sind, in der Lage sein, dessen Urstimme zu hören.

33 Ernst Cassirer: *Vom Mythus des Staates*, aus d. amerik. Engl. v. Franz Stoessl. Zürich / München: Artemis 1949, S. 388.

dass sie trotz ihres ‚genetischen' Cartesianismus Heidegger gewählt haben und nicht Cassirer. Cassirers Denken beschränkt sich nämlich nicht auf eine Remanenz des klassischen Rationalismus, er hält den Begriff der Vernunft für untauglich, um die Formen der Kultur in ihrer Vielfalt zu beschreiben. Er entwirft das Programm einer Philosophie der Kulturen, welche der in seiner als Ontologie verkleideten identitären Obsession verhaftete Heideggerismus nur aufgehalten hat.

Um die Frage der Philosophie zu umgehen, zeichnet Vattimo zum Schluss das Bild eines Heidegger, der Opfer eines posthumen Strafprozesses wird:

> Sagen wir, dass Heideggers Philosophie, soweit sie vom Nationalsozialismus inspiriert ist, hier das Opfer einer Art von Nürnberger Prozess ist, in dem man im Namen der Menschlichkeit selbst urteilt, indem man sie als unmenschlich erkennt oder versucht, sie so hinzustellen, und also als unpraktikabel für jeden, der seiner eigenen Natur treu bleiben will. Wenn wir in dieser Haltung einen gewissen Hang zum „Kampf gegen den internationalen Terrorismus" sehen, der zum Einheitsdenken des Westens seit dem 11. September geworden ist, begehen wir da die Sünde einer exzessiven Politisierung?[34]

So konstruiert sich Vattimo ein Paradox von Nürnberg: Man kann im Namen der Menschlichkeit nicht verurteilen, denn es wäre unmenschlich, in diesem Namen wen auch immer verurteilen zu wollen, der seiner eigenen Natur treu bleiben will. Die identitäre Zuweisung des Verbrechers, „seine eigene Natur", stünde so der Menschlichkeit entgegen und würde die Bezeichnung Verbrechen gegen die Menschlichkeit ad absurdum führen. Dieses Argument war Zentrum des prinzipiellen Kampfs der nationalsozialistischen Doktrin gegen die Aufklärung und später der Kritik der Nürnberger Prozesse als ‚Siegerjustiz'. Die internationale Rechtsprechung wird so in ihrem Prinzip delegitimiert und mit der willkürlichen Politik eines George W. Bush jun. im Kampf gegen den internationalen Terrorismus gleichgesetzt. In diesem Durcheinander finden wir Heidegger wieder, wie er unter der strengen Bewachung von Emmanuel Faye willkürlich in einem theoretischen Guantanamo festgesetzt wird.

34 Vattimo: Ma Heidegger no era razzista.

Das Problem ist nicht nur ein theoretisches, und Vattimo hatte sein Argument schon einige Monate vorher zum Thema der serbischen Kriegsverbrecher formuliert:

> Ich kann sagen, wenn sich jemand, ein Serbe, nicht moralisch minderwertig fühlt, weil er Bosnier umbringt, und wenn ich mich höherwertig fühle als er, würde er dann kein Mensch mehr sein? Es ist gefährlich, den Menschen mit unserer Menschlichkeit gleichzusetzen. Ich beschreibe das jetzt ein wenig anders, indem ich sage, dass es Leute gibt, mit denen ich mich nie zum Essen an einen Tisch setzen würde, aber deshalb zu sagen, dass sie keine Menschen sind ... „Es gibt viele Wohnungen im Haus meines Vaters".[35]

Vattimo sagte dies, als sich Ratko Mladić, der am 26. Mai 2011 endlich verhaftet worden war, vor dem Internationalen Strafgerichtshof für das ehemalige Jugoslawien (ICTY) verantworten musste, vor allem wegen des Massakers von Srebrenica, das als Verbrechen gegen die Menschlichkeit und als Genozid gewertet wird. Der Henker, weil der Umgang mit ihm unangenehm ist, riskiert, von Vattimo nicht eingeladen zu werden, aber die Strafe bleibt gering, weil ihn ein Nietzscheanischer Gott, jenseits von Gut und Böse, in eine seiner Wohnungen aufnimmt.

Vattimo zeigt sich strenger gegenüber der internationalen Justiz, die sich zum Ziel setzt, die Verantwortlichen alter oder neuer Genozide abzuurteilen. Zunächst stellt er die Frage auf die Stufe einer Skala der moralischen Überlegenheit: Urteilen würde bedeuten, sich moralisch überlegen zu fühlen, und das Urteil über ein Verbrechen gegen die Menschlichkeit bestünde darin, den Angeklagten aus der Menschheit auszuschließen. Aber das Gegenteil ist der Fall: Die internationale Justiz argumentiert eben nicht moralisch; sie schätzt die Verbrechen ein – und nimmt den Henker in die gemeinsame Menschheit wieder auf, über die dieser sich mit seinem Verbrechen hatte erheben wollen.

Andererseits sei der Begriff Menschlichkeit ethnozentrisch, also gefährlich: „Es ist gefährlich, den Menschen mit unserer Menschlichkeit gleichzusetzen." Da also weder Menschlichkeit noch Menschenrechte existieren, gibt es nur noch das *Dasein* der Heideggerschen

35 Gianni Vattimo: Addio alla verità. Ma quale? Conversazione con Daniel Gamper. In: *MicroMega* 5 (2011), S. 77–89, hier S. 79. Ich benutze hier die Analyse von Livia Profeti: Eresie cattoliche. In: *Left* 30 (2011), S. 54–56.

Existenzphilosophie. In der antinomistischen Argumentation des Dekonstruktivisten bleibt also das innere Gefühl des Schlächters das einzige anwendbare Kriterium. Wenn er ein gutes Gewissen hat und „sich nicht moralisch unterlegen fühlt", warum und wie soll man ihm dann den Prozess machen? Da die subjektive Identität des Mörders über der Menschlichkeit steht, liegt die Gefahr nicht im Massenmord, sondern im Willen, dass Recht geschehe, und im Verlangen nach der geschichtlichen Wahrheit:

> Was ich leugne, ist der Anspruch auf die von einem konkreten Beispiel unabhängige Wahrheit. Das scheint mir schädlich und philosophisch ein Irrtum, aber es ist genau das, was die Autorität tut: sie spricht im Namen der Wahrheit.[36]

Natürlich bestreitet Vattimo nicht die Aufstellung von faktischen Wahrheiten, er führt das Beispiel der Berlusconischen Ausschweifungen an,[37] aber er lehnt jedes Urteil einer Autorität ab; dies hat zur Folge, dass seine lächerlich anekdotische Konzeption der Wahrheit sich auf die Halbwelt-Prostitution bezieht und nicht auf den Massenmord.

Schließlich bestätigt Vattimo Heideggers Prophetie, der die Wirtschaftskrise vorweggenommen habe, und übernimmt von einem gerade recht gekommenen Rabbiner den Gedanken, Hitler sei seiner Zeit voraus gewesen, weil er die Globalisierung der Banken und der Regierungen antizipiert habe, die die Menschen wie Nummern behandeln.[38] Dieses Argument der „Heideggerschen Intuition" ist Teil

36 Vattimo: Addio alla verità, S. 78. Vattimo nimmt hier Nietzsches These wieder auf, dass die Wahrheit nur die unterdrückerische Lüge illegitimer Autoritäten sei, eine These, die zum Gemeinplatz der Dekonstruktivisten wurde und noch in Vattimos Buch *Addio alla verità* (Rom: Meltemi 2008) illustriert wird.

37 Als Antwort auf die Frage: „In welchen Fällen könnten wir trotzdem bestimmte Anwendungen der Wahrheit akzeptieren?", lässt sich Vattimo weitschweifig über die minderjährigen Prostituierten aus, mit denen Berlusconi verkehrte, und schließt dann: „Diese Fakten sind nachprüfbar, ich lehne diese Anwendung der Wahrheit nicht ab." (Ebd.)

38 „Ich habe den Vortrag des Rabbiners Richard L. Rubenstein gehört. Er behauptete ohne Zynismus, aber ziemlich kühl, dass Hitler nur seiner Zeit voraus gewesen sei. Er war es, der damit begann, die Menschen wie Nummern zu behandeln. Heute machen das die Wirtschaft, die Banken, die Regierungen. Schließlich ist das eine Heideggersche Intuition." (Vattimo: Heidegger maestro nazista). In Wahrheit geht das Argument auf Johann Georg Hamann zurück, der sich bei seinem Kampf gegen die Aufklärung an Friedrich II. wandte,

einer Verschleierungstaktik, es nimmt dem Nationalsozialismus seinen spezifischen Charakter und entledigt ihn aller Verantwortung: er sei unser Alltag geworden, der *Nomos* der globalisierten Erde. Dieses Café-Philo-Paradox ist der perfekte Abschluss einer aufschlussreichen Aussage, mit der Vattimo es versteht, auf ansprechende Weise die Institutionen und das Publikum, die ihn ehren, zu provozieren.

Es bleibt aber dann doch, für einen ‚Links'-Intellektuellen wie Vattimo, die lästige Frage des Rassismus. Vattimo gibt zwar zu, dass Heidegger Nationalsozialist war, vertritt aber die Ansicht, dass er kein Rassist war und dass auch seine Philosophie nicht rassistisch ist. Vattimo streitet also ab, dass er selbst ein Neonazi ist, was man ihm gerne zugesteht, und betont, was den Rassismus betrifft, dass „ihn die vielen Interpreten, selbst die ‚linken', die Heidegger gelesen und benutzt haben, nie bemerkt haben"[39]. Er denkt sicher an seine Kollegen und Schüler, aber dieser akademische Konformismus Gadamer'scher Tradition nimmt die vielen Arbeiten von Autoren wie Georges-Arthur Goldschmidt, Hassan Givsan oder Reinhard Linde nicht zur Kenntnis. Er will, über die Korrespondenz des Meisters hinaus, seine Reden und antisemitischen Maßnahmen nicht zur Kenntnis nehmen – wie z. B. seine Forderung nach einem *Rassegedanken*, der die ‚gewöhnlichen' Verfolgungen überhöht und damit die Philosophie selbst in der nationalsozialistischen Weltanschauung begründet.

Nach der Veröffentlichung der ersten *Schwarzen Hefte* jedoch zeichnete Vattimo einen Artikel mit dem Titel „Heidegger, ein notwendiger Antisemit"[40], wobei er aber nicht beachtete, dass sich Heideggers

um die „politischen Arithmetiker" zu denunzieren. Vgl. Johann Georg Hamann: Au Salomon de Prusse. In: Ders.: *Sämtliche Werke*, Bd. 3: Sprache, Mysterien, Vernunft (1772–1788). Wien: Herder 1951, S. 57–60. Jean-Marie Paul notiert dazu: „Er denkt natürlich an die Mathematiker und andere französische Gelehrte, die Friedrich an seine Tafel bittet und mit Ehrungen überhäuft, wie Maupertuis. Aber er kritisiert zuallererst eine Denkweise, die das Leben auf mess- und zählbare Daten reduziert. Das politische und soziale Argument ist schon präsent. Die Philosophie der Aufklärung ist unmenschlich und lässt das Volk leiden. Friedrichs Untertanen werden schamlos ausgebeutet." (Jean-Marie Paul: Des lumières contrastées. Cassirer, Horkheimer und Adorno. In: *Revue germanique internationale* 3 (1995), S. 83–101.)

39 Vattimo: Ma Heidegger non era razzista. Zwar ist der Gadamersche Begriff des *Erwartungshorizonts* bekannt, der die Vorurteile einer Gemeinschaft konkretisiert und rechtfertigt, aber die Hermeneutik kann und muss zuweilen philologische Lesarten formulieren, die keinem Erwartungshorizont entsprechen.

40 Gianni Vattimo: Heidegger antisemita indispensabile. In: *L'Espresso*, 11.12.2014.

aberwitziger Antisemitismus auf die gesamte Moderne ausdehnt, vom Amerikanismus bis zum Bolschewismus, auf die Technik und alles, was er *Machenschaft* nennt, die rechnerische Geschicklichkeit der ‚Macher'.

Man tut dem *pensiero debole* (oder *Debolismus*) nicht Unrecht, wenn man die Schwäche seiner Argumente feststellt. Der Dekonstruktivismus, ein schönfärberischer Rückgriff auf Heideggers *Abbau*, versteht sich als kritisches, antirationalistisches und deshalb die Paralogismen bevorzugendes Denken, das Spaß und Beliebigkeit zum Prinzip erhebt. Daher die betörende Leichtigkeit seines heute weltweit verbreiteten radikalen Diskurses.

Der Dekonstruktivismus nimmt für sich die Unverantwortlichkeit gegenüber den philologischen Anforderungen in Anspruch, gemäß dem Heideggerschen Prinzip, dass man Texten Gewalt antun soll. Er will und kann also seine eigenen Gründertexte nicht lesen, deren aberwitzige und verschlüsselte Radikalität er durch unzählige abmildernde Kommentare tarnt. Indem er so seine *merkwürdige Niederlage* vorbereitete, zwingt er sich selbst zu einer Doppelsprache, von der Vattimo hier eine aufschlussreiche und fast pathetische Blütenlese bietet. So fällt auch er unter das Urteil Cassirers, das dieser 1945 zur Philosophie formulierte, die den Nationalsozialismus gefördert hatte, insbesondere zu der Heideggers: „Aber die neue Philosophie schwächte und unterminierte langsam die Kräfte, die den modernen politischen Mythen hätten Widerstand leisten können."[41] Siebzig Jahre später ist die Tragweite von Cassirers Feststellung noch weiter gewachsen.

Doktrinen, die mit der Gewalt liebäugeln, unterminieren manchmal die kritische Kraft der Philosophie und versuchen, sie zu instrumentalisieren; wie aber kann man einen Einsatz für den Nationalsozialismus mutig finden, wo dieser doch die Freiheit des Denkens willentlich pervertiert. Jede philosophische These muss sich nämlich der *Probe des Fremden* unterziehen können, ob er nun aus Mantineia, aus Elea oder sonst woher kommt. Jeder Vorschlag kann von einem Unbekannten in Frage gestellt werden, und der Philosoph muss sich dem im Beisein aller stellen. Insofern disqualifiziert ein Vernichtungswunsch eine jede Philosophie, die zur Tötung des Fremden aufruft, nämlich

41 Cassirer: *Vom Mythus des Staates*, S. 383–384. Er sagt sogar: „Die militärische Wiederaufrüstung war bloß die notwendige Folge der geistigen Wiederaufrüstung, die die politischen Mythen herbeigeführt hatten." (Ebd., S. 368.)

genau desjenigen, der Einwürfe machen und unbeugsam bleiben konnte. Auch die Bücher tragen die Rede des Fremden weiter und können wie er selbst Opfer eines ‚reinigenden' Feuers werden. Heidegger hat in seiner Einführungsrede am 24. Juni 1933 vom „symbolischen Verbrennungsakt von Schmutz- und Schundliteratur" gesprochen.[42] Wenn man die Werke der als jüdisch bekannten Denker, einen notorisch wichtigen Teil der Kultur wie Marx, Freud, Cassirer verbrannt hat (nicht zu reden von den arabischen oder orientalischen Philosophen), wird die Probe des Fremden unmöglich, und die Philosophie, um jede kritische Dimension gebracht, stuft sich selbst zu einer aggressiven Doktrin herab.

3. Die Strategie des Peter Trawny

Wegen der Entnazifizierung genoss Heidegger in Deutschland nicht die gleiche ungeteilte Zustimmung wie in Frankreich oder Italien. Wohl wurden die *Schwarzen Hefte* von Zeitschriften der extremen Rechten wie *Sezession* wohlwollend aufgenommen, aber die akademische Welt ist sich nicht einig über ihre Tragweite: Axel Honneth z. B., der als Nachfolger von Jürgen Habermas angesehen wird, scheint sie kleinzureden und hält am Gemeinplatz von Heidegger als dem kritischen Denker der Moderne fest. Dagegen erfasste Peter Trawny, der Gründer des Martin-Heidegger-Instituts, ihre Bedeutung für die Radikalisierung des Dekonstruktivismus.

Seit mehr als 15 Jahren ist Trawny einer der unter der Kontrolle der Familie stehenden Heidegger-Herausgeber. Außer ihm (und den Rechteinhabern, die ihn beauftragen) hat niemand Zugang zu den Quellen: Dieses Monopol verleiht seiner Rede einen Nimbus von seltener Autorität, der in seinem immer wieder neu aufgelegten und in viele Sprachen übersetzten Buch[43] deutlich wird.

42 Faye: *Heidegger. Die Einführung*, S. 80.

43 Trawny: *Heidegger und der Mythos*.

Heidegger und der Mythos der jüdischen Weltverschwörung
In diesem ersten von ihm 2014 veröffentlichten Buch plädierte Trawny dafür, Heideggers Antisemitismus eine philosophische Tragweite zuzuerkennen. Diese scheinbare Entdeckung ist nur eine Bestätigung: Wie Kolumbus Amerika entdeckte Trawny als letzter den Antisemitismus Heideggers und seines Werks, obwohl er doch in vielen Texten offen zutage liegt.

Sein Essay versteht sich als Verteidigung und Lob, denn in einem offenen Brief schreibt Trawny, Heidegger „retten zu wollen". Z. B. unterscheidet er die Juden vom ‚Weltjudentum' und hebt das klassische Argument der Ausnahme[44] auf die Ebene einer ontologischen Diskussion: Heidegger sei nicht wirklich Antisemit, denn er habe die Juden im Allgemeinen, nicht im Besonderen verabscheut. Trawny vereinbart so den Aufruf zur Vernichtung mit dem, was er ein „großes Einvernehmen" mit Juden nennt.[45] Dieses irenische Bild verdient es, festgehalten zu werden; es befindet sich immerhin in einer Argumentationskette, die Nationalsozialisten und Juden gleichermaßen kritisiert, wobei Heidegger sich aus dem ‚Konflikt' heraushalten darf. Der „seinsgeschichtliche Antisemitismus" nämlich ziele auf niemanden, denn es lasse „sich nur schwer vorstellen [...], das wogegen er sich richtet, verkörpere sich in bestimmten Personen".[46]

So positioniert sich Trawny „jenseits der Apologie"[47], aber in Wirklichkeit führt er das Heideggersche Programm durch. Z. B. kommentiert er folgenden Satz des Meisters: „Die Frage nach der Rolle des *Weltjudentums* ist keine rassische, sondern die metaphysische Frage nach der Art der Menschentümlichkeit, die *schlechthin ungebunden* die Entwurzelung alles Seienden aus dem Sein als weltgeschichtliche ‚Aufgabe' übernehmen kann."[48] Er verschweigt aber, dass für Heidegger *Seyn* ein Deckname für *Vaterland* ist, was in

44 Albert Camus schrieb: „Man trifft mit Sicherheit immer wieder einen im Übrigen oft intelligenten Franzosen, der uns sagt, dass die Juden wirklich übertreiben. Natürlich hat dieser Franzose einen jüdischen Freund, und dieser wenigstens ..." (Albert Camus: La contagion. In: *Combat*, 10.05.1947).

45 Trawny: *Heidegger und der Mythos*, S. 82.

46 Ebd., S. 83.

47 Ebd., S. 16.

48 *SH* III, S. 243.

einem anscheinend ontologischen Text das Thema der *Entwurzelung* rechtfertigt, obwohl dieses, von Hitler bis zu Reinhard Heydrich, ein nationalsozialistisches Schlüsselwort ist.

Dann nimmt Trawny die Lieblingsthese der Apologeten wieder auf, Heideggers Antisemitismus habe nichts mit dem biologischen Rassismus der Nationalsozialisten gemeinsam. Zwar ist richtig, dass für ihn die Biologie – wie alle anderen Wissenschaften – nicht „denkt" und durch den Geist des Rechnens ‚verjudet' ist;[49] aber die Gegenüberstellung dieser beiden Antisemitismen, eines ‚geistigen' und eines biologischen, bleibt ohne Grundlage, denn Hitler selbst sprach von einem *geistigen* Antisemitismus.[50]

Um diesen Antisemitismus jedoch zu verharmlosen stellt Trawny ihn z. B. dem von Julius Streicher gegenüber, diesem Bierkellertribunen, an dessen Seite zu tagen sich Heidegger aber nach seiner Rektoratszeit nicht zu fein war: „Wenn man Heideggers Äußerungen – die er vor den Nationalsozialisten immer geheim gehalten hat – z. B. mit dem *Stürmer* von Julius Streicher vergleicht, erscheinen sie weniger schockierend."[51] Der „weniger schockierende" Antisemitismus ist leider nicht weniger gefährlich als der andere: Einerseits könnte er eines Tages Menschen von guter Gesellschaft verführen, zu denen Trawny bestimmt gehört; andererseits begründet er in einer

49 Er beantragte aber in seiner Eigenschaft als Rektor die Gründung eines Lehrstuhls für Rassenhygiene; er war auch ein Freund von Eugen Fischer, dem Direktor des Instituts für Rassenhygiene, der ihm seine Unterstützung nicht verweigerte.

50 In § 5 seines *Politischen Testaments* erklärte er: „Dabei reden wir von jüdischer Rasse nur aus sprachlicher Bequemlichkeit, denn im eigentlichen Sinn des Wortes und vom genetischen Standpunkt aus gibt es keine jüdische Rasse. [...] Die jüdische Rasse ist vor allem eine Gemeinschaft des Geistes. [...] Geistige Rasse ist härter und dauerhafterer Art als natürliche Rasse. [...] Der Jude, wohin er auch geht, er bleibt ein Jude. Er ist seiner Natur nach ein Wesen, das sich nicht einverleiben läßt. Und gerade dieses Merkmal der Nichtassimilierbarkeit ist bestimmend für seine Rasse und muß uns als ein trauriger Beweis für die Überlegenheit des ‚Geistes' über das Fleisch erscheinen!" (Adolf Hitler: *Hitlers politisches Testament. Die Bormann-Diktate vom Februar und April 1945*, hrsg. v. François Genoud. Hamburg: Knaus 1981.)

51 Peter Trawny: Heidegger et les Cahiers noirs. In: *Esprit*, 08–09/2014, S. 133–154, hier S. 134. Warum hätte Heidegger seine antisemitischen Äußerungen vor den Nazis geheim halten sollen, wo er doch mit Streicher in dem Ausschuss tagte, der die Rassengesetze von Nürnberg vorbereitete? Trawny äußert mit Vorliebe solche apologetisch verschleiernde Behauptungen ohne irgendwelche Belege.

beeindruckenden Geschichte des Seins (nichts Geringeres als das) die Vernichtung selbst.[52]

Der Antisemitismus lässt sich aber nicht vom Nationalsozialismus abtrennen, dessen Grundlage und Speerspitze er ist.[53] Übrigens schwächt allein schon die antisemitische Besonderheit, die das ‚Deutsche Reich' kennzeichnet, Arendts unklaren Begriff des Totalitarismus, den sie theoretisiert, indem sie das Hitlerreich und die UdSSR in den gleichen Topf wirft, aber das faschistische Italien davon ausnimmt.

Man könnte meinen, dass die Skala der Feinde, die Heidegger benennt, eher unzusammenhängend ist, der Amerikanismus, England, die semitischen Nomaden, der Asiate, der Bolschewismus; es wird aber deutlich, wie der Antisemitismus sie verbindet, wie z. B. das ‚verjudete' Amerika und der Bolschewismus sich im englischen Marxismus zusammenfinden, den Marx selbst symbolisiert. Der Hass auf die Juden wird so zum Zentrum einer um den Begriff des *Kampfes* ausgerichteten Doktrin. Der Antisemitismus sichert durch mitreißende repetitive Rhapsodien die architektonische Einheit eines Werks, dessen er eines seiner Leitmotive ist. Vor allem ist die Obsession so, dass nicht diskutiert werden kann: Wie will man die These der ‚jüdischen Weltverschwörung' zurückweisen, wenn schon ein simpler Einwand zu ebendieser Verschwörung gerechnet wird, und zwar durch einen Autor, der schon 1916 die ‚Verjudung' der Universität beklagte?[54]

Damit lässt Trawny durchblicken, dass der nationalsozialistische Antisemitismus eine alles in allem verständliche Reaktion ist auf die Tatsache, dass sich die Juden von den anderen abschotten: In geschickt verteilten Anmerkungen zitiert er etliche jüdische Persönlichkeiten,

52 Diese Geschichte ist ein Abklatsch der Heilsgeschichte, die seit dem Markionismus bis hin zum Millenarismus der Nationalsozialisten immer wieder die Massaker an den Juden theologisch rechtfertigte – Hitler und Schmitt an erster Stelle. Laut Schmitt verzögere die Vernichtung den Weltuntergang und ermögliche dem ‚Tausendjährigen Reich', seine von der Vorsehung gewollte Herrschaft zu errichten. Dieses Heilsereignis wiederum ist nichts anderes als das Heideggersche *Ereignis* (vgl. *GS*, S. 21: „Die Vernichtung der Machenschaft durch das Er-eignis").

53 Vgl. George L. Mosse: *The Crisis of German Ideology*. London: Weidenfeld & Nicolson 1966, insbes. Kap. 17.

54 Heidegger: *Briefe an seine Frau Elfride*, S. 51.

von Hermann Cohen bis zu Theodor Herzl und Martin Buber[55] ebenso wie den Rabbiner Joachim Prinz[56], Sigmund Freud[57], ja sogar Walther Rathenau.[58] Da der Nationalsozialismus eine Reaktion auf die jüdischen ‚Umtriebe' ist, seien Heideggers Irrtümer den Juden vorzuwerfen.[59] Mehr noch: Im Vorbeigehen legitimiert Trawny die *Protokolle der Weisen von Zion*, indem er behauptet, sie seien keine Fälschung, da ja kein Originaltext existiere.[60] Sie seien nur eine Fiktion, wie man das von einem Roman sagen könnte; diese Fiktion war aber immerhin der Grund für Pogrome im zaristischen Russland. Kurz gesagt sei der Weltkrieg eine Konfrontation zweier Völker gewesen, das eine verwurzelt, die Deutschen (und nicht nur die Nationalsozialisten), das andere nicht, die Juden. Das behauptet Hitler in seiner berühmten Rede vor dem Reichstag vom 30. Januar 1939, in der er die Juden beschuldigt, sie wollten einen Weltkrieg auslösen. Trawny inszeniert diesen Konflikt, indem er Heidegger den Gedanken zuschreibt, ein „Rassedenken" sei den Juden und den Nationalsozialisten gemeinsam:[61] Sie seien, kurz gesagt, beide gleich rassistisch. Der *Rassegedanke* gehört eindeutig zur nationalsozialistischen Ideologie (der Begriff findet sich bei Heidegger ebenso wie bei Himmler), ihn aber auch noch den Juden ganz allgemein anzuhängen, scheint wirklich abwegig, denn hier werden Schergen und Opfer gleicherweise verurteilt, indem ihnen eine gemeinsame Niedertracht zugeschrieben wird.

55 Trawny: *Heidegger und der Mythos*, S. 35–36.

56 Ebd., S. 49.

57 Ebd., S. 43–44.

58 Ebd., S. 87. Diese insinuierende These findet ein Echo bei Donatella Di Cesare, die sich nach so vielen anderen, von Derrida bis zu Elisabeth de Fontenay oder Barbara Cassin, auf ihr Judentum beruft, um Heidegger zu legitimieren.

59 Allgemeiner noch wäre die Vernichtung nichts als die Konsequenz der ‚jüdischen Umtriebe'. Indem er das Rechnen als jüdisch verabscheut, weitet Heidegger die Zielscheibe des Antisemitismus enorm aus: auf die ganze Moderne (von der Rationalität selbst zur Aufklärung, aber auch zur Technik). Deshalb die Betonung der Industrialisierung der Vernichtung: die Juden wurden als Zauberlehrlinge Opfer der Technik, die ihre rechnerische Obsession verkörpert.

60 Trawny: *Heidegger und der Mythos*, S. 45. Er verwechselt hier, indem er implizit Pierre-André Taguieff ablehnt, das Dokument mit dem Text (vgl. Pierre-André Taguieff: *Le « Protocole des Sages de Sion ». Faux et usages d'un faux*. Paris: Fayard 2004).

61 Ebd., S. 43.

Selbstverständlich bleibt Heidegger, wie es sich seiner Größe wegen gehört, über dem Geschehen und „versucht", laut Trawny „den ‚machenschaftlichen' Konflikt zwischen Juden und Nationalsozialisten zuweilen neutral zu fassen".[62] Seine Neutralität war aber doch eine sehr relative, denn es ist nicht bekannt, dass er zur Vernichtung der Nationalsozialisten aufgerufen hätte.

Da nun die *Schwarzen Hefte*, die zwischen 1931 und 1976 entstanden, die Leugnungsstrategien und die Legende eines ‚zeitweisen Irrtums' ruinieren, warum nicht einfach den majestätischen Irrtum akzeptieren? Heideggers Denken – da er ein Meister der Philosophie ist – können seine offen antisemitischen Schriften in keiner Weise herabsetzen, sie beweisen seine Größe und sogar seine erzieherische Tragweite.[63]

Bei all diesen Formulierungen wendet Trawny immer die gleiche Taktik an:

(i) Er scheidet Heidegger und die Nationalsozialisten voneinander (vor denen er seine „womöglich regimekritischen" antisemitischen Positionen verbarg) und stellt ihn als Dissidenten gegenüber dem „realen Nationalsozialismus" hin;[64]

(ii) er verharmlost durch seine häufigen Modalisierungen und Umschreibungen;

(iii) er behauptet, der Antisemitismus finde sich nur in den *Schwarzen Heften;*[65] in anderen Texten wurde er aber getilgt (auch mit der Zustimmung des Herausgebers Trawny selbst), vermutlich um, wie er es nennt, die ‚Kontamination' seines Denkens zu vermeiden – eine sehr hygienistische, biopolitische Metapher.

62 Ebd.

63 Das ist Thema von Trawnys folgendem Buch, *Irrnisfuge*, von dem im VI. Kapitel die Rede ist.

64 Trawny: *Heidegger und der Mythos*, S. 62. Die Apologie wendet sich zum Wunderbaren, wenn Trawny schreibt, und zwar ohne jeden Beleg: „Heidegger scheint demnach offenbar [...] so etwas wie eine Abschaffung der Nürnberger Rassegesetze zu fordern" (ebd., S. 65); vermutlich war er aus genau diesem Grund Mitglied des Vorbereitungsausschusses dieser Gesetze.

65 Ebd., S. 83.

Aber eine andere Sprache deutet sich an, wenn Trawny von der „Revolution von 1933“[66] spricht, von der „spezifischen Choreographie einer Revolution“[67], von dem „Zugeständnis eines legitimen Gebrauchs des Rassebegriffs“[68], und wenn er „attraktive philosophische Fragen“ erwähnt, die endlich vom Pathos der damaligen Zeit befreit seien.[69] Die Verführung funktioniert noch immer.

4. Weißwaschung durch die Juden

Trawnys Einleitung zu seinem Buch beginnt mit einer Liste von zehn Namen von Juden,[70] denn er zieht unaufhörlich verschiedene jüdische Autoren heran, die für Heidegger bürgen sollen, wie im Übrigen auch seine jüdischen Geliebten, von denen einige keine nennenswerten Spuren in der Geschichte des zeitgenössischen Denkens hinterließen.
Seit Jahrzehnten werden Heideggers jüdische Studenten und Schüler instrumentalisiert, um jeden Verdacht von Antisemitismus auszuräumen; an vorderster Stelle Hannah Arendt, deren Figur an Heideggers Ikonisierung, im Theater wie im Film,[71] einen gewissen Anteil hat. Auch in dem jetzt besprochenen Buch benutzt Trawny diese Taktik: Außer den schon genannten Herren mobilisiert er bei den Damen Elisabeth Blochmann und Mascha Kaléko, wenn Arendt nicht mehr genügt.
Diese Weißwaschung scheint sich bei dem internationalen Kolloquium, das Ende Januar 2015 in der französischen Nationalbibliothek in Paris stattfand, fortgesetzt zu haben: der wichtigste Teilnehmer war Trawny selbst. Die Inhaltsankündigung dieses Kolloquiums begann so:

66 Trawny: *Heidegger und der Mythos*, S. 62.

67 Ebd., S. 69. Das Wort *Choreographie*, angewendet auf die nationalsozialistische ‚Revolution', greift eine Nietzscheanische Ästhetisierung im Sinn von Riefenstahl wieder auf. Ist das Dritte Reich nur eine etwas militarisierte Fassung von *Schwanensee*? Im zweiten Buch von Trawny von 2014 taucht die *Choreographie* signifikant wieder auf, und zwar in ergänzenden Kontexten: „tragisch", „des Irrens" (ders.: *Irrnisfuge*, S. 41), des „Seins" (ebd., S. 45).

68 Ebd., S. 61.

69 Ebd., S. 72.

70 Ebd., S. 9.

71 In seiner Korrespondenz beklagte er sich im Übrigen darüber, dass seine Vorlesungen von Juden oder ‚Halbjuden' heimgesucht würden.

> Auf dem gesamten Weg seines Denkens war Heidegger von „jüdischen Denkern" umgeben. Lehrer, Schüler oder Kollegen, Interpreten oder Kritiker, Gegner oder Erben: Husserl, Arendt, Marcuse, Jonas, Cassirer, Derrida, Freud, Lukács, Levinas, Löwith, Strauss, Anders, Buber, Celan, Adorno, Benjamin, Rosenzweig …[72]

In dieser Aufzählung stehen Gegner (wie Cassirer, Adorno, Günther Anders) neben Getreuen (Arendt, Derrida); Leute, die nur zeitweise Verbindung zu ihm hatten (Marcuse, Leo Strauss) oder auch gar keine (Freud); marxistische oder dem Marxismus nahestehende Theoretiker (Georg Lukács, Marcuse, Adorno, Anders), andere, die der Rechten zugeordnet werden (Leo Strauss). Von 16 Autoren haben nur Franz Rosenzweig, Buber und Emmanuel Levinas eine definierbare Beziehung zum Judentum. Die anderen sind Atheisten oder Christen (wie Husserl). Nichts erlaubt, sie als ‚jüdische Denker' zu etikettieren, nur ihre familiäre Herkunft – deren gefährliche Belanglosigkeit bekannt ist und die nichts über die intellektuellen Entwürfe oder die Werke aussagt.[73]

Wenn man nicht der Meinung ist, wie einst Hitler, dass die Juden eine „geistige Rasse" sind, eint diese Autoren gar nichts oder höchstens, jenseits der politischen Standpunkte und Antagonismen, der Wunsch einer großen Versöhnung um die Figur Heideggers, der damit auf zwanghafte Weise das organisatorische Zentrum des gegenwärtigen „jüdischen" Denkens wird. Seit Jahrzehnten, seitdem die Vernichtung der Juden auf bequeme Weise die Verbrechen der Nationalsozialisten zu resümieren scheint, bringen zahlreiche Essayisten Juden und Nationalsozialisten zusammen. Ohne auch nur an antizionistische Radikale zu denken, die den Davidstern und das Hakenkreuz gleichstellen, phantasierten z. B. manche, und erneuerten damit das Thema

72 http://www.bnf.fr/fr/evenements_et_culture/auditoriums/f.coll_heidegger.html?seance=1223919288991 (Zugriff am 28.12.2016).

73 Würde man von Nathalie Sarraute oder von Romain Gary sagen, sie seien jüdische Schriftsteller? Von Jacques Offenbach oder Gustav Mahler, sie seien jüdische Komponisten? Wagner wäre dann ein ‚arischer' Musiker, ein ‚Goj'?

der Auserwähltheit, dass *Mein Kampf* von einem Rabbiner inspiriert worden sei.[74]

Auf dem Feld der Philosophie war schon lange versucht worden, die Annäherung zu vollziehen. Ein naives Gemeinschaftsdenken fühlt sich verständlicherweise von dem Gedanken geschmeichelt, dass der größte Philosoph im Geheimen seine Thesen vom Judentum übernommen habe, eine 1990 von Marlène Zarader formulierte Ansicht in ihrem Buch *La dette impensée. Heidegger et l'héritage hébraïque*[75]. Die Ankündigung des Kolloquiums in der Nationalbibliothek greift diesen Titel auf: „Inwiefern und warum bleibt das ‚Judentum' für Heidegger ein Bereich der ungedachten Schulden?" Ein weiteres Mal werden die Grenzen zwischen Opfern und Schergen verwischt, wenn der nationalsozialistische Denker als Figur eines verlorenen Sohns dargestellt wird, der seinen jüdischen Vätern so viel verdankt. Freilich musste Heidegger eine ganze Menge Autoren in seiner ontologisierenden Sprache neu verschlüsseln, um auf einhundert hochtrabende und keinen Widerspruch duldende Bände zu kommen, aber außer den Nationalsozialisten und ihren Ideengebern benutzt er sie nur als Material, nicht einmal als auch nur implizite Quellen.

Die Schergen schulden den Opfern nichts: Bis zu ihrer Aburteilung treibt ihr Verbrechen sie aus der menschlichen Welt, denn es unterbricht jeden Austausch. Wollte man sie *ungedachte Schulden* anerkennen lassen, würde man damit eine Art mimetischer Rivalität zwischen Juden und Nationalsozialisten heraufbeschwören. Allein die Vorstellung solcher Schulden zeugt von einem esoterischen Antisemitismus: Zahlreiche Theoretiker der antisemitischen Rechten wie Erich Ludendorff (Generalstabschef), Jörg Lanz von Liebenfels (Gründer des Neutempler Ordens) oder Rudolf von Sebottendorff, der der NSDAP ihren Namen gab, waren Liebhaber der kabbalistischen Mystik;[76] Guido von List behauptete sogar, die Geheimnisse des Germanentums seien in der Kabbala verborgen.

74 Von einem „öligen" Rabbiner, stellt selbst George Steiner klar, nämlich in seinem fragwürdigen Roman *The Portage to San Cristóbal of A. H.* (London: Faber & Faber 1981).

75 Marlène Zarader: *La dette impensée. Heidegger et l'héritage hébraïque.* Paris: Seuil 1990.

76 Nesi: Il sacrificio rituale nazista, S. 426.

Hier geht es nun nicht mehr nur darum, die Juden auszulöschen, sondern das Judentum zu zerstören – etwa wenn Pascal David in seinem Buch *Essai sur Heidegger et le judaïsme*[77] befindet, dass Heidegger zur „Heiligung des Namens“ notwendig ist, dann beleidigt er diese Religion, weil jene Heiligung, das *Kiddusch HaSchem*, das Gegenteil der Verleugnung ist, die aus Heidegger einen Propheten machen würde. Salmen Gradowski erzählt in seinem posthumen Manuskript, wie die Mitglieder des Sonderkommandos in Auschwitz in einem der Gebäude der Krematorien einen geheimen Betsaal einrichteten; dieser Widerstand konkretisierte sich im bewaffneten Aufstand, den er mit anderen anführte. Nach dessen Scheitern wurden sie alle ermordet.
Wenn David schließlich behauptet, Heidegger ermögliche es, der Obsession der Zahlen zu entkommen, dann tut er so, als vergesse er, dass die Ablehnung der Zahl bei ihm vom antisemitischen Stereotyp der „zähe[n] Geschicklichkeit des Rechnens“[78] herrührt. Die Verwirrung scheint so fest etabliert, dass Heidegger im *Lexikon des französischen Judentums seit 1944* seinen Platz findet. Gérard Bensussan verantwortet darin den Artikel „Heidegger (Philosophie)“ und erinnert nicht ohne Humor daran, dass man ihn schon einmal als den „größten *französischen* Philosophen des 20. Jahrhunderts“[79] bezeichnet hat.
Heideggers Werk ist auf spektakuläre Weise frei von Ethik, es konnte also dem Judentum nichts verdanken, da dieses eine Religion der Ethik ist, an deren Beginn die Einhaltung des Gesetzes steht. Wollte man das Judentum herabsetzen, um Heidegger wieder salonfähig zu machen? Diese Selbstzerstörung des Judentums würde auf der philosophischen Ebene die Selbstzerstörung der Juden wiederholen, die Heidegger zur Leugnung der nationalsozialistischen Verbrechen thematisierte.
Die völkische Ontologie, deren einer der wichtigsten Ideologen Heidegger noch immer ist, scheint aber nicht ganz gefahrlos, wenn Di Cesare, eine weitere wichtige Teilnehmerin dieses internationalen Kolloquiums und damals stellvertretende Direktorin

77 Pascal David: *Essai sur Heidegger et le judaïsme. Le nom et le nombre.* Paris: Cerf 2015.

78 *SH* II, S. 97.

79 Gérard Bensussan: Heidegger (Philosophie). In: *Dictionnaire du judaïsme français depuis 1944*, hrsg. v. Jean Leselbaum / Antoine Spire. Paris: Colin 2013, S. 398–401, hier S. 399.

der Heidegger-Gesellschaft, gelassen erklärt: „Der assimilierte Jude ist letzten Endes der gefährlichste, weil er sich mimetisiert und sich unsichtbar macht."[80] Letztlich wollte der gelbe Stern die Gefahren der jüdischen Tarnung vermeiden und die tückischen Umtriebe der Verschwörung vereiteln.

Vor Jahren hatten sich gewisse Meinungsführer des französischen Heideggerismus mit dem Negationismus kompromittiert: Robert Faurisson veröffentlichte boshafterweise in den *Annales d'histoire révisionniste* die brüderlichen Unterstützungsbriefe, die Beaufret, Hauptvertreter Heideggers in Frankreich, an jenen gerichtet hatte, in denen er seine Genugtuung darüber ausdrückte, „zu den gleichen Ergebnissen" gelangt zu sein wie er. Zu seiner Verteidigung erklärte sein Nachfolger François Fédier empört: Beaufret, weit davon entfernt, „die Vernichtung der Juden Europas zu leugnen", habe nur „die Existenz der Gaskammern angezweifelt"[81]. Diese merkwürdige Schönfärberei findet sich auch in seinen Übersetzungen und in seiner Ausgabe der *Politischen Schriften* Heideggers. Fédiers Übersetzung ins

80 Donatella Di Cesare: Heidegger, das Sein und die Juden. In: *Information Philosophie* 2 (2014), S. 8–21, hier S. 15. http://www.information-philosophie.de/?a=1&t=7814&n=2&y=1&c=1, (Zugriff am 11.04.2016). Offensichtlich erleichtert beschreibt Di Cesare Jean Améry als „den deutschen Juden, der seine Zugehörigkeit zum Judentum leugnet, die er aber dann zugeben muss, als die Nationalsozialisten erlassen, dass er nicht zu den Nicht-Juden gehört, dass er kein Nicht-Jude ist." (Donatella Di Cesare: *Utopia of Understanding. Between Babel and Auschwitz*, aus. d. Ital. v. Niall Keane. Albany: SUNY Press 2013, S. 98). In ihrem Gespräch mit *L'Espresso* vom 01.12.2014 fügt sie gelassen hinzu: „Für einen Intellektuellen wie Jean Améry (er selbst war ein Überlebender der Lager) war Heidegger ein Bezugspunkt" (Donatella Di Cesare / Wlodek Goldkorn: 'Heidegger era antisemita'. La filosofa Di Cesare commenta i Quaderni Neri. In: *L'Espresso*, 01.12.2014. http://espresso.repubblica.it/plus/articoli/2014/11/28/news/heidegger-era-antisemita-pensava-che-gli-ebrei-fossero-il-nulla-donatella-di-cesare-commenta-i-quaderni-neri-1.189891 (Zugriff am 06.06.2016)), obwohl Améry Heidegger ohne Konzessionen kritisiert; vgl. insbes. Jean Améry: Sie blieben in Deutschland – Martin Heidegger (1968). In: Ders.: *Aufsätze zur Philosophie. Werke*, Bd. 6, hrsg. v. Gerhard Scheit. Stuttgart: Klett-Cotta 2004, S. 297–329.

81 Zit n. Emmanuel Faye: L'anti-christianisme de Heidegger et le négationnisme. http://skildy.blog.lemonde.fr/2007/02/08/lanti-christianisme-de-heidegger-et-le-negationnisme-par-e-faye/ (Zugriff am 29.12.2016). Fédiers Text wurde auf einige Webseiten übernommen – wie z. B. die von Stéphane Zagdanski, einem weiteren eminenten Teilnehmer des Kolloquiums in der BNF. (http://parolesdesjours.free.fr/mecanique.pdf (Zugriff am 29.12.2016).

Französische z. B. des „Nationalsozialismus" lautet, wie oben erwähnt, „nationaler Sozialismus".[82]

Für das von Fédier mitverantwortete, im Dezember 2013 veröffentlichte *Dictionnaire Heidegger* gab es noch keinen Antisemitismus bei Heidegger, und Fédier bezeichnet Trawnys erste Kommentare zu den *Schwarzen Heften* mit dem recht familiären Wort „foutaises" (etwa „Quark"). Anfang 2015 werden Negation und Affirmation plötzlich versöhnt, und alle, von Trawny bis zu Di Cesare und Fédier, finden sich auf der gleichen Tribüne wieder. Trotz ihrer Unstimmigkeiten vereint nämlich die Apologeten eine gemeinsame Strategie:

(i) Man reduziert das Problem des Nationalsozialismus auf den Antisemitismus, der als eine Art Patina jener Zeit präsentiert wird; dann reduziert man das Problem des Antisemitismus auf das ‚große Einvernehmen' Heideggers mit den Juden;
(ii) man mobilisiert die ‚jüdischen Denker', die ihre Treue zu Heidegger bezeugen, als könne man tote und lebende Juden dazu missbrauchen, einem nationalsozialistischen Ideologen Anerkennung zu verschaffen: Das ist Teil einer allgemeinen Banalisierung des Antisemitismus;
(iii) man vereint ‚rechte' und ‚linke' Heideggerianer, um zu beweisen, dass Heidegger der einzige Denker ist, durch den die moderne Welt zu verstehen ist.

So umgehen die Apologeten das zentrale Problem der Einführung des Nationalsozialismus in die Philosophie, und das, obwohl der Meister schreibt: „Die Gefahr ist nicht [der Nationalsozialismus] selbst – sondern daß er verharmlost wird in eine Predigt des Wahren, Guten und Schönen [...]."[83]

82 Martin Heidegger: *Écrits politiques*, aus d. Dt. v. François Fédier. Paris: Gallimard 1995, S. 145.
83 *SH* I, S. 194.

5. Tendenz einer Banalisierung?

Ein im Oktober 2015 erschienenes Buch von Jean-Luc Nancy trägt den Titel *Banalité de Heidegger*, in Anspielung auf Arendts Formel der Banalität des Bösen. Schon diese Formel reduzierte Adolf Eichmanns einzigartige Verantwortung, dessen Verteidigungsstrategie eben jene war, als normaler Beamter angesehen zu werden. Die Ankündigung des Buchs durch den Verlag macht hellhörig, weil sie einiges von der kommenden Verteidigungsstrategie der Apologeten verrät:

> Die Veröffentlichung von *Persönlichen Heften* des Heidegger der vierziger Jahre (drei Bände sind in der deutschen *Gesamtausgabe* schon erschienen) enthüllte ein sehr explizites Denken der „metaphysischen" Rolle, die das Judentum (das Jude-Sein, das jüdische Volk, die ‚juiverie') bei der Selbstzerstörung des Westens spielt.[84]

Heidegger meint ja zwar, dass die Juden sich selbst vernichtet haben, er sagt aber nicht dasselbe vom Westen, der noch gerettet werden kann, wenigstens durch Deutschland: So beginnt Nancys Urteil mit einer Verharmlosung der *Schwarzen Hefte*, indem behauptet wird, sie seien „persönlich", dabei hatte der Meister sie zur Veröffentlichung vorgesehen; er schließt aber mit einer Maximierung: der Westen zerstöre sich selbst. So entwirft die Argumentationslinie einen Heidegger, der zum Verständnis der modernen Welt so unverzichtbar ist wie noch nie zuvor.

Wenn er Heidegger vorwirft, „den allerbanalsten Diskurs jener Zeit" zu benutzen (die Banalität der Zeit ziemt dem Denker nicht – der doch immerhin einen höchst originellen philosophischen Antisemitismus entwickelt), wird Nancy richtig böse: „Das ist widerlich, das ist rabiat, das ist unsinnig und fast pathetisch." Aber das ändert die Lage der Philosophie nicht:

> Das Denken der Dekonstruktion der Ontologie zeichnete aber auf unumkehrbare Weise die philosophische Wende des 20. Jahrhunderts: Alles was folgt, zeugt davon. Dieser Widerspruch ist nicht der eines einzelnen: Er ist der unsere.

84 http://editions-galilee.fr/f/index.php?sp=liv&livre_id=3449 (Zugriff im Juli 2015). Dieser Satz und die folgenden Zitate waren auf der Webseite des Verlags Galilée zu lesen, als Nancys Buch noch nicht erschienen war. Nach Erscheinen des Buchs wurde der Text verändert.

Durch eine Beteiligungsfigur bezieht sich das auf die Gesamtheit der Leser: Wir haben also keine Wahl, der Heideggerismus ist unumkehrbar.

Wer ist nun aber verantwortlich für den mörderischen Antisemitismus? Nancy erwähnt den Nationalsozialismus nicht, sondern „den christlichen Hass auf die Juden", „seine lange christliche Herkunft". Der Meister ließ zwar am Christentum kein gutes Haar, er hat ihm aber nie die Eigenschaft zuerkannt, zum Morden aufzurufen, im Gegenteil verabscheute er sein fades Wohlwollen; und nur der Nationalsozialismus (den Nancy hier zu vergessen scheint) rief zur Vernichtung auf.

Nun ist es möglich, die Nationalsozialisten Heidegger entgegenzusetzen: „Die Nationalsozialisten waren nicht fähig, in solchen Höhen zu denken, und sie selbst stürzten sich im Übrigen mit ihren Opfern in den Untergang des Westens." Schließlich versinken Opfer und Schergen zusammen in einem als selbstverständlich vorausgesetzten „Untergang des Westens". Heidegger bleibt, trotz eines Anfalls von Banalität, der einzige, der fähig ist, mit Nancy und seinen Lesern in „solchen Höhen" zu denken.

Die Begriffe Menschlichkeit oder Menschenrechte bleiben für konsequente Heideggerianer nicht akzeptabel, denn sie gründen die Identität auf die Zugehörigkeit zur Gemeinschaft. Nancy, ein Theoretiker der Gemeinschaft (die einst eines der Hauptthemen in Frankreich unter Philippe Pétain war), schreibt in seinem Nachwort zu dem Buch *Vengeance?* von Robert Antelme:[85] „Der ‚Mensch' ist ein Allgemeines ohne greifbare Realität und das nur so viel wert ist wie die Aufhebung des Glaubens"[86]; „Wir müssen fähig sein, die heimtückischen Folgen des Siegs über die Faschismen zu erkennen"[87];

> Wir haben seit 1945 ganz andere sogenannte Figuren des Bösen [als Deutschland] kennengelernt, wir haben gesehen, wie sich ein Geist des Kreuzzugs neu bildete, in dem die Rachegelüste sich schmeicheln, im Namen der Werte der Demokratie, des Rechts und des Humanismus zu handeln.[88]

85 Jean-Luc Nancy: Postface. In: Robert Antelme: *Vengeance?* Paris: Hermann 2010, S. 39–46.

86 Ebd., S. 42.

87 Ebd., S. 45.

88 Ebd., S. 44.

So wäre also 1945 keine Befreiung, sondern eine schleichende Katastrophe: ein solcher Diskurs nimmt den Nürnberger Prozessen, der internationalen Justiz, der Demokratie und den Menschenrechten die Legitimation, alles nur „heimtückische Folgen des Siegs über die Faschismen“.

V.
Krise der Apologien

> … Bücher, deren Leere zu füllen jeder eifrig bemüht war … Die sensibelsten, die intelligentesten Leute schütteten alle ihre Schätze hinein – und mit welcher Großzügigkeit … […] Man entdeckte in ihrer Unklarheit Gott weiß welche Dichte … und dann schienen sie wieder leer zu sein … es war zu schwer für sie … sie befanden sich wieder in ihrem ursprünglichen Zustand, sie waren wieder auf sich selbst angewiesen … hohle … […] Schmöker.
> (Nathalie Sarraute: *Die goldenen Früchte*)

> Doch leider ändern sich die Zeiten, die Gewißheiten verfallen, und das Leben der Orthodoxen wird angesichts des rapiden Ablaufs der Dinge und des Wechsels der Perspektiven immer vorläufiger und melancholischer.
> (Claudio Magris. *Donau*)

Die Veröffentlichung der *Schwarzen Hefte* geschieht im Geist einer sektiererischen Radikalisierungsstrategie: die eher moderaten Schüler werden aufgeben, wie Günter Figal, der von seinem Posten als Vorsitzender der Heidegger-Gesellschaft zurückgetreten ist; die radikalen Parteigänger verbeißen sich in eine unhaltbar gewordene Leugnungshaltung, wie Fédier und von Herrmann; oder sie tragen die Apologie eines transzendenten Nationalsozialismus mit, wie Trawny und Di Cesare. Diese Ungereimtheiten zeugen von einer Krise der Apologien.

Es hieße die Tragweite der *Schwarzen Hefte* beschränken, zu sagen sie seien nur antisemitisch, wie es Trawny[1] und Di Cesare[2] in ihren Büchern tun. Die Bestätigungen, die sich in den *Schwarzen Heften* finden, betreffen nicht nur die antisemitischen Themen, sondern auch das Verhältnis der Heideggerschen Philosophie zum Nationalsozialismus, der wegen seiner Barbarei verherrlicht wird: „Der Nationalsozialismus ist ein *barbarisches Prinzip*. Das ist sein Wesentliches und seine mögliche Größe“[3]. Nur die Philosophie (die Heidegger'sche) kann ihn vor einer Fehlentwicklung bewahren: „Der Nationalsozialismus [kann] niemals Prinzip einer Philosophie sein, sondern [muß] immer nur unter die Philosophie als Prinzip gestellt werden“[4]. Diese Aussage beleuchtet den Plan, den Nationalsozialismus philosophisch zu begründen, widersprechen doch dessen Prinzipien jeder reflexiven Distanz, jeder zusammenhängenden Argumentation und natürlich jeder Ethik: Die Philosophie könnte zu einer Form von dekorativ ausgestattetem, identitärem Plädoyer werden, zu einem Aufruf zum Mord und zur Rechtfertigung von Massakern. Wahrscheinlich entziehen sich die Hassreden (oder, seltener, die Reden von symbiotischer Liebe) der Philosophie, denn sie entwerten die konstituierende kritische Dimension; sonst wird sie, schlimmer noch als eine Ideologie, zur sektiererischen Doktrin, die eine Existenz nur denen zubilligt, die sie mittragen, und den Mord an denen rechtfertigt, die sie ablehnen.

Ich lasse die Frage beiseite, ob der Nationalsozialismus und der Antisemitismus in die Philosophie eingeführt werden können, ohne sie von Grund auf zu zerstören – wo doch sogar ein kaum der Feindseligkeit verdächtiger Autor wie Hadrien France-Lanord, der im *Dictionnaire Heidegger*[5] den Artikel „antisémitisme“ verantwortete und dort blind Jahrzehnte des Leugnens gedrängt zusammenfasste, darin mit Recht die Verneinung allen Denkens sieht.

1 Trawny: *Heidegger und der Mythos.*

2 Donatella Di Cesare: *Heidegger e gli ebrei. I "Quaderni neri"*. Turin: Bollati Boringhieri 2014. Vgl. auch das Kolloquium *Heidegger und die Juden*, das Trawny 2014 in Wuppertal veranstaltete.

3 *SH* I, S. 194.

4 Ebd., S. 190.

5 Philippe Arjakowsky / François Fédier et al.: *Le dictionnaire Martin Heidegger*. Paris: Cerf 2013.

Unter seinen Eigenarten unterscheidet sich der traditionelle Heideggerismus durch den apologetischen Dreh seiner Kommentare, deren eindringlicher Ton oft die Analyse ersetzt, der aber selbst in der Hochschule üblich ist. Nichts davon ist zu finden bei Plotinisten, Spinozisten, bei Spezialisten von Étienne Bonnot de Condillac, Henri Bergson oder Edmund Husserl: wahrscheinlich weil der Stil der Lehre und der Schriften des Meisters so geartet war, dass er Neulinge einschüchtern sollte, dass er fast wie die Eintauchung einer Taufe wirkte und die interessierten Studenten zu Schülern und zu Eingeweihten machte (er psalmodierte, bemerken Hugo Friedrich und Jeanne Hersch). Der initiatorische Charakter der Schreibstrategien wird allmählich weitgehend anerkannt, selbst von Apologeten wie Peter Trawny.[6]

Durch die (selbst schon aufgedeckten) Enthüllungen, die sie klarstellt, läutet die Veröffentlichung der *Schwarzen Hefte* eine neue Phase der Prophetie ein und mischt die apologetische Tradition auf. Es wäre unnötig grausam, würde man eine Blütenlese all der empörten Büchlein aufstellen, die sich seit Jahrzehnten angesammelt haben, Diffamierungsvorwürfe (Gérard Guest) oder solche eines ‚Kriegs gegen die Intelligenz' (Catherine Malabou). Wenn sie nicht einfach ein akademisches *Vaterland* verteidigten, bestätigten die Vorwürfe den sektiererischen Charakter der Doktrin und den Triumph seines Urhebers, der der Kraft der Argumente die prosodische Gewalt der Behauptungen vorzog.

Statt den Skandal zu beschreiben, der bis zu neuerdings bestürzten arglosen Apologeten reicht, ist es angemessen, die neue Phase des Werks zu kennzeichnen: Die *Schwarzen Hefte* formulieren nicht nur einen begleitenden Diskurs zu vierzig Jahren Lehre und Schriften, sie präzisieren und entwickeln ihre wichtigsten Punkte, indem sie klar formulieren, was bisher verschwiegen wurde, und beleuchten, was bisher verhüllt war; vor allem aber erfüllt ihre Veröffentlichung zum Teil den prophetischen Gehalt des Werks, um die letztendliche Erfüllung des Angekündigten wünschbar zu machen, trotz der ‚schmerzlichen' Niederlage des Hitlerismus.

Kurzum, die Krise der Apologien, die schon durch das Buch von Emmanuel Faye verschärft worden war, weil es sowohl das Korpus

6 Vgl. Peter Trawny: *Adyton. Heideggers esoterische Philosophie*. Berlin: Matthes & Seitz 2010.

erweiterte als auch eine neue Lesart vorschlug, ist jetzt unaufhaltbar durch die Veröffentlichung der ersten *Schwarzen Hefte*. Als Barbara Cassin dazu befragt wurde, sagte sie, ohne auf ihren Inhalt einzugehen: „Ich glaube immer noch, dass Heidegger ein sehr großer Philosoph, aber gleichzeitig ein gewöhnlicher Nazi ist."[7] Das ist ein Topos der Apologeten, die Trennung von Nationalsozialist und Philosoph beruht auf der Unterscheidung zwischen Seinsgeschichte und Historizität: Das Denken des Philosophen ist umso mehr seinsgeschichtlich, als es selbst die Seinsgeschichte erfindet, während die historische Person des Professors nur ein im Übrigen zeitlich sehr begrenztes politisches ‚Engagement' eingegangen ist. Keine der Fragen zu diesem Engagement können an das Denken herankommen, eine weiße (oder dunkle) Taube, die sich in einer anderen Sphäre bewegt; jede Kritik bleibt also in der Ideologie verhaftet, die sie kritisiert ...[8] Die Reaktionen von gereizter Gleichgültigkeit oder donnernder Empörung stützen sich auf diesen Dualismus. Nun machen es aber die *Schwarzen Hefte* unmöglich, den Denker vom Nationalsozialisten zu trennen: Durch die esoterische Strategie, die des Meisters Veröffentlichungsplan bestimmt, ist ihre Bestimmung die Enthüllung und die Erfüllung der Prophetie, die der Autor in den 93 vorangehenden Bänden aufgebaut hatte.

Wie in manchen der Seminare, die Emmanuel Faye analysiert hatte, werden bestimmte historische Ereignisse im Kontext der Geschichte des Seins interpretiert; kurzum: die *Geschichte des Seyns*[9] wird zur hochtrabenden Rechtfertigung einer Politik. So wie das *Seyn Vaterland* ist, ist Seinsvergessenheit Preisgabe des Vaterlands, dessen Ehre durch den Kampf wiederhergestellt wird. Schon Günter Anders hatte

7 Éric Aeschimann / Barbara Cassin: "Nous savions tous que Heidegger avait été nazi". In: *Le Nouvel Observateur*, 11.09.2014. http://bibliobs.nouvelobs.com/essais/20140919.OBS9704/barbara-cassin-nous-savions-tous-que-heidegger-avait-ete-nazi.html (Zugriff am 30.12.2016). Dieser Diskurs ist Jahrzehnte alt, zu finden selbst bei Autoren, die keine Heideggerianer sind: „Man kann ein gewaltiger Denker sein und nichts von der politischen Situation verstehen. Das ist eine Lektion für alle Philosophen", erklärt Marcel Gauchet, der als Lektor beim Verlag Gallimard die Verantwortung für die Veröffentlichung der französischen Ausgabe der *Schwarzen Hefte* übernommen hat (http://espacetrevisse.e-monsite.com/pages/reflexions/les-cahiers-noirs-de-m-heidegger.html#48D6X6U0zYoLKVzt.99 (Zugriff am 09.01.2017)).

8 Catherine Malabou: L'antiheideggérisme idéologique. Une nouvelle guerre contre l'intelligence. In: *La Quinzaine littéraire*, 16.06.2005.

9 Vgl. *GS*, § 114–115.

richtig gesehen, dass *Sein und Zeit* eine historische Situation betraf; die *Schwarzen Hefte* bestätigen jetzt endgültig, dass das Sein die historische Welt informiert. Das Eindringen des Mythos in die Geschichte ist der apokalyptische und vernichtende Moment des *Ereignisses*, da die Eingeweihten die Parusie des Denkers mit der Erfüllung seiner nationalsozialistischen Prophetie schauen werden.

Die *Schwarzen Hefte* erscheinen, nachdem vier Generationen von Heidegger-Apologeten aufeinander folgten. Im Lauf dieser Jahrzehnte entwickelten sich die Diskurse und die Argumentationsmuster in mehreren Etappen weiter, wie auch das Statut und die Normen des in den Kreisen der Intellektuellen als philosophisch anerkannten Diskurses. Vor allem veränderte der von Heidegger inspirierte internationale Dekonstruktivismus die akademischen Standards zu seinem Vorteil, beseitigte die philologischen und hermeneutischen Hemmnisse – nicht zu reden von der historischen und philosophischen Kritik. Dies gestattet jede Form von Leugnung, und so reduzieren sich die Konventionen der philosophischen Diskussion auf simple Eristik; Arthur Schopenhauer nannte sie die Kunst, immer Recht zu haben.

Indem ich hier die vielen Verrenkungen der Apologeten anführe, sollen nicht Kollegen zensiert werden, sondern es sollen Argumente benannt werden, die jede Diskussion verhindern und von der Deregulierung eines philosophischen Felds zeugen, in dem Aporien banal werden und eine Problematisierung schon als Zensur empfunden wird. Ist eine Disziplin, die unfähig geworden ist, ihre eigenen als grundlegend angesehenen Texte zu lesen, nicht zum Untergehen verurteilt?

1. Von der Verharmlosung zur Leugnung

Für die radikalen Apologeten ist der späte internationale Skandal, den die Veröffentlichung der ersten *Schwarzen Hefte* hervorgerufen hat, auf keine Weise Heidegger und seinen Veröffentlichungsstrategien anzulasten.

a. *So tun, als sei nichts gewesen.* – Im Vorwort der Veröffentlichung seines Seminars zu Heidegger hütet sich Badiou, die *Schwarzen Hefte* auch nur zu erwähnen;[10] als Antwort auf die Frage eines Journalisten zu den *Heften* erzählt Cassin nur von der guten alten Zeit der

10 Vgl. Badiou: *Heidegger. L'être 3*, S. 7–11 (Vorbemerkung).

Seminare in Le Thor. Romano umgeht die Frage, indem er antwortet, er habe seinen Dauerauftrag beim Verleger gekündigt und deshalb die *Schwarzen Hefte* nicht lesen können.[11] Dieses Schweigen geht noch weiter als die Heideggersche Negation, die zunächst Mysterium, dann ontologische Rechtfertigung einer *Selbstvernichtung* ist: Es spricht von etwas anderem, wenn der maßgebliche Autor betont, dass die Juden durch sich selbst vernichtet wurden. Es bestätigt den Gedanken, dass Heidegger als Bote des Seins nicht von seinen Schriften abhängen darf; dass sich nun das Korpus vergrößert, ändert nichts an der seinsgeschichtlichen Mission des Denkers. Da sie außerhalb des Erwartungshorizonts der Heideggerianer sind, können die erschreckendsten Sätze gelassen mit Schweigen übergangen werden.

b. *Nichts Neues unter der Sonne.* – Arnulf Heidegger, Enkel des Meisters und wichtigster Rechteinhaber, ist der Meinung, dass sein Großvater schon immer angefeindet wurde, es ändert sich also nichts – in der ewigen Wiederkehr der behaupteten ‚Affären'.

In Frankreich fand bereits eine Rückkehr zur Normalität statt, und gewisse Versatzstücke kehren wieder, um Jahrzehnte des Schweigens und des Leugnens zu eskamotieren: „Wir wussten alle, dass Heidegger ein Nazi war" (Cassin); „man erfährt nichts in diesen *Heften*" (Nancy); „es ist schmerzhaft, aber keine Entdeckung" (Finkielkraut); „das bestätigt nur, was jeder einigermaßen rechtschaffene Leser seit langem weiß und ändert nichts daran, dass er der größte Denker des 20. Jahrhunderts war" (Luc Ferry).[12] Wenn alles bekannt war, warum ging man dann überhaupt nicht darauf ein, warum wurde beharrlich geschwiegen? Oder aber man spöttelte frech, wie Badiou und Cassin, die in ihrem Buch *Heidegger. Der Nationalsozialismus, die Frauen, die Philosophie* sich selbst und Heidegger applaudieren, indem sie gewisse liebenswürdige Schwächen kleinreden, als hätten der Nationalsozialismus und die Liebeleien mit Studentinnen für die ‚hellsichtige Besonnenheit', wie Nancy es nennt, das gleiche Profil.

11 „Ich war unfähig, alle diese Seiten zu lesen, nachdem ich die inkriminierten Stellen entdeckt hatte [...]. Es kam für mich nicht in Frage, diese Bücher zu kaufen" (Romano: L'idée d'antisémitisme, S. 1015). Er ist aber voller Entrüstung, wenn jemand davon redet (wie ich selbst z. B.).

12 Zit. n. Éric Aeschimann: Le testament antisémite de Heidegger. In: *Le Nouvel Observateur*, 11.09.2014. http://bibliobs.nouvelobs.com/essais/20140919.OBS9703/le-testament-antisemite-de-heidegger.html?cm_mmc=EMV-_-NO-_-20140926_NLNOLIVRES-_-le-testament-antisemite-de-heidegger (Zugriff am 11.02.2017).

2. Ablenkungsmanöver

Ich erwähne nur kurz die Verharmlosung der *Schwarzen Hefte*: obwohl sie nach den Wünschen des Meisters als Krönung seines Werks publiziert wurden, seien sie nichts anderes als für ihn selbst bestimmte Aufzeichnungen, private (Nancy) und einfach neuartige Hefte, oder gar nächtliche Kritzeleien eines Schlaflosen (von Herrmann), und schließlich ‚Zombie-Schriften' (Babette Babich). Ebenso kurz spreche ich von dem Argument, es gebe nur sehr wenige Stellen, die explizit antisemitisch seien – viele andere sind und bleiben es, ohne dass die Unnennbaren genannt werden. Im Übrigen gelingt es dem Antisemitismus nicht, den radikalen Nationalsozialismus zu verbergen, von dem er ausgeht und der auf jeder Seite durchscheint: Wenn man den Antisemitismus auf ein paar Seiten beschränkt, die lange Zeit unveröffentlicht waren, verschweigt man den verhüllten Antisemitismus tausender schon vor langer Zeit veröffentlichter Seiten, den etliche Untersuchungen schon aufgedeckt hatten.

Intensivierung der Angriffe ad hominem

Vor einem Vierteljahrhundert unternahm es Richard Rorty bereits, auf diese Weise Victor Farías und sein sehr kritisches Buch *Heidegger und der Nationalsozialismus*[13] zu diskreditieren: „Neuere Bestrebungen, Heidegger als ‚nationalsozialistischen Philosophen' abzulehnen, gleichen den Bestrebungen der Nazis, Einsteins Relativitätstheorie als ‚jüdische Physik' zu verwerfen."[14] Nationalsozialistische Philosophie kann es nicht geben, und das Gegenteil zu behaupten, bedeutet mit den Nazis zu wetteifern. Solche Angriffe zielen natürlich auf diejenigen, die den Skandal ausgelost haben, zuallererst Emmanuel Faye, dem Fédier und Guest einst Diffamierung, François Mattéi Phantasterei und neuerdings Thomas Sheehan Betrug (*fraud* – ein Begriff des Strafrechts) vorwarfen.

Die verbreitetste Form der Angriffe *ad hominem* besteht darin, den Kritikern schleichenden Nationalsozialismus vorzuwerfen. Nachdem er erklärt hatte, die *Schwarzen Hefte* nicht gelesen zu haben, nachdem er Emmanuel Faye und mich selbst angegriffen und als Zensoren bezeichnet hatte, schloss Claude Romano folgendermaßen:

13 Víctor Farías: *Heidegger und der Nationalsozialismus*. Berlin: Philo 2003.

14 Richard Rorty: Another Possible World. In: *London Review of Books* 12,3 (1990), S. 21. http://www.lrb.co.uk/v12/n03/richard-rorty/diary (Zugriff am 26.01.2016).

> Es gibt glücklicherweise auch andere Richtmaße und Kriterien, um über die Bedeutung oder die Tragweite eines Denkens zu urteilen, als das seiner Nähe zum Nationalsozialismus; glücklicherweise, denn wäre es nicht so, bedeutete das den rückblickenden Triumph des Nationalsozialismus über das Denken.[15]

So würde also, wenn ein Text als nationalsozialistisch bezeichnet wird, dem Nationalsozialismus zum Sieg verholfen, ganz nach dem Schülersophismus: *der es sagt, der ist es auch*. Das gleiche Argument findet sich bei Jean-Luc Nancy und Jean-Clet Martin.[16]
Neuerdings wirft Trawny Emmanuel Faye vor, sich zum Feind der Denkfreiheit zu machen, und fügt hinzu, dass „es nichts Schlimmeres für die Freiheit des Denkens gibt, als eine moralische Kontrolle oder Selbstkontrolle"[17]. Schließlich deutet er an, dass Heideggers Kritiker gegenwärtig mit der italienischen extremen Rechten unter einer Decke zu stecken scheinen, wenn diese gegen Donatella Di Cesare antisemitische Drohungen ausspricht, was von der Aktualität des Heideggerschen Denkens zeuge, auf die sie sich bei der Verteidigung der Denkfreiheit beruft. Diese antinomistische Argumentationsweise konkretisiert die Umkehrung der Werte: Wer gegen den Nationalsozialismus Stellung bezieht, nimmt eine Autoritätspose ein, die zwangsläufig diktatorisch, also nationalsozialistisch ist. Der Angriff *ad hominem* kann sich dann radikalisieren und die kritischen Leser werden zu *Feinden*, die Trawny denunziert: „Es gibt Feinde der Philosophie, die die Wirkung von Heideggers Denken gern verhindern würden"[18]. Ist eine sektiererische Gegenüberstellung von Uns und dem

15 Romano: L'idée d'antisémitisme, S. 1018. Dieses Paradox benutzte Derrida sehr großzügig, um Paul de Man unter die Arme zu greifen, der ihn übersetzt und in den USA eingeführt hatte; zunächst ein antisemitischer Pamphletiker, hatte dieser nach dem Krieg seine Biographie gefälscht und Karriere gemacht. Derrida vertrat die Auffassung, dass jene, die dessen Bücher wieder schließen, zensieren oder gar verbrennen (?) wollten, eine „Geste der Vernichtung" reproduzierten (Jacques Derrida: Like the Sound of the Sea Deep within a Shell: Paul de Man's War. In: *Critical Inquiry* 14,3 (1988), S. 590–652, hier S. 651).

16 In der Zeit, in der er Badiou nahestand, schrieb auch Mehdi Belhaj Kacem: „Offen gesagt ist die uns aufgezwungene Kennzeichnung des Nationalsozialismus als das ‚radikale Böse' durch den demokratischen Nihilismus, der sich immer wieder durch Leugnung davon auszunehmen glaubt, ohne jeden Zweifel die beste Art, dessen Erfolg zu bestätigen." (Mehdi Belhaj Kacem: *L'Esprit du nihilisme*. Caen: Nous 2007, S. 133–S. 135.)

17 Peter Trawny: L'errore di Faye. Chi impone pretese de natura morale al pensiero ne mette in forse la libertà. In: *Corriere della Sera*, 04.07.2015.

18 Trawny: *Heidegger und der Mythos*, S. 141–142, hier S. 141 (Nachwort zur 3. Auflage).

Feind in irgendeiner Weise legitim in der Philosophie? Sie begründet das politische Denken eines Carl Schmitt ebenso wie Heideggers Denken in seiner Theorie des *Polemos* (einer heraklitischen Übersetzung des Hitlerschen *Kampfs*).

Selbst Peter Trawny wird jetzt von Fédier vorgeworfen, er rede „Quark", und von Herrmann hält ihm vor, er sei ein Karrierist: Seine Zensoren nahmen in der Tat seit Jahr und Tag Zuflucht zu einer Form von Negationismus, während Trawny einem ‚Affirmationismus' das Wort redet, der Heideggers Antisemitismus banalisiert, um aus ihm eine philosophische Position zu machen.

Verschleierungen

Ich spreche schließlich auch nicht mehr von der klassischen Methode, durch endlose Diskussionen über das eine oder andere Wort den Sinn der Texte zu verschleiern. Sehr gewunden antwortet Derrida auf Farías in seinem Buch *Vom Geist*, einem Standardwerk der Heidegger-Apologie: Wohl erwähnt er die Feuermetaphern aus der Vorlesung über Empedokles und seinen Satz über die Götter im Ofen, er hütet sich aber, dies mit den zu jener Zeit voll funktionierenden Krematorien in Verbindung zu bringen; statt dessen wirft er Heidegger langatmig vor, immer wieder das Wort *Geist* benutzt zu haben, was ein Hinweis darauf sei, dass er nicht genügend mit der Metaphysik des deutschen Idealismus gebrochen habe, kurz, dass er nicht radikal genug sein Projekt verfolge. Diese Methode der Verwässerung wurde vom Meister angeregt, der von der esoterischen Hermeneutik die Gewohnheit beibehielt, die Textkommentare auf zu Symbolen gehobene Worte oder Formeln zu beschränken, deren Kommentar die weihevollen Konnotationen auslotet – indem er sie von ihrem Text und dem Korpus loslöst.

Gegenwärtig ist die absolute Leugnung unmöglich geworden. In der ersten Ausgabe des *Dictionnaire Heidegger*, die noch Ende 2013 erschien, schrieb Hadrien France-Lanord im Artikel „Antisemitismus": „Es gibt im gesamten Werk Heideggers, das bis heute publiziert ist (84 Bände von 102), nicht einen einzigen antisemitischen Satz."[19] In der zweiten, im folgenden Jahr erschienenen

19 Hadrien France-Lanord: Antisémitisme. In: *Dictionnaire Heidegger*, hrsg. v. Philippe Arjakovsky / François Fédier / Hadrien France-Lanord. Paris: Cerf 2014, S. 85–90, hier S. 85.

Ausgabe, muss der Autor zugestehen, dass die *Schwarzen Hefte* wohl antisemitische Formulierungen enthalten, setzt aber eine Fülle frommer Anekdoten dazu, die beweisen sollen, dass Heidegger Juden beschützt hat. Das widerlegen aber seine öffentlichen Handlungen und seine Schriften, wie dieser Erlass zeigt, den er in seiner Eigenschaft als Rektor verfasste:

> Studierende, die in den letzten Jahren in der SA., SS. oder Wehrverbänden im Kampfe um die nationale Erhebung gestanden haben, sind gegen Vorlage eines Zeugnisses ihrer Dienstvorgesetzten bei der Vergebung von Vergünstigungen (Gebührenerlaß, Stipendien usw.) besonders zu berücksichtigen. Dagegen dürfen an jüdische oder marxistische Studierende Vergünstigungen nicht mehr gegeben werden.[20]

Eine andere Art der Ausflucht geht so vor, dass sie Heideggers Radikalität im Antisemitismus seiner Zeit verankert. Er versammle zwar auf eindrucksvolle Art antisemitische Klischees, vom Schmarotzer bis zum Wechsler und vom Verschwörer bis zum Verbrecher, aber er setze sie zu einer transzendenten Figur zusammen, die drohe, die Menschheit zu vernichten. Wenn man sich dabei auf jenen mysteriösen *Zeitgeist* beruft, so vergisst man, dass Heidegger sich selbst außerhalb dieses Zeitgeists stellte; im Übrigen wurde dieser altmodische Geist von zu wenigen Menschen geteilt, weswegen die Nationalsozialisten gleich 1933 in großer Eile diejenigen Antifaschisten verhafteten, die sie noch nicht umgebracht hatten, und die ersten Lager errichteten.

20 Er fügt hinzu: „Jüdische Studierende obiger Anordnung sind Studierende nichtarischer Abstammung im Sinne des § 3 des Gesetzes zur Wiederherstellung des Berufsbeamtentums und Ziff. 2 zu § 3 der 1. Verordnung zur Durchführung des Gesetzes zur Wiederherstellung des Berufsbeamtentums vom 11. April 1933. Das Verbot zur Gewährung von Vergünstigungen findet also auch auf solche Studierende nichtarischer Abstammung Anwendung, die aus Ehen stammen, bei denen ein Elternteil und zwei Großeltern arischer Abstammung sind und deren Väter im Weltkriege an der Front für das Deutsche Reich und seine Verbündeten gekämpft haben." (*Freiburger Studentenzeitung* [...] VIII. Semester (XV), Nr. 1, 03.11.1933, S. 6, zit. n. Guido Schneeberger: *Nachlese zu Heidegger, Dokumente zu seinem Leben und Denken*. Bern: Selbstverlag 1962, S. 137.)

Die Philosophie und die Philosophen bedrängen

Barbara Cassin erklärt zu den *Schwarzen Heften*: „Die Philosophie muss damit zurechtkommen." Da das Problem „die Philosophie" und nicht die Heideggerianer betrifft, kann Cassin so tun, als ob nichts wäre und weiterhin rührende Anekdoten erzählen, die vom gemeinsamen Frühstück mit dem Meister im Hotel Chasselas handeln oder vom eiskalten Pool der Heideggers in Freiburg, um dann zu schließen: „Die Philosophen mögen die Tyrannen, das ist eine berufsbedingte Verbildung."[21] Diese auf diskrete Art erschreckende Bemerkung kompromittiert die Philosophen (und die Philosophie), um Heidegger zu schützen, löscht jedoch auch die Erinnerung an Philosophen aus, die von den Nationalsozialisten ermordet wurden, wie Georges Politzer und Jean Cavaillès. Arendt, deren permanente Sorge es war, ihren Meister zu entlasten, schrieb schon 1969: „Die Neigung zum Tyrannischen lässt sich theoretisch bei fast allen großen Denkern nachweisen"[22]. Es gibt aber hundertmal mehr Philosophen, die Opfer der Tyrannen wurden, als solche, die ihnen dienten.

Indem sie diese Vorwürfe ausbauen, kritisieren Apologeten wie France-Lanord den Antisemitismus von Voltaire, von Marx oder von Gottlob Frege, obwohl in deren Werk der Antisemitismus keinerlei maßgebliches Gewicht hat. Frege schreibt zwar Anfang der 1920er Jahre antisemitische Gedanken in seine Notizbücher, was aber keinerlei Zusammenhang mit seinen logischen und philosophischen Arbeiten hat, und nichts davon scheint durch in seiner Korrespondenz mit Husserl über die Phänomenologie.[23] Dagegen bestätigt sich heute, dass der Antisemitismus der Vernichtung in Heideggers Werk eine geradezu tragende Rolle spielt.

Für manche sind die Philosophie und der Nationalsozialismus vereinbar, ja sogar wesensgleich, und Heidegger wird dann in ihren Augen zum Philosophen an sich. Die Einführung des Nationalsozialismus in die Philosophie wird dann sehr deutlich: Di Cesare, die ihr Judentum

21 Zit. n. Cassin: Nous savions tous. – Der radikale Flügel des sogenannten linken Heideggerismus bewundert offen die Tyrannen: Badiou die Roten Khmer; Žižek Hitler; Vattimo, Žižek und Badiou Mao (vgl. Badiou / Žižek (Hrsg.): *Mao*).

22 Hannah Arendt: Martin Heidegger ist achtzig Jahre alt. In: *Merkur* 23,258 (1969), S. 893–902, hier S. 902.

23 Er hat nichts vom notorischen Antisemiten, wie beschrieben bei Romano: L'idée d'antisémitisme, S. 1008.

öffentlich vertritt, ist der Meinung, dass der Nationalsozialismus in jeder Hinsicht „eine Philosophie" sei.[24] Ihre Apologie verleiht so einer verbrecherischen Doktrin, die eine Sache des Strafrechts ist, eine akademische Würde und hebt sie sogar auf die Stufe eines „revolutionären" Denkens, indem sie den Kritikern vorwirft, Heideggers Philosophie ihres „revolutionären Potentials" zu berauben.[25]

Da Heidegger zum *Abbau* der Philosophie aufrief – um sein orakelhaftes Denken an ihre Stelle zu setzen –, setzen die Apologeten, die die Philosophie und die Philosophen herabsetzen, um Heidegger zu feiern, dieses Programm nur fort.

Plädoyer für die impotentia judicandi

Da Ethik in Heideggers Philosophie nicht vorhanden ist, legt man in sie hinein, dass sie jenseits von Gut und Böse steht. Der Meister verdammt nach allen Seiten, und er tut dies nach polemischen Kriterien, weil er den Feind als solchen a priori charakterisiert. Infolgedessen kann man ihn nicht vor Gericht stellen, sein *Geschick* erwächst aus dem Schicksal des deutschen Volks – wir haben es mit einer transzendenten Art des *Befehlsnotstands* zu tun, auf die sich Eichmann und viele andere beriefen.

a. *Die Grauzone.* – Jedes moralische Urteil wird nicht nur unmöglich, sondern auch empörend: „Wissenschaft und Moral haben das Denken zerstört"[26]. Deshalb beruft sich Julia Ireland auf den Begriff der *Grauzone*[27], den Primo Levi vor allem in seinem letzten Buch *Die Untergegangenen und die Geretteten*[28] beleuchtete. Sie schreibt ihm diesen Begriff zu, der in den italienischen antifaschistischen Kreisen der 1930er Jahre geprägt wurde, wo er eine ganze Reihe von

24 Donatella Di Cesare: *Heidegger, die Juden, die Shoah.* Frankfurt am Main: Klostermann 2016, S. 42. Sie stützt sich auf die Studie von Emmanuel Levinas (ders.: *Quelques réflexions sur la philosophie de l'hitlérisme.* Paris: Payot & Rivage 1997), nach dem Prinzip, dass sich jede apologetische Ungeheuerlichkeit zugunsten des Nationalsozialismus auf wenigstens einen jüdischen Schüler Heideggers stützen muss.

25 Di Cesare: *Heidegger, die Juden, die Shoah*, S. 45.

26 *SH* IV, S. 234.

27 Beitrag zur Tagung über die *Schwarzen Hefte* in Siegen („Philosophie und Politik: Untersuchungen zu Martin Heideggers ‚Schwarzen Heften'", 22–25. April 2015).

28 Primo Levi: *Die Untergegangenen und die Geretteten*, aus d. Ital. v. Moshe Kahn. München: dtv 2015.

Kompromissen bezeichnete. Levi entwickelt ihn weiter, um Fälle von anscheinender oder gezwungener Kollaboration zu bezeichnen, die er sich weigert zu kategorisieren, um die Opfer nicht unnötig zu belasten. Z. B. verzichtet er darauf, das Fußballspiel zu beurteilen, das die SS den Männern des Sonderkommandos in Auschwitz aufzwangen (dabei wusste er damals noch nicht, dass sie zur gleichen Zeit ihren Aufstand vom Oktober 1944 vorbereiteten); oder er vermeidet es, die Mitglieder der Judenräte zu belasten – während Arendt in ihrem Buch *Eichmann in Jerusalem* meint, dies tun zu müssen, als wären sie Komplizen oder gar verantwortlich für die Verbrechen der Nationalsozialisten. Das erinnert an eine abgeschwächte Form der von Heidegger theoretisierten *Selbstvernichtung*, insbesondere in jenen Aufzeichnungen der *Schwarzen Hefte*, die nach der erfolgten Vernichtung niedergeschrieben wurden. Ireland stellt nun, unter Levis Patronat, Heidegger in die Grauzone, ganz so, als sei er Geisel oder gar Opfer der Nationalsozialisten gewesen: Ihre Studie konzentriert sich auf Gustav Adolf Scheel, den Führer der nationalsozialistischen Studenten, der Heidegger während seines Rektorats unterstützte; sie behauptet, Heidegger sei Opfer seines Ehrgeizes geworden. Levi wusste aber, dass Heideggers Schweigen zur Vernichtung eine Form des Negationismus war; er betrachtete ihn als ein wichtiges Beispiel für die „intellektuelle Abdankung“[29], aber damals, Ende der 1970er Jahre, konnte er noch nicht wissen, wie weit die Radikalität von seinem Antisemitismus der Vernichtung ging. Dennoch gelangt Heidegger dank Ireland von der Braun- in die Grauzone und befindet sich damit außerhalb der Reichweite jeglichen juristischen Urteils.

In seiner *Irrnisfuge* betitelten Apologie vertritt Peter Trawny, der Herausgeber der *Schwarzen Hefte*, die Auffassung, dass über das Engagement für den Nationalsozialismus nicht geurteilt werden kann, denn es zeugt von einer souveränen Freiheit „von Verantwortung und Schuld“[30], „der Irrende ist ohne Schuld“[31]; an einer solchen Elle gemessen kann über kein Verbrechen geurteilt werden. Umso mehr als diese Aussage in einen Schwarm von Fragen verpackt ist: „Ist Hitler verantwortlich, hat er den Planeten in Brand gesteckt?

29 Levi: *Die Untergegangenen*, S. 152.

30 Trawny: *Irrnisfuge*, S. 50.

31 Ebd., S. 68.

Oder Mao? […] Und wer trägt die Birkenau-Schuld? Die Wannsee-Konferenz? Ist der Deutsche schuldig?" Wenn es keinen Schuldigen gibt, warum von Verbrechen reden? Übrigens, fragen wir uns doch: „Brauchen wir Schuldige? Sind wir beruhigt, wenn wir wissen, wer die Schuldigen sind?"[32]
Manche verlangten Gerechtigkeit, aber dieses Verlangen ist unmenschlich:

> Die Opfer sind es, die diese Fragen beschweren. Sie sind es, die sie verhindern, die sie vielleicht als unmenschliche Fragen erscheinen lassen. […] Die Opfer sind die Spur einer Geschichte, die uns herausfordert, die Schuldigen zu kennen. Doch wo endet diese Spur? Endet sie jemals?[33]

In diesem nächtlichen Nebel bleiben die Schuldigen unauffindbar.[34] Die einzigen, die man belangen will, sind die Heidegger-Kritiker, die laut Di Cesare unter dem Einfluss eines „Triebs der Selbstjustiz" stehen, eines „mittelmäßigen Revanchismus und eines starken reaktionären Triebs", als „Fundamentalisten" des „Liberalismus" …[35]
b. *Der relativistische Verzicht.* – Die *völkische* Theorie der Weltanschauungen kennt bis heute einen konstanten Erfolg. Aber nicht mehr nur das deutsche Volk hat die Wahrheit gepachtet, jetzt bestimmen jedes Volk, ja jede ethnische, sprachliche oder sexuelle Gruppe ihre eigenen Werte, gemeinsame Werte gibt es nicht mehr: die Menschenrechte, die Demokratie, oder gar die Wissenschaftlichkeit werden reduziert auf Reste einer arglistigen Herrschaft des Westens. Dieses kulturalistische Thema, das von der ethnizistischen extremen Rechten zur Linken und zur extremen Linken übergegangen ist, ist heute das tägliche Brot der Cultural Studies, der kulturellen und postkolonialen Studien, die sich auf die Dekonstruktivisten berufen. Die von Derrida inspirierte *French Theory* und die von Vattimo

32 Trawny: *Irrnisfuge*, S. 58.

33 Ebd.

34 Noch hinterlistiger sah Nancy im moralischen Urteil eine heimtückische Rache der Sieger über den Hitlerismus: „Wir haben gesehen, wie sich ein Kreuzzuggeist neu bildete, wo die Rachegelüste sich schmeicheln, im Namen der Werte der Demokratie, des Rechts und des Humanismus zu handeln. Man hat schließlich diesen ‚Werten' die Würde unantastbarer Absolutheit gegeben, die präsent, ja sogar verkörpert sind in den ‚entwickelten' Gesellschaften. In Wirklichkeit hat sich die ‚Entwicklung' selbst zur Macht des Guten erklärt." (Nancy: Nachwort, S. 44–45.)

35 Di Cesare: Heidegger, das Sein und die Juden, S. 17–18.

beherrschte *Italian Theory* finden beide ihre Grundlage im Denken Heideggers und nehmen es für sich in Anspruch.

Die antisemitische Affirmation und ihre relativistische Weißwaschung kommen auf diese Weise zusammen, denn der Antisemitismus ist nur ein Symptom, kein Verbrechen. Z. B. stellt Derrida die durchaus dogmatische Frage: „Jede Bekundung von Antisemitismus, Rassismus und Grausamkeit im allgemeinen [bleibt] ein Symptom. Was ist nun aber ein Symptom? Kann man Recht sprechen über ein Symptom? Es vor Gericht stellen?“[36] Derrida spielt damit das Unbewusste gegen die strafrechtliche Verantwortung aus und der Antisemitismus entgeht jeder Verurteilung.

Der dogmatische Relativismus ist im intellektuellen Raum so weit verbreitet, dass er es heute ermöglicht, zugunsten Heideggers zu argumentieren: Man kann ihn nur als Heideggerianer lesen, indem man also seine eigenen Kategorien anwendet, die einzigen, die zur Kommentierung taugen. Zu Zeiten Joseph Fouchés schien dessen Feststellung angesichts des Mords am Herzog von Enghien, „es war mehr als ein Verbrechen, es war ein Fehler“[37], als das Äußerste an Zynismus. Für den dogmatischen Relativismus von heute gibt es die Kategorie Verbrechen überhaupt nicht mehr, von dem Augenblick an, da der Verbrecher keinen Begriff davon hat: das Schuldgefühl und das Geständnis des Verbrechens durch den Mörder bestimmen, ob ein Verbrechen besteht oder nicht.

Abgesehen vom ‚planetarischen Verbrechertum‘, dessen prädestinierte Vertreter die Juden seien, gibt es den Begriff *Schuld* bei Heidegger nicht, denn das Schicksal ist immer stärker, wie es im *Brief über den „Humanismus“*[38] betont wird. In den Rangen der Nationalsozialisten ist niemand an nichts schuldig, oder eben daran, seine vom Geschick gestellte, militärische Aufgabe nicht erfüllt zu haben: der Nürnberger Prozess begann mit einer Litanei von *Nicht schuldig!*-Rufen, die die Verteidigung der Angeklagten zusammenfassten. In *Irrnisfuge* entwickelt Trawny genau das, wenn er schreibt, Irrtum sei nicht Schuld, ein Argument, das Marcuse kurz nach dem Krieg widerlegte, als er an seinen einstigen Lehrer schrieb:

36 Jacques Derrida / Elisabeth Roudinesco: *Woraus wird Morgen gemacht sein? Ein Dialog.* Stuttgart: Klett-Cotta 2006, S. 205.

37 Zit. n. Stefan Zweig: *Joseph Fouché.* Stockholm: Bermann-Fischer 1950, S. 174.

38 *BH*, S. 313–364.

> Ein Philosoph kann sich im Politischen täuschen [...]. Aber er kann sich nicht täuschen über ein Regime, das Millionen von Juden umgebracht hat – bloß weil sie Juden waren, das den Terror zum Normalzustand gemacht hat und alles, was je wirklich mit dem Begriff Geist und Freiheit und Wahrheit verbunden war, in sein blutiges Gegenteil verkehrt hat.[39]

Der Relativismus hat jedoch seine Grenzen in Heideggers eigenen Texten: Er scheut sich nicht, die Sieger über das ‚Reich' zu verdammen.

> Wäre z. B. die *Verkennung* dieses Geschickes – das uns ja nicht selbst gehörte, wäre das Niederhalten im *Weltwollen* – aus dem Geschick gedacht, nicht eine noch wesentlichere „Schuld" und eine „Kollektivschuld", deren Größe gar nicht – im Wesen nicht einmal am Greuelhaften der „Gaskammern" gemessen werden könnte –; eine Schuld – unheimlicher denn alle öffentlich „anprangerbaren" „Verbrechen" – die gewiß künftig keiner je entschuldigen dürfte.[40]

Heidegger verwendet hier die Wörter *Schuld* und *Entschuldigung*, allerdings mit Anführungszeichen; aber wie in dem oben schon kommentierten Satz des Bremer Vortrags[41] sind die Deutschen die Opfer: „Jetzt schon [ist] das deutsche Volk und Land ein einziges Kz – wie es ‚die Welt' allerdings noch nie ‚gesehen' hat und das ‚die Welt' auch nicht sehen *will*."[42] Das unverzeihliche Verbrechen ist also, dass man das deutsche Volk daran gehindert hat, seinen geschicklichen Vernichtungsauftrag auszuführen. Die Anführungszeichen betonen die phobische Erregung vor den Formeln des Feindes, die „Gaskammern", die „Verbrechen", die „Kollektivschuld", „die Welt", was „gesehen" wurde, also die Zeitzeugnisse, all das gehört zur Sprache des Anderen – Heidegger kommentiert hier ein alliiertes Flugblatt. Im Gegensatz zu den Behauptungen Irelands halten die Anführungszeichen nicht die Terminologie der Nationalsozialisten[43] auf Distanz, sondern die unreinen

39 Zit. n. Faye: *Heidegger. Die Einführung*, S. 404–405.

40 *SH* IV, S. 99–100.

41 Siehe Kap. III, S. 83–84.

42 *SH* IV, S. 100.

43 Um Heideggers Sprache vom Bürokratenjargon der Nationalsozialisten, der LTI, abzuheben, schreibt Ireland: „Heidegger, by contrast, puts quotes around what Nazi ideology means most seriously, placing it into ironic suspense, in order to redefine those very same words in specifically Heideggerian terms." (Julia A. Ireland: *Putting Heidegger's Black Notebooks in the Grey Zone: Intervention and Complicity* (im Erscheinen).)

Wörter des Feindes wie „Demokratie".[44] Kurz gesagt, der Topos, dem gemäß man Heidegger nur nach seinen eigenen Kategorien kritisieren könne, den Derrida banalisierte, indem er Heidegger seinen „Gegen-Meister" (*Contre-Maître*)[45] nannte, führt jede sichtbare Kritik zu einer grundsätzlichen Entlastung.[46]

3. Heidegger unentbehrlicher denn je?

Das Erscheinen der *Schwarzen Hefte* ermöglichte eine Ausweitung der argumentativen Grauzone: Diejenigen, die die nationalsozialistische Radikalität Heideggers nicht leugnen können, ohne dafür geradestehen zu wollen oder es zu wagen, ziehen es vor, deren Tragweite und Konsequenzen zu begrenzen. Sie entwickeln dazu drei Hauptthemen: Heideggers Philosophie bleibt unantastbar, denn *Sein und Zeit* ist noch immer ein Meilenstein; außerdem bleibt sie notwendig, um die Vernichtung zu verstehen – und die moderne Welt zu kritisieren.

Sein und Zeit *oder das letzte Karree*

Die Trennung des Nationalsozialisten vom Philosophen ist zu einer gut bewachten Grenze geworden: Um die Heideggersche Offenbarung zu retten, genügt es, diese Grenze zu versetzen und die *Schwarzen Hefte* zu den kleineren Texten zu zählen, die mit dem Wesentlichen nichts zu tun haben. Für die verschiedenen Autoren ist diese Grenze zwischen dem Reinen und dem Unreinen eine Zickzacklinie, und sie wird immer wieder neu gezogen, aber das letzte Karree, das alle verteidigen, ist *Sein und Zeit*, das in ihren Augen auf keinen Fall nationalsozialistisch ist. Nancy argumentiert, dass sein Erscheinungsjahr, sechs Jahre vor 1933, jeden Zweifel entkräftet – mit diesem Argument wäre auch *Mein Kampf* nicht nationalsozialistisch; Romano geht noch weiter: „Das Werk beginnt eine ganze Zeit vor dem Nationalsozialismus" und „es gibt zwar tatsächlich einen ideologisch–politischen

44 In der Literatur der orthodoxen Heideggerianer wimmelt es von Anführungszeichen: Der statistische Sonderpreis geht sehr wahrscheinlich an Gérard Guests Pamphlet gegen Emmanuel Faye.

45 Unübersetzbares Wortspiel: *contre-maître* ist im Französischen das geläufige Wort für ‚Meister' im Handwerk und im Industriebetrieb.

46 Vgl. Gregory Fried: Epochal Polemics: Thinking with and against Heidegger after the *Black Notebooks*. Beitrag zur Tagung über die *Schwarzen Hefte* in Siegen („Philosophie und Politik: Untersuchungen zu Martin Heideggers ‚Schwarzen Heften'", 22–25. April 2015).

Hintergrund von *Sein und Zeit*, aber man kann ihn überhaupt nicht mit dem Engagement von 1933 identifizieren."[47] Die Offenbarung bleibt also eine ganze und der faszinierende Einfluss bleibt bestehen.[48] Der Bruch, den *Sein und Zeit* bewirkt, steht außerhalb der Ideengeschichte (wie der Meister es gewünscht hatte), denn er ist *epochal*, laut Heideggers und später auch Safranskis Verständnis: Anders gesagt, er ist Teil der Seinsgeschichte, in die er einen unwiderruflichen Schnitt eingeführt habe, wie auch immer die spätere Editionsgeschichte verlaufen sei.

Jedoch befanden Heideggerianer wie Jean-Michel Salanskis schon vor geraumer Zeit, dass keine Schrift des Meisters vom Verdacht ausgenommen sei, und die Veröffentlichung der *Schwarzen Hefte* verwandelte die Zweifel in Gewissheit: wo Ricœur noch in seinem letzten Buch versicherte, dass nichts Nationalsozialistisches in *Sein und Zeit* sei, lassen die Arbeiten von Emmanuel Faye, von Johannes Fritsche, Jean-Paul Leroux, Livia Profeti oder Gaëtan Pégny im Gegenteil darauf schließen, dass sich dieses Manifest indirekt die antisemitischen Themen aneignet, mit der Verschmelzung in der *Gemeinschaft* kulminiert und die metaphysischen Kategorien durch metapolitische Existenzialien ersetzt.

Die alte Garde wird eines Tages aussterben, wird sich aber nicht ergeben – wenigstens nicht dem, was auf der Hand liegt. Obwohl es so scheint, geht jedoch nicht alles weiter wie vorher: Trawny, Di Cesare, Nancy, Jean-Clet Martin beziehen sich neuerdings explizit auf die Klassiker des Nationalsozialismus. Diese neue Klarheit ist erfreulich, denn jene machen tatsächlich ein beachtliches Korpus für die Interpretation Heideggers aus; es ist aber auch notwendig, Fragen zur Banalisierung zu stellen, die daraus folgt, und zur Radikalisierung, die sie zulässt: Was wäre eine Einführung der Philosophie in den Antisemitismus?

Es wäre unangebracht, von den Philosophen eine perfekte Folgerichtigkeit zu verlangen, denn viele führen den Heidegger'schen Plan der Dekonstruktion der Rationalität fort, es wäre sinnlos, Argumenten zu widersprechen, die oft nur Sprachpartikeln sind; aber es bleibt notwendig, sie in die gegenwärtige Strategie einzubeziehen. In die Bresche springen, die Bastion verteidigen, das kann die Illusion einige

47 Romano: L'idée d'antisémitisme, S. 1016.

48 Safranski erklärt, Heidegger elektrisiere ihn.

Zeit lang dauern lassen; es genügt, die Fälscher und Verleumder zu denunzieren, um Verwirrung zu stiften und den Gedanken zu festigen, dass die sogenannten Heidegger-,Affären' ohne Ende einander folgen, ohne dass je das Wesentliche eines unverzichtbaren Denkens angerührt würde. Diese Haltung ist weit verbreitet, selbst außerhalb der Gruppe der Heideggerianer. So vertritt z. B. Axel Honneth, der Nachfolger, als Intellektueller und Hochschullehrer, von Jürgen Habermas, die Auffassung, dass die Enthüllungen und Kritiken Heidegger noch immer nicht delegitimiert haben und deshalb bestätigen, dass sein Denken, vor allem in *Sein und Zeit,* ein ,Knotenpunkt' des Denkens im 20. Jahrhundert bleibt.

So geraten Apologeten und Kritiker gleichermaßen ins Visier, als wäre der Zustand der Frage völlig unwichtig:

> Was auch immer die Archive noch zu Tage bringen, nichts verändert grundlegend die Lage der Akte Heidegger. Wenn man den Denker denunzieren will, kann man sich auf die gründliche Arbeit der Prä-Denunzianten stützen; wenn man ihn entlasten oder freisprechen will, gibt es Plädoyers der Prä-Apologeten.[49]

Diese zufriedene Resignation gegenüber der ewigen Wiederkehr der akademischen Polemiken meidet selbstverständlich jede Übernahme von Verantwortung und zeugt von einer bequemen Verwesentlichung eines schon sehr verwesentlichten Denkens.

Die Vernichtung

Als Günter Figal sein Amt als Vorsitzender der Heidegger-Gesellschaft abgab, warf ihm Donatella Di Cesare vor, er weigere sich, die Shoah zu denken, und sie beharrt auf dieser Position selbst nach ihrem eigenen Rücktritt. Sie findet nämlich im ontologischen Negationismus Heideggers „die Gelegenheit für die Philosophie, über die Shoah in ihrer unendlichen Tiefe nachzudenken"[50]. Sie mobilisiert auf diese Weise den romantischen Topos von der Blume am Rand des

49 Peter Sloterdijk: La politique de Heidegger. Reporter la fin de l'histoire. In: Gérard Bensussan / Joseph Cohen (Hrsg.): *Heidegger. Le danger et la promesse.* Paris: Kimé 2006, S. 151–184, hier S. 151.

50 Donatella Di Cesare: Heidegger: "Gli ebrei si sono autoannientati". In: *Corriere della Sera*, 08.02.2015 http://www.corriere.it/cultura/15_febbraio_03/heidegger-gli-ebrei-si-sono-autoannientati-99819ca8-abe5-11e4-bd86-014e921a3174.shtml (Zugriff am 11.02.2017). In einem Interview, das sie auf Deutsch der Zeitschrift *Hohe Luft* gab, überbietet sie sich

Abgrunds: „Das sublimste Denken gab sich für den abgründigsten Schrecken her"[51], so als zeichne die Kongruenz der Gegensätze, jenes uralte esoterische Thema, das Kennzeichen einer transzendenten Auserwählung. In einem Gespräch mit der Zeitschrift *Hohe Luft* mit dem Titel „Selbstvernichtung der Juden" geht Di Cesare noch weiter: „Wir brauchen Heidegger, um die Shoah zu verstehen."[52] Glaubt sie denn, dass die Juden sich selbst vernichtet haben? Ihre Position ist umso beängstigender, als sie unter Polizeischutz lebt, seitdem sie wegen ihres zionistischen Aktivismus von den italienischen Neofaschisten bedroht wird, die heute wieder im Aufwind sind; mit von der Partie ist die Gruppe CasaPound, die sich selbst, durch die Stimme ihrer wichtigsten Ideologen – wie Adriano Scianca – auch auf Heidegger beruft. Sind diejenigen, die zur Vernichtung aufriefen, die bestplatzierten, um sie zu ‚denken'? Was sie getan haben, war nur, sie und sich selbst zu rechtfertigen: Heidegger dabei zu nennen, ist nicht mehr nur sich zum Gefährten eines lange gehegten Schweigens zu machen,[53] sondern sehr fromm an der Apologie des Verbrechens gegen die Menschlichkeit teilzunehmen.

Die Technik und die Moderne

In den Milieus der Cultural Studies räumen die Holocaust Studies gern den Traumatheorien und dem Messianismus der politischen Theologie einen Platz ein; Heidegger und Heideggerianer wie Maurice Blanchot oder Nancy werden dort für ihre Paradoxe und Mehrdeutigkeiten geschätzt, vor allem für ihre Anklage der industriellen Moderne, die sich in den Vernichtungslagern konkretisiert habe: Dieses Thema hatte großen Erfolg.

1949 legte Heidegger in seinem Vortrag *Die Gefahr* nahe, dass technische Wissenschaft, indem sie ihren Einfluss auf die Welt ausgedehnt habe, verantwortlich für die Vernichtung gewesen sei. Freilich wurden die Juden aber nicht getötet, ihr Verschwinden verdient nicht die

noch (Donatella Di Cesare / Thomas Vašek: Selbstvernichtung der Juden. Exklusiv-Interview mit Donatella Di Cesare. In: *Hohe Luft Magazin*. http://www.hoheluft-magazin.de/2015/02/heidegger-enthuellung/ (Zugriff am 30.01.2016).

51 Di Cesare: *Heidegger e gli ebrei*, S. 98.

52 Di Cesare / Vašek: Selbstvernichtung der Juden.

53 Goldschmidt erinnert daran, wenn er sinngemäß sagt, dass Schweigen über Auschwitz Auschwitz sei. (ders.: *Heidegger et la langue allemande*, S. 130).

Würde des Todes, denn ohne sie auch nur beim Namen zu nennen, stellt er mehrere Male die Frage „Sterben sie?“[54] Einerseits, da sie im Bereich der Seienden sind, haben sie keinen Bezug zum Sein, sie leben also nicht – in gewisser Weise sind sie nichts als substanzlose Akzidenzien. Aber vor allem sei die Technik, ihre *Machenschaft*, verantwortlich für ihr Verschwinden/Tod, daher das immer wieder erwähnte Bild der Industrialisierung (und der Rückgriff auf die lateinischen Wurzeln wie *motorisiert*, *Fabrikation*);[55] so erfüllt sich der heideggerische Wunsch, dass sich das Judentum aus sich selbst ausschließt, und zwar durch einen Nebeneffekt der *Machenschaft*, der Herrschaft der Effizienz, deren Hauptverantwortlicher es sei.

Von Arendt bis zu Agamben behinderte die Metapher der Industrie sogar die Geschichtsschreibung der Vernichtung, so dass die Massenerschießungen im Osten (in Frankreich oft die ‚Shoah par balles‘ genannt) ein halbes Jahrhundert lang vernachlässigt wurden. Obwohl sie widerlich ist, denn ermorden bedeutet nicht Kadaver zu *produzieren*, stützte diese Metapher das Klischee, demzufolge die technisch-wissenschaftliche Moderne für die Vernichtung verantwortlich gewesen sei.[56]

Als hätten die *Schwarzen Hefte* die Verbindung von Antisemitismus und Technikkritik nicht bestätigt, erklärt Axel Honneth Heideggers Erfolg nach 1945 damit, dass er uns auffordere, über den Zusammenhang des instrumentellen Denkens mit der Technik nachzudenken.[57] Man findet aber im Werk keine Bestandsaufnahme des Technik-Problems, die wichtigsten Zeitgenossen wie André Leroi-Gourhan oder Gilbert Simondon werden nicht erwähnt: Der Meister begnügt sich mit den üblichen anti-modernistischen Klischees. Die Technik wird verwesentlicht und braucht nicht analysiert zu werden.[58]

54 Siehe Kap. III, S. 83.

55 Vgl. *DG-S*, S. 27.

56 Selbst die Rationalität war dagegen nicht immun.

57 „Das Verhängnis des instrumentellen Denkens und der Technik“ (Axel Honneth: Was bleibt von Martin Heidegger? Rundfunkgespräch mit Eggert Blum, 11.03.2015. http://www.swr.de/swr2/programm/sendungen/swr2-forum/denkmalsturz-was-bleibt-von-martin-heidegger/-/id=660214/did=15209314/nid=660214/v1ht1g/index.html (Zugriff am 31.01.2016)).

58 Das wissentliche Nichtwissenwollen ist eine Leugnung der Existenz der Wissenschaften und des Realitätsprinzips, das bei Heidegger durch ein Lustprinzip ersetzt wird, das er die „Freiheit des Irrens“ nennt (vgl. Trawny: *Irrnisfuge*, Titel der frz. Ausgabe: *La liberté d'errer*,

Es war möglich, in den Heideggerschen Kritiken, wie z. B. denen der Staustufen, die den deutschen Rhein verunstalten, eine banale Fortsetzung des *Kulturpessimismus* der Bismarckzeit zu erkennen, aber Heidegger betritt Neuland, indem er den Zustand der modernen Welt als ein Ergebnis der jüdischen Herrschaft deklariert. Er verallgemeinert so die Theorie der Machenschaft, die mit der Geschäftswelt, dem *commercium*, verbunden ist.[59]

Die ‚verjudete' Welt bleibt in der Seinsvergessenheit, nicht nur weil die Juden als vaterlandslose Kosmopoliten kein *Dasein* haben, nirgends sind und also weltlos bleiben, sondern weil die Moderne von ihrer Fähigkeit zum Rechnen und Handeln, ihrem Geist des Rechnens und der Quantifizierung, ihrer ‚zähen Geschicklichkeit des Rechnens', ihrem leeren Rechnen beherrscht bleibt. Das mittelalterliche Thema des rechnenden Wucherers, der in das Zählen der Silberlinge des Judas vertieft ist, wird so auf die zeitgenössische Wissenschaft und Technik angewendet, denn diese Welt des Rechnens braucht die Mathematik und stützt sich auf ihre Modelle, die sich vor allem in der Schrecken erregenden kybernetischen Technikwissenschaft konkretisieren. So genügt diese unerhörte Ausweitung eines Klischees, um Wissenschaft und Technik in einen Topf zu werfen, die gegenwärtige Welt zu verdammen und zu versichern, dass „die Wissenschaft nicht denkt"[60], (weil sie von den Juden instrumentalisiert sei).

Manche versichern jetzt wieder, dass Heidegger unentbehrlicher sei denn je, um die gegenwärtige Welt zu „denken"[61]; was nennen sie aber ‚denken'? Bedeutet es, die Vernichtung zu leugnen, oder zu beklagen, dass sie nicht bis zu ihrem Ende durchgeführt werden konnte?

avec Heidegger), ein verharmlosender Begriff, der die brennende Pflicht zum Töten benennt. Diese so radikalisierte Ignoranz genehmigt sich eine Transzendenz und wird zu einer höchst bequemen Tugend: Die verschiedenen Strömungen des Dekonstruktivismus, die sich auf Heidegger berufen, plädieren für eine völlige epistemologische Deregulierung, finden Gefallen daran, jegliche Methodologie und selbst den Begriff der Objektivierung abzulehnen. So wirken sie aktiv daran mit, die Human- und Kulturwissenschaften auszumerzen.

59 *SZ*, § 13, S. 62.

60 Martin Heidegger: *Was heißt Denken?* Tübingen: Niemeyer 1984, S. 4. So erklärt sich die relative Gleichgültigkeit Heideggers dem biologischen Rassismus gegenüber, denn die Biologie ist eine ebenso ‚verjudete' und von Rationalität infizierte Wissenschaft wie jede andere. Er macht jedoch eine Ausnahme für die *Rassenkunde*, für die er als Rektor die Schaffung eines Lehrstuhls fordert.

61 Vgl. z. B. Di Cesare / Vašek: „Selbstvernichtung der Juden".

4. Umschwenkungen

Selbstverständlich bleibt der akademische Konformismus bestehen, und Heidegger „gehört zur Landschaft", wie ein Philosoph des *juste milieu* zu wissen meint, der noch nicht bemerkt hat, dass die Gegend verwüstet ist: Bei den großen, gut etablierten Namen denkt keiner daran, seine Lehre zu ändern, die Autoren der Agrégation behalten für immer ihren Platz im arkadischen Horizont. Im Übrigen kann man jetzt nicht mehr zurück:

> Alles was im 20. Jahrhundert an Wichtigem geschah, wenigstens auf diesem Kontinent, stammt aus einer impliziten oder expliziten Stellungnahme zu Heidegger. Wenn wir den Zensoren Recht geben müssten, [...] würden wir einen großen Teil unseres Denk-Erbes unverständlich machen.[62]

Alles kann also so weitergehen wie bisher, und Trawny findet sogar, dass die Veröffentlichung der *Schwarzen Hefte* die Heidegger-Studien neu belebt hat.[63] Die Apologeten weichen aber voneinander ab, sie polemisieren gegeneinander und haben keine gemeinsame Strategie. Manche geben auf, andere praktizieren die Flucht nach vorn und rechtfertigen, was nicht zu rechtfertigen ist; viele reihen einander widersprechende Argumente aneinander, deren Zweck die große Zahl ist, damit die Aufmerksamkeit vom zentralen Problem abgelenkt wird.[64] Bald sind die *Hefte* nicht nationalsozialistisch (von Herrmann, Fédier) und bergen ‚schöne Entdeckungen' (France-Lanord); bald will uns Heidegger durch ihre Veröffentlichung erziehen, und seine Irrtümer sind wertvoll (Trawny, Nancy); bald sind sie nationalsozialistisch, aber bleiben notwendig (Safranski); und wenn es auch Antisemitismus bei Heidegger gibt, so betrifft das nicht sein Denken (Romano).

62 Romano: L'idée d'antisémitisme, S. 1018.

63 Trawny: Heidegger et les Cahiers noirs, S. 141.

64 Wenn ein Patient sich in einem Wust von gegensätzlichen Rechtfertigungen verheddert, benutzen die französischen Psychoanalytiker das Verb *chaudronner* (kesseln). André Green hätte hier den Mann zitiert, den Heidegger ‚den Juden Freud' nannte: „A. hat von B. einen kupfernen Kessel entlehnt und wird nach der Rückgabe von B. verklagt, weil der Kessel nun ein großes Loch zeigt, das ihn unverwendbar macht. Seine Verteidigung lautet: Erstens habe ich von B. überhaupt keinen Kessel entlehnt; zweitens hatte der Kessel bereits ein Loch, als ich ihn von B. übernahm; drittens habe ich den Kessel ganz zurückgegeben." (Sigmund Freud: *Der Witz und seine Beziehung zum Unbewussten*. Leipzig / Wien: Deuticke 1905, S. 48.)

In der Sequenz *Negation, Minorisierung, Relativierung, Affirmation*, von der hier einige Beispiele angeführt wurden, werden jetzt die mittleren Etappen vorgezogen. Die argumentative Grauzone wird auf diese Weise dunkler, die Relativierung weitet sich auf Autoren wie Trawny und Di Cesare aus, die die Affirmationen banalisieren, den Aufruf zur Vernichtung in einen simplen Irrtum umwandeln und die Anklagen auf andere ausweiten, von Mao bis zu Frege, als könnten von allen geteilte Niederträchtigkeiten jeden Einzelnen reinwaschen. Dieser unreflektierte Diskurs, der alles zugibt, aber keine Konsequenzen daraus zieht, der immer mehr Anekdoten in einem permanent spöttischen und gelassen unverantwortlichen Ton erzählt, bedient sich der Sprache der Dekonstruktivisten. Die wiederum inspiriert sich von den Apologien, mit denen sich der Meister flink reinwaschen und der Gefängnishaft entkommen konnte, durch einen ‚fehlerlosen' Parcours, den sein Freund Carl Schmitt bewunderte und für den er ihn während seiner eigenen Gefängnisjahre beneidete. Indem sie so entscheidende Linien verwischen, könnten solche Sprachelemente dem Meister noch einige Zeit lang die unheimliche Anziehungskraft der verfemten Denker sichern. Andererseits, wer immer mehr Ausflüchte erfindet, kompromittiert sich, denn, wie Primo Levi zu Heidegger bemerkte, der Weg der Unterwerfung kennt keine Rückkehr: Er opfert dem Meister seine Würde, leugnet im Namen des gelüfteten Geheimnisses das Offensichtliche und unterschreibt seinen intellektuellen Tod. In der Tat sind die radikalen Apologeten vorsichtig geworden, ihre Zahl nahm plötzlich ab.

VI.
De-Ontologie und Metapolitik

Hier ist es müßig, zum Endzweck der Philosophie zu argumentieren und zum Beispiel einzuwenden, dass eins ihrer Ziele Verständnis und also Emanzipation ist: Das wäre wie ein Zugeständnis an die Aufklärung, die Heidegger verabscheut, weil er in ihr den Beginn einer universellen Verdunkelung sieht. Man erwähnt immer wieder gern, dass die Aufklärung zur Vernichtung geführt habe, man macht vor allem die technische Rationalität dafür verantwortlich, wenn es nicht Aristoteles oder René Descartes selbst waren.[1] Ich möchte aber an zwei methodischen Prinzipien festhalten, die es der Philosophie gestatten, sich von der Mythologie trennen: die Suche nach widerlegbaren Argumenten und die Technik des Dialogs.

(i) Die Rationalität kann nicht ethnozentrisch sein, weil ihre Prinzipien zu einer nicht aufgezwungenen, sondern von allen gebilligten Universalität hin tendieren: so z. B. die Prinzipien der Mathematik.

1 Nietzsche vertrat die Auffassung, dass die Vernunft jüdisch ist, weil sie es gestattet, die krummen Nasen zu verbergen: „Nichts nämlich ist demokratischer als die Logik. Sie kennt kein Ansehen der Person und nimmt auch die krummen Nasen für gerade“ und er schließt, von den Juden sprechend: „Ihre Aufgabe war es immer, ein Volk ‚zur Raison‘ zu bringen.“ (Friedrich Nietzsche: Die fröhliche Wissenschaft. In: Ders.: *Sämtliche Werke. Kritische Studienausgabe*, Bd. 3, hrsg. v. Giorgio Colli / Mazzino Montinari. München / Berlin: dtv / de Gruyter 1980, hier § 348 , S. 584–585). Da die Vernunft an allem schuld ist, musste sie es auch an der Vernichtung sein: Auschwitz sei der Höhepunkt der abendländischen technischen Vernunft versichern George Steiner, Giorgio Agamben und viele andere in Heideggers Nachfolge.

(ii) Die Dialogik geht über den Kreis der Schüler oder der Fellows hinaus, da sich jede These der Kritik stellen muss. Jeder Satz kann von einem Unbekannten angefochten werden, und der Philosoph muss dafür einstehen. Insofern disqualifiziert der Aufruf zur Vernichtung eine Philosophie als solche, denn sie ruft zum Mord an genau dem Fremden auf, der Einwände vortragen konnte, der bei seiner Meinung blieb.

1. Identität gegen Ontologie?

Obwohl die ontologische Obsession bezeichnend ist für die ‚abendländische' Tradition, meint Heidegger, die Metaphysik habe eine Erbsünde begangen: Das Vergessen des Seins. Warum dieses Thema? Das Sein ist bekanntlich der Gott der Philosophen, die aus ihm den Garanten der Einheit des Kosmos gemacht haben. Es gab Versuche, z. B. durch den Thomismus, das Sein mit einem weniger hellenischen Gott zu versöhnen, nämlich dem Gott Abrahams und Jakobs. Im 19. Jahrhundert, mit dem Aufstieg des deutschen Nationalismus, zog man es zuweilen vor, sie gegeneinanderzustellen, wie Athen gegen Jerusalem. Heidegger war es vorbehalten, durch die Rückkehr zum Sein ein Ewiges zu zerstören, das auf unerträgliche Weise jüdisch war.

Zwar wird selbst der Begriff der Substanz seit über einem Jahrhundert von den Physikern abgelehnt, die seitdem alle traditionellen Attribute des Seins ruinierten, aber dieses behielt durch seine lange Geschichte und seine dunkle Unbestimmtheit eine gewisse Weihe:[2] Wer in seinem Namen spricht, wird zum Propheten und bekommt eine religiöse Aura. Wenn man zudem verkündet, dass das Schicksal – nicht das der Menschheit, denn der Mensch existiert bei Heidegger nicht – der Individuen und der Völker von einer Seinsphilosophie abhängt, dann gefällt das den Philosophen, die, ob Heideggerianer oder nicht, sich nur geschmeichelt fühlen können, dass sie so wichtig sind wie einst die

2 Vgl. François Rastier: L'Être naquit dans le langage. Un aspect de la mimésis philosophique. In: *Methodos* 1 (2001), S. 103–132. https://methodos.revues.org/206 (Zugriff am 30.12.2016).

Theologen; und in der Tat wacht, wie oben ausgeführt, ein quasi metaphysischer Zunftgeist über der Rezeption des Meisters.

Heideggers identitärer Diskurs führt jedoch zu mehreren Aporien, indem er sich der ontologischen Tradition entgegenstellt.

a. Mit der Schaffung der Natur, der *Physis*, waren die Präsokratiker von der Vorstellung eines von den Göttern animierten Kosmos abgerückt. Indem sie das Pantheon verabschiedeten, hatten Anaximander und Xenophanes mit dem Mythos gebrochen und dem philosophischen Denken den Raum geöffnet. Als Parmenides das Sein schuf, stellte er es sich als Sphäre vor: Von vornherein befanden sich damit, durch das Fehlen jeglichen Anthropomorphismus', die Ontologie und die Metaphysik außerhalb der Welt der Götter der Hellenen.[3]

Das Sein ist zum Gott der Philosophen geworden, und Heidegger preist ihn umso mehr, als er nichts mit dem Gott Abrahams oder Jakobs gemein hat. Die Unbestimmtheit des Seins definiert dieses absolut, als etwas ohne Anfang und Ende, als etwas unbewegliches, stetiges (vgl. Parmenides, Fragment 8). Damit hat die Ontologie ein Grundproblem, nämlich die Vereinbarung der Einmaligkeit und der Permanenz des Seins mit der Vielzahl und Vielfalt der empirisch Seienden. Die klassische Lösung zur Überwindung dieser *ontologischen Differenz* bestand darin, die Seienden in Kategorien zu subsumieren und klassifizierende Baumdiagramme zu entwickeln, die sich neuerdings in den semantischen Netzen und den Ontologien des semantischen Web wiederfinden.

Heideggers Denken, da es in der Scholastik wurzelt,[4] behielt ein theologisches Substrat, aber durch seine Staatstheorie wurde es zur Schaffung einer politischen Theologie radikal politisiert. So behauptet er beispielsweise, dass das Volk zu den Seienden, der Staat aber zum Sein gehöre: Der Führer befinde sich demnach in der hervorragenden metaphysischen Lage, die Vermittlung zwischen Seienden (Deutschen) und Sein zu gewährleisten. Aber Heidegger betritt Neuland, indem er sich ausdenkt, dass bestimmte Seiende von jeglichem Verhältnis zum Sein

3 Vgl. ebd., Abschnitt II.1: L'Être, anti-héros.

4 Im scholastischen Denken ist die ontologische Differenz ein Gemeinplatz, man findet sie z. B. bei Bonaventura. Bei Heidegger sind Bezüge zur Spätscholastik eines Suarez transparent und manchmal explizit vorhanden. Sogar seine archaisierende Schreibweise, zum Beispiel Seyn statt Sein, weist auf diese Vergangenheit hin.

ausgeschlossen sind und deshalb buchstäblich nicht existieren; außerdem inszeniert er einen nicht zu sühnenden Konflikt zwischen diesen Seienden und dem Sein. Wenn Di Cesare schreibt: „Der Weltkrieg wird durch das Schema der ontologischen Differenz gelesen. Er erweist sich als der Krieg des Seins gegen das Seiende“[5], so muss genauer gesagt werden: Heidegger selbst interpretiert den Weltkrieg auf diese Weise, nämlich als einen Kampf zwischen dem ‚Weltjudentum‘ und dem Reich, wobei er Hitlers Prophetie in dessen Reichstagsrede vom Januar 1939 mit ontologischen Begriffen neu kodiert.[6]

Da *Seyn Vaterland* ist, verliert es seine Unbestimmtheit, behält aber andere wertvolle Eigenschaften, denn seit Parmenides wird Sein als Identität mit sich selbst definiert. Heidegger deutet nun die ontologische Tradition um, um auf ihr eine identitäre Ideologie zu begründen, nämlich die des Stammeswesens des Volkes, das zur Herrschaft berufen sei. Für ihn ist das Abendland der Verwahrer des Seins, oder besser, das Sein ist „das geistige Schicksal des Abendlandes“[7]. Das Zentrum des Abendlands ist aber Deutschland und das deutsche Volk, „das gefährdetste Volk und in all dem das metaphysische Volk“[8].

b. Wenn sich Heidegger auf den *Rassegedanken* beruft, verzichtet er auf den Begriff der Menschheit.[9] Das notorische Nichtvorhandensein der Ethik in seinem Werk rührt daher, gemäß der Nietzscheschen Tradition, der die Ethik zu einer Sklavenreligion erklärt, während die Ästhetik die angenehme Beschäftigung des Denkens der ‚Übermenschen‘ ist.

Wenn die ‚abendländische‘ Philosophie seit Platon die Abstraktion bevorzugte, so deshalb, weil sie die Universalität anstrebte, die schon die Definition des substantiellen Seins der Seienden bestimmt, ob es für sie nun transzendent oder immanent ist; z. B. unterscheiden sich die einzelnen Menschen durch zufällige Merkmale, besitzen aber eine gemeinsame Substanz, die die Gattung Mensch konstituiert. Die

5 Di Cesare: *Heidegger, die Juden, die Shoah*, S. 128.

6 Siehe Kap. I, S. 34.

7 Martin Heidegger: *Einführung in die Metaphysik*. Tübingen: Niemeyer 1958, S. 28.

8 Ebd., S. 29.

9 Übrigens ist das Wort Mann höchst selten in den *Schwarzen Heften* und wenn, dann findet es sich in ironischen oder absondernden Kontexten.

Vernunft übernimmt die Aufgabe, die logischen Regeln der Beziehungen zwischen den Individuen zu definieren, indem sie universelle Begriffe und Beziehungen vermittelt: der immer noch exemplarische Satz „Sokrates ist ein Mensch" lässt sich gleichermaßen für alle Individuen anwenden, die der Gattung Mensch angehören, auch wenn sie Isaak oder Jakob heißen. Und schließlich definiert die Ethik ihrerseits, indem sie sich an das Gute bindet, einen zur Logik parallelen Anspruch, der von der Wahrheit handelt und genauso für jede Person gilt.

Dem Begriff der Abstraktion selbst stellt Heidegger die Rhetorik des Konkreten und der Authentizität entgegen, in der Weise, dass beide sich jedem universellen Blick widersetzen. In den drei erwähnten Bereichen weist er gemäß seinem identitären Programm jede Universalität zurück: in dem Bereich der Menschheit, die bei ihm in Stämme zerfällt; in dem Bereich ihrer rationalen Begründung in der Logik und in dem Bereich ihres moralischen Ausdrucks in der Ethik. Deshalb attackiert er immer wieder jegliche Form der Rationalität, die bei ihm auf die (verabscheute) Technik und auf die Wissenschaft (die „nicht denkt")[10] reduziert wird. Meinte nicht auch Hitler zu dieser Zeit: „Wir stehen am Ende des Zeitalters der Vernunft"[11]? Bezeichnenderweise geht der Irrationalismus konform mit der Negierung der Menschheit, und schon bei Nietzsche wird die Vernunft, wie erwähnt, als jüdisch definiert.

Was für die Logik gilt, gilt hier für die Ethik, denn die ethische Begründung der menschlichen Universalität wurde in der gleichen Weise angegriffen. Hitler war der Meinung, dass das Gewissen – er zielte auf das moralische Gewissen – „eine jüdische Erfindung [ist]. Es ist wie die Beschneidung, eine Verstümmelung des menschlichen Wesens"[12]. Schon der Begriff des Verbrechens, der für die Ethik zentral ist, ist überholt und scheint mit den vernichteten Juden vollends zu verschwinden; so stammt, laut Hitler, „der Ausdruck Verbrechen [...] noch aus einer überwundenen Welt"[13].

10 Heidegger: *Was heißt Denken?*, S. 4.

11 Zit. n. Hermann Rauschning: *Gespräche mit Hitler*. New York: Europa 1940, S. 210.

12 Ebd.

13 Ebd., S. 211.

Schließlich ersetzt Heidegger den Begriff Menschheit durch den des Stamms, worauf Emmanuel Faye aufmerksam macht:

> Im gleichen Jahr wie *Sein und Zeit* unternimmt Heidegger in seiner Vorlesung des Sommersemesters 1927 die Zerstörung des Begriffs Menschengeschlecht (*genos*), indem er ungerechtfertigterweise das griechische *genos* durch Begriffe wie „Geschlecht" und „Stamm" ersetzt und dann nur noch von „Stämmen" redet, was dazu führt, dass es die universelle Menschheit nicht mehr gibt.[14]

Unmittelbar nach Ende des Ersten Weltkriegs, auf der Suche nach Frieden, unternahm man es, den erheblich beschädigten Begriff der Menschheit auf zwei Arten neu zu definieren, die beide für Heidegger gleich unzumutbar waren: im Bereich der Ethik durch Martin Buber, in einer Philosophie, die das Judentum der Aufklärung fortführte, und auf dem Gebiet der Rationalität durch Ernst Cassirer, Nachfolger von Hermann Cohen, in einer anthropologischen Philosophie der kulturellen Formen, die es sich vorgenommen hatte, den Begriff Menschheit durch eine vergleichende Methode neu aufzubauen, und deren Programm der Aufsatz „An Essay on Man" in einer Synthese skizziert hatte. Diese beiden Gedankenströme sind bahnbrechend, da sie das Besondere mit dem Allgemeinen, das Individuelle mit dem Universellen verbinden, wie Gaston Bachelard bemerkte, indem er Buber meinte.

Heideggers Reaktion bestand einerseits darin, in *Sein und Zeit* Bubers Worte des *Ich und Du*[15] umzukehren, indem er den anderen nicht als ein *Du*, sondern als ein bedrohliches *Man* definierte; andererseits unternahm er 1929, an jenem Tag der Geprellten, der als Disputation von Davos[16] im Gedächtnis blieb, den Versuch, Cassirer zu

14 Emmanuel Faye: *Heidegger. L'introduction du national-socialisme dans la philosophie.* Paris: LGF, Le livre de Poche, Biblio Essais 2007, S. 11–12 (Vorwort). Das Verfahren ist allgemein verbreitet: Durch Korpusvergleiche von rassistischen und antirassistischen Texten in französischer, deutscher und englischer Sprache konnten wir feststellen, dass in ersteren die Wörter *homme*, *Mann* und *man* nicht vorkommen. Vgl. Rastier: *La Mesure et le Grain*, S. 143–170 (Kap. 6). Die Menschheit wird so unaussprechbar und also undenkbar.

15 Buber: *Ich und Du. Werke.*

16 1929 veröffentlichte Cassirer den letzten Band seiner *Philosophie der symbolischen Formen* und wurde zum Rektor seiner Universität ernannt – er war der erste jüdische Professor in Deutschland, der eine solche Stelle bekleidete. Für Heidegger wuchs dadurch die Gefahr sowohl im intellektuellen als auch im akademischen Bereich.

widerlegen. Herbert Marcuse, der genau verstanden hatte, was mit dem Verschwinden des Begriffs der Menschheit auf dem Spiel stand, schrieb 1934 zu *Sein und Zeit*:

> Die Charakterzüge der wahrhaften Existenz, die entschlossene Haltung zum Tod, die Entscheidung, das Wagnis des Lebens, das Einverständnis mit dem Geschick sind von jedem Bezug zum wirklichen Unglück und Glück der Menschen, von den vernünftigen Zielen der Menschheit abgetrennt. In dieser abstrakten Form werden diese Charakterzüge zu den grundlegenden Kategorien einer rassistischen Weltanschauung.[17]

Nach dem Zweiten Weltkrieg und der Vernichtung stellte sich das Problem der Neudefinition der Menschheit und auch der Menschlichkeit auf eine neue Art und Weise, mit den Nürnberger Prozessen und der Schaffung eines Verbrechens gegen die Menschlichkeit, mit der Allgemeinen Erklärung der Menschenrechte von 1948 und 1951 mit der Annahme durch die Vereinten Nationen der Konvention gegen Völkermorde. Der Begriff der Menschlichkeit wurde so über seine traditionellen Wertbereiche hinaus auf den Bereich des Rechts ausgedehnt und ging auf diese Weise sozusagen in die Geschichte ein. Durch die 2002 erfolgte Gründung des Internationalen Strafgerichtshofs wird diese Ausweitung fortgeführt. Paradoxerweise bewirkte die Vernichtung eine theoretische Neugründung des Begriffs der Menschheit und der Menschlichkeit, den sie in der Praxis auslöschen wollte. Außerdem bestimmte, auf eine Art und Weise, die noch weniger zu erwarten war, im Bereich der Ästhetik der Begriff des Verbrechens gegen die Menschlichkeit das universelle Spektrum der Adressaten des literarischen Zeugnisses und verleiht gegenwärtig dem Begriff der Weltliteratur einen neuen Inhalt.[18] Werke wie *Das Menschengeschlecht* (Robert Antelme), *Ist das ein Mensch?* (Primo Levi) stellen allen Menschen die Frage nach der Natur des Menschen; ihre Autoren,

17 Herbert Marcuse: *La philosophie allemande (1871–1933)*, 1934 im Genfer Exil verfasst. Der französische Originaltext wurde von Emmanuel Faye in seinem Nachwort zur deutschen Übersetzung seines Buchs *Heidegger. Die Einführung* (ebd., S. 519, Anm. 20) zum ersten Mal in Teilen veröffentlicht.

18 Vgl. François Rastier: Témoignages inadmissibles. In: *Littérature* 117 (2010), S. 108–129.

Überlebende der Lager, betonen, dass ihre Schergen Menschen waren, keine Dämonen, Über- oder Untermenschen.
In seinem aus einem Schreiben von 1946 an Jean Beaufret hervorgegangenen *Brief über den „Humanismus"* leugnet Heidegger, als Antwort auf diese neue Situation, auf verdeckte Art die Neuheit der Vernichtung, wenn er erklärt: „Vollbringbar ist deshalb eigentlich nur das, was schon ist"[19], so als hätte der Völkermord schon immer präexistiert. Weiterhin leiten, wie schon erwähnt, seine Bremer Vorträge von 1949 (*GA* 79) die Verantwortung für die Vernichtung auf den Westen und die technische Vernunft um: dieses Thema bleibt bis heute prägend in den intellektuellen Milieus.

2. Metapolitik und Hoher Stil

Bis zur Veröffentlichung der *Schwarzen Hefte* konnten oder wollten die heideggerischen akademischen Kommentare den ‚metapolitischen' Plan des Meisters nicht explizit darstellen. Die Metapolitik, von Joseph de Maistre als die Metaphysik der Politik definiert, von Nietzsche in die Nähe der ‚großen Politik' gestellt, macht aus den Geschäften der Menschen den Ausdruck eines übermenschlichen Schicksals. Die *Schwarzen Hefte* behaupten die Metapolitik gegen die Philosophie: „*Das Ende der ‚Philosophie'*. – Wir müssen sie zum Ende bringen und damit das völlig Andere – Metapolitik – vorbereiten."[20] Dass sie in ihrem Wesen völkisch ist, steht außer Zweifel. „Die *Metaphysik des Daseins* muß sich nach ihrem innersten Gefüge vertiefen und ausweiten zur *‚Metapolitik' des ‚geschichtlichen Volkes'*."[21]
Der Begriff Metapolitik vereinigt seit der Befreiung durch die Alliierten die europäische extreme Rechte, die darin einen höheren Bereich als den der Politik sieht, der über den Meinungen und Parteien steht und von einer absolutierten Gewalt ausgeht. Auch Alain Badiou erklärt in seiner ganzen Radikalität in seinem *Abrégé de métapolitique* von 1998, dass eine der grundlegenden Forderungen an das gegenwärtige Denken sei, der „‚politischen Philosophie'" ein Ende zu

19 Martin Heidegger: *Brief über den „Humanismus"*. Frankfurt am Main: Klostermann 1947, S. 5.

20 *SH* I, S. 115.

21 Ebd., S. 124; vgl. auch ebd., S. 532.

machen (er setzt die Anführungszeichen) und dass der Konflikt der Meinungen nur insoweit politisch sei, als sich daraus eine *Entscheidung* kristallisiert: eines der Hauptthemen der politischen Theologie, laut Carl Schmitt vor allem, die Entscheidung fällt dem Führer zu oder dem großen Steuermann – wie man will.
Die Metapolitik erfordert eine neue Sprache. Für Heidegger ist das Deutsche, als Ausdruck des Volks und seines Bodens, die Sprache des Seins. Aber welche deutsche Sprache? Eine neue Sprache, deren Wortschatz gesäubert wurde von Lehnübersetzungen und ‚fremden Wurzeln', mit einer steilen Prosodie, in rhapsodischer Komposition und stereotypen Bildern, die Klemperer in den Diskursen der Politik, der Verwaltung und der Medien des Nationalsozialismus beschrieben hat. Diese Sprache wurde auch von diversen Philosophen, Schriftstellern und Denkern reflektiert und radikalisiert. Armin Mohler – er war Jüngers Sekretär – zeichnete in seinem Buch *Die konservative Revolution in Deutschland* eine Reihe solcher Wesenszüge auf: Besonders bemerkenswert ist, dass die Intellektuellen, die sich in den Dienst der nationalsozialistischen Weltanschauung stellen, die Begriffe aufgeben und Leitbilder benutzen, deren jedes eine eindringliche Metapher ist, und in ihren Schriften vermengen sie philosophische und literarische Diskurse im Namen einer höheren Einheit des Denkens.
Dieses Abbild eines politischen Plans ist nicht vergessen, und ein Holocaustleugner wie Guillaume Faye[22] definierte so die Metapolitik als „außerhalb der politischen Institutionen" stehend, „sowohl hinsichtlich der Sprache als auch der Ideen".[23] Die so beanspruchte Exterritorialität lässt natürlich die Konventionen einer philosophischen Diskussion hinter sich, und in einem derart befreiten und dekonstruierten Diskurs schwirren die Bilder, der Stil selbst wird der Inhalt des Denkens der Elite.[24]

22 Gründer der Zeitschrift *Annales d'histoire révisionniste*, in der Faurisson die Ermunterungsbriefe veröffentlichte, die Beaufret an diesen gerichtete hatte.

23 Zit. n. Jean-Paul Lippi: *Julius Evola, métaphysicien et penseur politique. Essai d'analyse structurale*. Lausanne: L'âge d'homme 1998, S. 261.

24 Einer der Slogans der radikalen italienischen Gruppe Zentropa ist: „Das Wichtige ist der Stil", was die Gruppe übersetzt, indem sie das faszinierende Wort *fascion* preist, eine trendige Kombination von Faschismus und *fashion* (vgl. http://www.urbandictionary.com/define.php?term=Fascion).

Die doppelte metapolitische ‚Befreiung' der Sprache und der Ideen ist selbstverständlich für diverse intellektuelle Milieus verführend, weit über die Ideologen der Neuen Rechten hinaus. In Frankreich gab es vor Jahren eine Kontroverse über die ‚Neue Philosophie', die wesentlich dekonstruktivistisch war und deren meiste Autoren sich auf Heidegger beriefen. 1979 wurde Bernard-Henri Lévy von Pierre Vidal-Naquet wegen eines Buches kritisiert, das von historischen Fehlern und Ungenauigkeiten nur so strotzte. Der Neue Philosoph wich im Wesentlichen aus, erhielt aber von Cornélius Castoriadis eine Antwort, die nichts von ihrer Richtigkeit eingebüßt hat, denn sie betont die politische Bedeutung des dekonstruktivistischen Stils:

> In der „Republik der Gelehrten" gibt es – gab es, bevor die Betrüger an die Macht kamen – Sitten, Regeln und Standards. Wenn jemand die Regeln nicht einhält, müssen ihn die anderen zur Ordnung rufen und ihn öffentlich verwarnen. Geschieht dies nicht – man weiß das schon lange – führt die unkontrollierte Demagogie zur Tyrannei. Sie erzeugt die Zerstörung der Normen – von deren Fortschritt wir Zeugen sind – und der *effektiven* öffentlichen, sozialen Verhaltensweisen, die zur gemeinsamen Suche der Wahrheit notwendig sind.[25]

Im Dezember 2013, nur ein paar Seiten mit Auszügen aus den *Schwarzen Heften* waren an die Öffentlichkeit gelangt, veranstaltete Bernard-Henri Lévy unter der Ägide seiner Zeitschrift *La règle du jeu* eine erste Zusammenkunft der Rechtfertigung und erneuerte dann noch einmal seinen Treueeid beim Kolloquium *Heidegger und ‚die Juden'*, dessen Akten in ebendieser Zeitschrift erschienen sind. Enthusiastisch feierte er dort wieder, in einem gummiartigen, aber

25 Cornelius Castoriadis: *Les Carrefours du labyrinthe II. Domaines de l'homme.* Paris: Seuil 1986, S. 32. (Zunächst erschienen unter dem Titel L'industrie du vide. In: *Le Nouvel Observateur*, 09.07.1979.) Er fährt fort: „Wofür wir alle verantwortlich sind, eben als politische Subjekte, ist nicht die unzeitliche, transzendente Wahrheit der Mathematik oder der Psychoanalyse. Wenn es sie gibt, unterliegt diese Wahrheit keinem Risiko. Wofür wir aber verantwortlich sind, das ist die *effektive Präsenz* dieser Wahrheit in der und für die Gesellschaft, in der wir leben. Diese ist es, die der Totalitarismus ebenso ruiniert wie der Betrug der Werbung. Nicht gegen den Betrug aufzustehen, ihn nicht zu denunzieren, heißt sich mitverantwortlich zu machen für seinen eventuellen Sieg. Der Betrug der Werbung tritt mit leiseren Sohlen auf, ist aber auf die Dauer nicht weniger gefährlich als der totalitäre Betrug."

unverwüstlichen Stil „die Sartresche Philosophie der Freiheit, die abhängig ist, zwangsläufig abhängig ist von jenem *Dasein* ohne Substanz und ohne Innerlichkeit, also leicht ist, hoch springt, möglich gemacht wurde durch *Sein und Zeit*". Und er stellt die Frage, ob man „die ‚ontologische Differenz' mit dem Bad dieses Nazi-Staats ausschütten [solle], der darin, in gewissen Texten, eine zusätzliche spekulative Seele gefunden hat"[26].

Seit den Neuen Philosophen haben sich Castoriadis' Befürchtungen bewahrheitet. Zum Beispiel entwickelt Laurence Hemming in einer lobenden Rezension des letzten Buchs von Sheehan (dieses „bemerkenswert gelungene Buch" stärkt Heidegger und die Heideggerianer, es ermöglicht ihnen, nach den *Schwarzen Heften* die Würde zu bewahren) folgendes Argument:

> Jeder, der in seinem Leben schon einmal eine homophobe Erfahrung gemacht hat, wird darin die sichere Geste eines heldischen Heteros (*straight*) erkennen, der der bedrängten Lesbe oder dem Gay Schutz vor den Bedrängern bietet. Es gab viele Bedränger, Karl Löwith, Victor Farías, Richard Wolin, Emmanuel Faye, um nur einige zu nennen.[27]

So stehen also Heideggers Kritiker im gleichen Verhältnis zu den Heideggerianern wie Homophobe zu Homosexuellen, und Sheehan beschützt sie ritterlich. In ihrer Unterstellung zeichnet diese Aussage nicht nur ein merkwürdiges Bild von Kritikern des Nationalsozialismus als Verfolgern und von Heideggerianern als Verfolgten, sie führt auch das semantische Feld der Sexualität ein, was für die Diskurse der extremen Rechten bezeichnend war, die kulturelle und ideologische Unterschiede von der Natur ableiteten. Unnötig daran zu erinnern, dass zehntausende Homosexuelle von den Nationalsozialisten umgebracht wurden. Zu vernachlässigen sind auch die Winke mit den sehr heideggerischen Queer Studies und Gender Studies: Es geht hier nicht darum, wen auch immer zu überzeugen oder zu informieren,

26 Bernard-Henri Lévy: Lire, toujours, Heidegger. In: *La règle du jeu*, 28.01.2015. http://laregledujeu.org/bhl/2015/01/28/lire-toujours-heidegger/ (Zugriff am 10.02.2016).

27 Laurence Hemming: Review of Thomas Sheehan *Making Sense*. In: *Notre Dame Philosophical Reviews*, 2015. http://ndpr.nd.edu/news/58956-making-sense-of-heidegger-a-paradigm-shift/ (Zugriff am 11.02.2016).

sondern nur zu verdunkeln, was noch verdunkelt werden kann – nicht zu argumentieren, sondern jegliche Argumentationsnorm zu zerstören. Die willentliche Dürftigkeit findet eine Menge törichter Analogien, um den letzten Rest von Rationalität auszutreiben.

Aktiv betrieben im Diskurs des dekonstruktivistischen Neomandarinats, gestattet die Zerstörung der Vernunft, das nicht zu Rechtfertigende zu rechtfertigen. Der hohe Stil, mit seinen brillanten Unschärfen, seiner Szenographie des Denkers, meidet jede Definition, entgeht jeder Kohärenz und kann, da er es gestattet, die Geschichte als eine Erzählung neben anderen neu zu schreiben, dazu führen, die Verbrecher zu rechtfertigen und die Opfer zu belasten.

3. Die Freiheit zu irren, mit Heidegger

Ein ausführliches Beispiel soll zeigen, wie das vor sich geht. In seinem Buch *Irrnisfuge* schreibt Trawny einen ganz anderen Stil als in seinem Essay über den seinsgeschichtlichen Antisemitismus und vervollständigt damit ein umfassendes Radikalisierungsprojekt. Es handelt sich nicht mehr um einen akademischen Essay mit Kommentarfunktion, sondern um ein intellektuelles Manifest in 26 Punkten, das sich auf Heidegger als einen Anführer des heutigen Denkens beruft und sich gegen das ‚politisch Korrekte' ausspricht. In Frankreich erschien das Buch bei einem libertären, als links bekannten Verlag, Indigène, der in letzter Zeit Werke von Stéphane Hessel und Daniel Cohn-Bendit herausbrachte. Die deutsche Originalausgabe trägt den Untertitel *Heideggers An-archie*. Das Incipit und Zwischentitel, die mehr oder weniger sarkastisch im Nietzsche-Ton formuliert sind, kennzeichnen eine strategische Rückkehr zu Nietzsche, denn die *Schwarzen Hefte* rivalisieren mit Nietzsches Schreibweise, und die Heideggerianer von rechts und von links verehren diesen Vorfahren als gemeinsame Schutzgottheit. Den französischen Titel hat Trawny, der das Französische perfekt beherrscht, selbst gewählt; er ist ein Programm in sich, und jedes seiner Worte verdient, genau abgewogen zu werden.

a. *Freiheit*. – Der Slogan „Befreiung zur Freiheit"[28] schreibt vor, sich von jeglichem Gesetz zu befreien, einen Ausnahmezustand auszurufen,

28 *SH* III, S. 230.

in dem das Denken nicht durch Rationalität oder Ethik beeinträchtigt wird; aber auch die im Trend liegende Verführung eines schon aus der Mode bekannten ultraliberalen Motivs auszunutzen.[29] Die hier befreite Freiheit ist die der Übertretung, es geht tatsächlich darum, die Freiheit zu befreien, wie es eine in der Sphäre der Deregulierung beliebte Parole will. So wird das Verbrechen zur Befreiung, wenn Trawny schreibt: „Außer sich zu sein, die Ekstase der Flamme und des Sturzes, gehört zur Freiheit."[30] Einige Kommentatoren entzifferten diese Botschaft, wie Patrice Bollon, der über Heidegger schrieb:

> Sein Werdegang unter dem Nationalsozialismus war zuerst der eines Extremisten mit trunkenen, quasi unsinnigen Visionen – obwohl man sie, genauer besehen, *vertreten kann und heute sogar über sie nachdenken sollte.*[31]

Genau zu solcher Art von dionysischer Lobrede ruft jene Verteidigung der Freiheit auf.

b. *Zu irren.* – Der deutsche Titel, *Irrnisfuge*[32], ist eine schräge Nachempfindung des Titels des Gedichts *Todesfuge* von Paul Celan, das dieser in einem nationalsozialistischen Arbeitslager geschrieben und 1952 veröffentlicht hatte. Es wurde in Deutschland so bekannt, dass es in allen Lesebüchern steht. Das Epigraph von *Irrnisfuge*, von Celan übernommen, bestätigt die Anspielung trotz der Behauptung von Trawny: „ohne Anspielung"[33]. Wenn man ‚Irrnis' liest, muss man

29 Im September 2014 wurde am Ende der Modenschau von Karl Lagerfeld für Chanel ein Plakat mit der Aufschrift *Free Freedom* gezeigt.

30 Trawny: *Irrnisfuge*, S. 47. Die Ekstase der Flamme erinnert an einen *Feuerspruch*, den Heidegger 1933 aus Anlass einer symbolischen Bücherverbrennung deklamierte. Auch *Sturz* ist ein großes Wort der nationalsozialistischen Offensiven, des *Blitzkriegs*; z. B. ist *Stuka* die Abkürzung von *Sturzkampfflugzeug*.

31 Patrice Bollon: Heidegger écorné par ses Cahiers. In: *Le magazine littéraire* 547 (2014), S. 24–25, hier S. 24 (Herv. F. R.).

32 Die französische Übersetzung durch *errance* macht aus dem Irrtum eine Art von Wanderung ohne Ziel, vor allem im ursprünglichen Kontext der „Irrnis der Lichtung". (*VS*); übersetzt mit „fugue d'errance de l'éclaircie", Trawny: *La liberté d'errer*, S. 10). Die Übersetzung des Worts *Irre* durch das gleiche Wort *errance* bleibt beschönigend, denn das Wort bedeutet eigentlich *égarement* (vgl. auch die andere Bedeutung *eine Verrückte*).

33 Trawny: *Irrnisfuge*, S. 10.

also ‚Tod' lesen, denn dieser Irrtum war todbringend: *Irrnis* wird so ein beschönigender Deckname.[34]

Die Freiheit zu irren wird dann zur Freiheit, zum Mord aufzurufen oder gar selbst zu töten – und Trawny erinnert im Übrigen an das Urteil von Arendt, die in ihrem Meister einen „potentiellen Mörder" sah.[35] Im Gegensatz zum Verbrechen zieht ein Irrtum keinerlei Verantwortung nach sich, der Mörder ist also nicht schuldig. „In der Irre gibt es weder Verantwortung noch Schuld."[36] Die Opfer dagegen sind unmenschlich, oder wenigstens stellen sie „unmenschliche Fragen"[37]. Der Irrtum des Mörders ist menschlich, die Fragen der Opfer sind unmenschlich.

Trotz gegenteiliger Behauptungen bleibt eine Verbindung zwischen „Irrtum" und Tod: „‚Irrnisfuge' und ‚Todesfuge' gehören zusammen"[38]; gewiss, so wie der Verbrecher und das Opfer. Das Verbrechen wird sogar zum Kriterium der Wahrheit: „Letztlich scheinen Wahrheit und Irre dasselbe zu sein."[39] Das Böse ist, „dass wir nicht darauf achten, woher die Freiheit des Tötens stammt"[40]: Die Freiheit ist nicht *Freiheit zu*, sondern *Freiheit des*, kurz, die Verwirklichung des Willens zur Macht. Das Tötungsverbot wird so zum unerträglich normativen und ‚politisch korrekten' Bösen.

„Wer groß denkt, muß groß irren."[41] Dieser Spruch Heideggers als Incipit[42] hat die Funktion der Entlastung, der Verwandlung des Irrtums in ein Indiz oder gar einen Beweis für Genie, und der Irrtum soll sogar vorgeschrieben werden, denn *muß* ist verpflichtend. Die Größe legitimiert sich selbst so perfekt, dass ein einzelner Aufruf zum Mord recht mittelmäßig scheint, denn er drückt kein so grandioses Denken aus wie ein Aufruf zur Vernichtung. Eben die *innere Größe* ist es, die Heidegger 1953 dem Nationalsozialismus zuerkennt – und wenn er in

34 Der Verweis ist umso eindeutiger, als Heidegger, der sich um die ethnische Säuberung der deutschen Sprache sorgte, penibel alle Romanismen, wie *Fuge* vermied, außer in antisemitischen Kontexten – vgl. z. B. *commercium* in *Sein und Zeit*, oder *brutalitas* in den *Schwarzen Heften*.

35 Trawny: *Heidegger und der Mythos*, S. 92.

36 Trawny: *Irrnisfuge*, S. 67.

37 Ebd., S. 58.

38 Ebd., S. 72.

39 Ebd., S. 52.

40 Ebd., S. 57.

41 Heidegger: *Aus der Erfahrung des Denkens*, S. 17.

42 Trawny: *Irrnisfuge*, S. 14.

seinem Gespräch mit dem *Spiegel* seine Verbindung mit dem Nationalsozialismus als eine *große Dummheit* einzuschätzen scheint, behält das Wort *groß* einen Wert des Lobs. So gehört die Größe, die man Heidegger zuschreibt, zu seinen eigenen Kategorien: Die Apologeten überbieten sich so sehr, dass diese weißwaschende Größe, indem sie Element der Sprache geworden ist, von der genauen Angabe befreit, worin sie besteht, denn sie kommt ganz natürlicherweise vom Denker, einer akademischen Form des ‚Übermenschen': Wer sie antastet, beweist nur seinen Kleingeist.

c. *Mit Heidegger*. – Der Ton bleibt apologetisch, aber das Grandiose wird alltäglich, wenn Trawny beschönigt, wenn er beinahe schäkert, den Zeitgeist anruft und den Antisemitismus zu einer nahezu anekdotischen Ergänzung der so entworfenen Ikone macht: „Der Skifahrer, der Hüttenbewohner, der Universitätsrektor mit dem Parteiabzeichen, der philosophische Esoteriker, der Liebhaber, der Lehrer, der strenge Denker"[43].

Würde man aber die Freiheit des Irrtums mit Cassirer oder Husserl fordern? Hier ist der Meister nicht mehr nur das Beispiel eines Denkens, sondern er ist ein Führer: Indem man die Freiheit einverlangt, *mit* ihm zu irren, verpflichtet man sich, sein Handeln weiterzuführen. Auch hier dienen Juden als Kaution. Heidegger hatte, wie viele andere, jüdische Studenten; vielleicht begeisterte er manche von ihnen mit dem verschwommenen Messianismus mancher seiner Aussagen wie „nur ein Gott kann uns noch retten"[44] oder sogar mit dem dunklen Verdacht, dass die Juden einen zentralen Platz in seinem Denken einnehmen. Trawny verbürgt Heideggers Diskurs durch Verweise auf jüdische Autoren wie Szondi, Adorno und vor allem die Celan entnommenen Epigraphe, der in *Irrnisfuge* fünfzehnmal genannt wird; schließlich mit dem von Kertész übernommenen Argument, Auschwitz sei ein „Mythos"[45] – obwohl Kertész doch damit meint, dass die Vernichtung außer zu einem historischen Gegenstand auch zu einer Art literarischer Materie geworden sei. Warum also nicht zugeben oder sogar bewundern, was so viele exemplarische Juden und Jüdinnen, allen voran Arendt, Blochmann und Kaléko, so sehr schätzten? Das will Trawny, in der Nachfolge von vielen anderen, dem Leser einreden.

43 Ebd., S. 21.
44 SPIEGEL-Gespräch mit Martin Heidegger, S. 209.
45 Trawny: *Irrnisfuge*, S. 72.

Radikalisierungen
In dem Buch *Irrnisfuge*, dessen Inhalt und Machart die *Schwarzen Hefte* nachahmen, hat sich der Stil geändert, die rhetorischen Vorsichtsmaßnahmen und akademischen Modalisierungen machen lapidaren Behauptungen Platz. Es will aber im Trend liegen: Ein-Wort-Sätze wie in manchen Zeitschriften für kleine Mädchen, simple Slogans wie „‚Europa' ist auch ‚Auschwitz'“[46], der ganz unschuldig die Europäische Union der Hitlerschen Massentötungen bezichtigt.
Es wäre müßig, dieses Manifest widerlegen zu wollen. Indem er im Übrigen mit der Ablehnung von Argumenten zugunsten des Mythos sein Buch abschließt, geht Trawny virtuos mit der ‚dekonstruktivistischen' Dialektik um, verwirft die aporetische Technik, die den philosophischen Dialog begründete, und widerspricht sich selbst auf gesetzte Art. Mit einer ganzen Reihe von Ausweichmanövern theoretisiert eine doppelte Sprache ihre eigene Unverantwortlichkeit und weist den Leser zurück, der eine einzelne These betrachten will, deren jede einer anderen These konfrontiert wird, die dann allerlei Auslassungen verdeckt. Die absichtliche argumentative Lässigkeit streitet für eine Befreiung von der Rationalität. Eine solche Parade von Ideologemen verursacht eine allgemeine Entwirklichung, ein Gegenstück zu dem, was Derrida „den guten Willen zur Macht“ nannte.
Mit seiner Behauptung, Heidegger sei „der letzte und wahrscheinlich furioseste Aufhalter der Moderne“[47] gewesen, gipfelt das Manifest in einer Heidegger-Lektüre nach Art von Schmitt. Dieser war der Auffassung, dass der *Führer* in der Rolle des *katechon* durch die Vernichtung der Juden die Apokalypse aufhielt. Für Trawny ist es Heidegger, der diese glanzvolle Rolle in der Geschichte des Seins spielt.
In Übereinstimmung mit dem nationalsozialistischen apokalyptischen Millenaristen prophezeite dieser nämlich, dass der Triumph der (‚verjudeten') Technik „das jetzige Menschentum“[48] verschwinden lasse. Aber das sei nur der Beginn einer neuen Ära, nämlich die der „erste[n] Reinigung *des Seins* von seiner tiefsten Verunstaltung durch die Vormacht des Seienden“[49] – hier sei daran erinnert, dass die

46 Trawny: *Irrnisfuge*, S. 72.
47 Ebd., S. 47.
48 *SH* III, S. 238.
49 Ebd.

Juden Seiende sind, die keinen Zugang zum Sein haben. Diese hygienische Reinigung, verkündet Trawny prophetisch, wird so geschehen: „Eine Sintflut muss kommen, um den Dreck der Technik wegzuspülen."[50] Die thematische Kontinuität zwischen triumphierender Technik, Seiender in Vormachtstellung und angehäuftem Dreck, drei anerkannten Gefahren in drei Sätzen, wird von den Juden geleistet, die zwar nicht genannt, aber durch die ihnen zugeordneten semantischen Korrelate präsent gemacht werden: Die *Technik* verweist auf das Rechnen, das *Seiende (in Vormachtstellung)* auf den wurzellosen Kosmopolitismus und der *Dreck* war schon immer ein Attribut des mythologischen Juden.[51]

Dem Beispiel des Meisters folgend verschlüsselt Trawny in dieser Art seine Rede durch das Verfahren der semantischen *Diffusion*: Die Juden erscheinen als die grundsätzlichen Feinde in verschiedenen Ersatzformen und Verkleidungen in unterschiedlichen Bereichen, ganz im Sinn der Verschwörungstheorie. Hier wie anderswo sind Heideggers und Trawnys Diskurse fest miteinander verbunden, nicht nur durch Zitate, sondern weil letzterer ersteren ergänzt: Z. B. wird eine gewisse semantische Form, lückenhaft im Zitat des ersteren durch den Kommentar des letzteren, ergänzt, der sogar noch weiter geht, da das Wort *Dreck*, das bei Streicher im Zusammenhang mit den Juden immer wieder auftaucht, im kommentierten Band 96 der *Gesamtausgabe* gar nicht vorkommt.

Auf diese Weise entwickelt und aktualisiert Trawny Heideggers Thesen, allerdings mit einer entscheidenden Verbeugung in Richtung eines ‚linken' intellektuellen Publikums, wie es der Bezug auf Jean François Lyotard und auf seine Theorie der ‚großen Narrative' deutlich macht. Dazu gehören die *Protokolle der Weisen von Zion* und „Auschwitz": „Dann aber gehören die ‚Protokolle der Weisen von Zion' und Auschwitz zusammen. Sie gehören zum großen Narrativ

50 Trawny: *Irrnisfuge*, S. 47.

51 Georges Clemenceau beschrieb einst den „dreckigen Juden mit Hakennase" (ders.: *Au pied du Sinaï*. Paris: Floury 1898, S. 48). Die Assoziation zwischen Juden und Dreck, ständig präsent in den nationalsozialistischen Texten, ist noch immer prägend. So beschimpft z. B. eine Webseite von fanatischen Fans den gegnerischen Club: „Gleich liegen sie im Dreck, wie sie im Dreck, wie die Juden damals!" (http://www.ultrafans.de/index.php/gleich-liegen-sie-im-dreck-wie-die-juden-damals/ (Zugriff am 01.07.2015)).

der Irre, das Heidegger erzählt."[52] Trawny stellt eine Fälschung der zaristischen Polizei und den Völkermord, der weltgeschichtlich am besten dokumentiert ist, auf die gleiche Stufe. Aber da das Ende der großen Erzählungen der Grund für die „Entzauberung der Welt" ist (Trawny bezieht sich hier auf Max Weber), findet sich nun Heidegger am Ende seines Manifests als großer Zauberer wieder: Er macht den Mythos zum Horizont der Philosophie und *verzaubert sie neu* durch ein großes Narrativ – den nationalsozialistischen Mythos.

Hier bereitet Trawny nun die Zukunft vor und benennt seine Nachfolger, zunächst Badiou: Wenn dieser „hervorragende Philosoph" in seiner *Einführung in die Philosophie* das Treffen von Heidegger und Celan als das der Philosophie und der Dichtung in Szene setzt, setzt er so umso besser Heideggers Denken fort, als auch für ihn „die Geschichte eine Erzählung [bleibt] (deshalb auch die epochale Rolle der ‚Kulturrevolution' etc.)".[53] Schließlich erscheint als letzte Garantie des Manifests Jean-Luc Nancy mit *Wahrheit der Demokratie.* Trawny ist sich voll bewusst, dass dieses Buch als Ganzes gegen die demokratische Institution als solche gerichtet ist und dass Nancy in der neuen Veröffentlichung einer Autorengruppe (u. a. Agamben, Badiou und Žižek) mit dem Titel *Demokratie?*[54] die repräsentative Demokratie, die ihm zufolge ohne Grundlage ist, der Gemeinschaft gegenüberstellt, deren wichtigster Theoretiker er heute ist. Indem er wie Badiou und Žižek Gemeinschaft (*communauté*) und (einen idealisierten) Kommunismus gleichstellt, versäumt er es klarzustellen, dass *communauté* die offizielle Übersetzung des nationalsozialistischen Begriffes *Gemeinschaft* ist (die der *Gesellschaft* entgegengesetzt wird), und dass der Untertitel des Hauptwerks von Pétain *Principes de la communauté* lautet. Das Thema der Gemeinschaft ist heute in ganz Europa eine der Hauptachsen der rot-braunen politischen Theorie geworden.

52 Trawny: *Irrnisfuge*, S. 73.

53 Ebd, S. 74. Die goldene Legende von Celan als Heideggerianer wurde von Jean Bollack widerlegt (ders.: *Dichtung wider Dichtung: Paul Celan und die Literatur*, hrsg. v. Werner Wögerbauer, hrsg. u. aus d. Franz. v. Werner Wögerbauer, unter Mitw. von Barbara Heber-Schärer. Göttingen: Wallstein 2006).

54 Giorgio Agamben / Alain Badiou / Daniel Bensaïd / Slavoj Žižek et al.: *Demokratie? Eine Debatte.* Berlin: Suhrkamp 2012.

Trawny zitiert zur direkten Unterstützung seiner Aussagen keinen lebenden deutschen Philosophen, denn wie Heidegger vor ihm, zur Zeit des *Briefs über den „Humanismus"*, setzt Trawny auf Frankreich – wo er, wie er weiß, angesehene Foren und ein internationales Echo finden kann, während seine Auslassungen in Deutschland mit gerechtfertigter Skepsis aufgenommen werden.[55] Die Gleichgültigkeit gegenüber philologischen Skrupeln und die affektierte Lässigkeit lassen seinen Diskurs im Strom der Pop-Philosophie mitlaufen, die überhöht wird von schimmernden orakelartigen Sentenzen. Er steht zu dem, was er mit Recht *Ideologeme* nennt: Eine Ideologie gehorcht keinem Realitätsprinzip, sie kann die Wissenschaft instrumentalisieren, hier vor allem die Geschichtswissenschaft, um eine *Weltanschauung* durchzusetzen, die Kriterium der Wahrheit geworden ist. Die Sequenz *Leugnung, Beschönigung, Banalisierung, Wieder-Bejahung* vollendet sich hier und jetzt, indem sie die von Heidegger selbst nach dem Krieg auf den Weg gebrachte Progression wiederholt. Trawny wiederholt sie heute: Was sein Buch über den seinsgeschichtlichen Antisemitismus noch zugibt und banalisiert, bejaht *Irrnisfuge* einige Monate später von neuem.

Dazu ist es notwendig, die kritische Dimension der Philosophie zu zerstören, die von der Rationalität untrennbar ist; endlich die Vernunft überwinden und ihre Dienerin, die Argumentation, die selbstverständlich entmenschlichend ist: „Wo das Lebewesen Mensch als solches schon vernünftig ist, wird der Philosoph geradezu zu einer Vernunft-Maschine, zu einem Roboter, der das Wohl der Menschheit berechnet."[56] In der Tat behindert die Argumentation die Rückkehr zum Mythos: „Das Argument – Schlüssel zu einer Welt, die auf den Mythos verzichtet. Seine Wahrheit, die Rationalität, prallt nicht

55 Er schreibt im Vorwort der französischen Übersetzung seines Essays über den Antisemitismus: „Wir mussten und müssen Notiz von jenem Verdacht nehmen, gemäß dem wir uns in Deutschland verpflichtet fühlen würden, jede nicht philosemitische Meinung als antisemitisch einzustufen." (Trawny: *Heidegger et l'antisémitisme. Sur les Cahiers noirs*, aus d. Dt. v. Julia Christ / Jean-Claude Monod. Paris: Seuil 2014, S. 19). Die Unterstellung ist deutlich: Wir seien zum Philosemitismus gezwungen – was Badiou und Eric Hazan ihrerseits in *L'antisémitisme partout* (Paris: La Fabrique 2011) nahelegen – und was Dieudonné in seinem Kreuzzug gegen das politisch Korrekte denunziert.

56 Trawny: *Irrnisfuge*, S. 70.

am Narrativ ab. Er vernichtet es."[57] Sie sind also bedroht, die wahren Werte einer „Welt, die auch heute noch zäh ihr Nachleben verteidigt"[58]: „Heimat, Grenze, Erde, Dichtung, Ort, Gemeinschaft, Stimmung, all das kann im universalen Transitraum der Technik keine Ansprüche mehr erheben."[59]

Die Rolle der Philosophie ist, diese Welt durch den Mythos wieder zu verzaubern, um Wirklichkeit zu schaffen: „Die Wirklichkeit wird erzählt"[60] und „auch die Philosophie wird in der Geschichte des Seins zur Handlung eines abendländischen Narrativs."[61] „Um überhaupt Denker sein zu können, ist die Teilnahme am großen Narrativ notwendig"[62]; warum nicht „das Narrativ, das die ‚Protokolle' entfalten"[63], das so poetisch ist: „Insofern gehört die Shoah zum Gedicht der Welt."[64] Diese Poetisierung überrascht nicht, denn Trawny versichert: „Es ist einzig und allein das Denken (und das Dichten), das die Welt und die Geschichte mit Bedeutungen versieht."[65] Da Stefan George den Dichter als idealen Führer zeichnete und Robert Brasillach den Führer als Dichter, sollten solche Reden diejenigen nachdenklich stimmen, die Heidegger von seinem nationalsozialistischen Engagement entlasten, indem sie an seine Loblieder der Dichtung erinnern.[66]

Trawnys erstes Buch über den seinsgeschichtlichen Antisemitismus war ein apologetischer Kommentar der *Schwarzen Hefte*, blieb im Wesentlichen im Bereich der wenn auch gewundenen akademischen Interpretation und zeigte ein beruhigendes Antlitz, das ihm die

57 Trawny: *Irrnisfuge*, S. 76; vgl. auch: „In der Welt des Arguments hat sich das Drama des Denkens verflüchtigt." (Ebd., S. 79.)

58 Ebd., S. 47.

59 Ebd. Trawnys Übersetzer ins Französische hat *Erde* vergessen, dabei ist das Wort entscheidend, wenn z. B. Heidegger in der *Rektoratsrede* den Nationalsozialismus dafür lobt, dass er die „erd- und bluthaften Kräfte" (*SU*, S. 112) auferweckt habe. *Lieu* als Übersetzung für *Ort* bleibt ätherisch: Es handelt sich hier um einen präzisen Ort, z. B. ein Dorf.

60 Ebd., S. 44.

61 Ebd.

62 Ebd., S. 59.

63 Ebd., S. 66, Anm. 73.

64 Ebd., S. 72.

65 Ebd., S. 12.

66 Es finden sich 55 Vorkommen der Wortfamilie Dichtung in Trawnys Buch, wo Dichtlosigkeit auf Ortlosigkeit antwortet.

Zustimmung verschiedener Intellektueller eintrug. *Irrnisfuge* dagegen gibt den radikalen intellektuellen Milieus die notwendigen Sicherheiten und Richtlinien für die Stärkung einer rot-braunen Internationale, die von Žižek und Badiou bis zu Dugin reicht.

4. Der Affirmationismus

Hin zur Affirmation

Der militärische Untergang des Hitlerismus zog nicht die intellektuelle Niederlage des Nationalsozialismus nach sich, außer vielleicht in Deutschland. Das Korpus der nationalsozialistischen Denker mit Heidegger und Schmitt an der Spitze bildet eine Reserve der Gewalt, die nur wiederbelebt werden muss.

Über Heidegger selbst hinaus stellt sich gegenwärtig die Frage nach dem ‚guten Nationalsozialismus'. In einem Brief an *Die Zeit* von 1953 bestätigte Heidegger, dass seine Vorlesung von 1935 zur Einführung in die Metaphysik zum Ziel hatte, den Hörer zum Lob der „inneren Wahrheit und Größe der Bewegung" des Nationalsozialismus zu führen.[67] Diese Erklärung, die damals manche Autoren wie Habermas beunruhigte, führt symbolisch den ‚guten Nationalsozialismus' ein, der mit metaphysischen, ästhetischen, ja ethischen Tugenden versehen sei. Falls nötig verschleiert dieser Nationalsozialismus mit (über-)menschlichem Gesicht seine enge Beziehung zum Hitlerismus.[68] Tatsächlich distanzieren sich gewisse Leute von der Niederlage des Deutschen Reichs; Kritiker Hitlers werfen ihm seine Niederlage vor, er sei schlecht beraten gewesen, er habe dem Reich nicht die intellektuelle Größe gegeben, die es verdiente, kurz, er habe nicht genügend auf Heidegger gehört: dieses Thema taucht bei Beaufret auf wie auch bei Otto Pöggeler und Gadamer.

Als würden die Rivalitätskämpfe im Zentrum des Nationalsozialismus die kurzlebigen Minoritäten entlasten, erinnert man an Kriecks Kritik an Heidegger oder an die Kritik *des Schwarzen Korps*, der Zeitung

67 *Bewegung* ist ein Schlüsselwort des Nationalsozialismus, der sich als die *völkische Bewegung* definiert.

68 Vgl. von Wladimir Schirinowski (dem Vorsitzenden einer ultranationalistischen Partei, der drittstärksten politischen Kraft Russlands): „Der Nationalsozialismus hat nichts mit dem Hitlerismus zu tun" (zit. n. Zaki Laïdi: *Un monde privé de sens*. Paris: Hachette 2009, S. 99).

der SS, an Schmitt. Man verbreitet auch das Gerücht, Jünger sei an der Verschwörung gegen Hitler beteiligt gewesen. Kurz, alle seien sie geheime Opponenten gewesen. Allgemeiner gesehen will man die Vulgaritäten des Hitlerismus durch einen gesellschaftlich akzeptablen nationalsozialistischen Elitismus eskamotieren. Einerseits wird immer wieder das Klischee des schicken, gebildeten Nationalsozialisten bemüht. Ernst Jünger, der Sohn eines Chemikers, wird als Aristokrat, als Junker stilisiert. Die Figur des Max Aue im Roman *Die Wohlgesinnten* von Jonathan Littell, Goncourt-Preis 2006, erscheint perfekt verfeinert, bis hin zu seiner Homosexualität und Intellektualität. Diesen Topos gebraucht auch Steiner in der Figur des Gervinus Röthling in seinem Roman *The Portage to San Cristóbal of A. H.*, sowie einer weiteren Figur, der des allgegenwärtigen Nationalsozialisten, eines Liebhabers klassischer Musik.

Das alles bereitet nicht unbedingt Hitlers posthumen Triumph vor,[69] auch nicht seine vollständige Rehabilitierung, obwohl inzwischen erfolgreiche lobende Biographien erschienen sind. Es geht eher darum, einen erneuerten Nationalsozialismus zu preisen, der sich ohne übermäßige Nostalgie präsentiert, der die politischen Grenzen verwischt, ein rot-brauner, ohne Plutokraten und Sowjets: eine radikale Bewegung, jenseits der Politik, die endlich die alte Welt zerstören soll.

Es geht jetzt nicht mehr nur darum, ob Heidegger Nationalsozialist war, sondern es geht um seinen gegenwärtigen Erfolg, wo doch seine enthusiastische Radikalität außer Zweifel steht. Früher war seine Lektüre ein Gewebe von Irrtümern; heute ein Gewebe von Leugnung

69 Gegenwärtig gibt es kaum noch Ausstellungen zeitgenössischer Kunst ohne ein Augenzwinkern in Richtung Hitler. Die Brüder Chapman verkauften zu hohen Preisen einige seiner Aquarelle, nachdem sie sie überarbeitet hatten; heute würden sie es nicht mehr tun, die Preise steigen rasant, eines wurde am 21. Juni 2015 für 400.000 Euro verkauft. Sogar die Medienchefs wollen ihren Teil des Festessens, der Fernsehstar Jeroen Meus kochte live aus Berchtesgaden Hitlers Lieblingsgericht, Butterforelle (28. Oktober 2008). Der ästhetischen Rehabilitierung des Nationalsozialismus entspricht die ‚künstlerische' Degradierung der Opfer. Santiago Serra z. B. stellte 2006 ein Werk vor, das aus einer realen mit Kohlenmonoxid gefüllten Synagoge (im Pulheimer Stadtteil Stommeln) bestand, in der Betrachter mit Gasmasken umhergehen konnten. Schon 2002 präsentierte die Ausstellung *Mirroring Evil* im New Yorker Jewish Museum Modelle von Konzentrationslagern, eins aus Legosteinen, von Zbiniew Libera, ein anderes aus Prada-Taschen, von Tom Sachs. Letzterer versieht Zyklon B-Dosen mit den Farben von Chanel und Hermès, um die Verbindung zwischen *fashion* und *fascism* zu kritisieren: könnte man besser zeigen, was modischer Nationalsozialismus ist?

und akademischem Konsens um den großen Autor des Programms der Agrégation; bald wird sie, einige Heideggerianer der neuen Generation sehen es schon, den Beitritt zu einer von Komplexen befreiten[70] Bewegung besiegeln.

Als Heideggers Gedichte (*GA* 81) veröffentlicht wurden, verfasste Botho Strauss, ein namhafter Dramatiker und Schriftsteller, einen feurigen Kommentar dieser Verse, indem er die Vorsokratiker, Goethe, Mörike, Trakl und Rilke zitierte.[71] Strauss, dessen militantes Anti-Westlertum sich in ein Jüngersches Pathos hüllt, feiert eine ominöse Geziertheit, die Stefan George ebenbürtig sein möchte, aber nicht über die rührende Friederike Kempner, die „schlesische Nachtigall", hinausgeht, er lobt Heidegger wegen seiner „runischen" Sprache und sieht in seiner Lektüre eine Feuerprobe (das Wort stammt aus der militärischen Sprache), und *a fortiori* in seiner Dichtung ein „reinigendes Feuer": „Ein Feuer, das einen Haufen zeitgeschichtlichen Müll verbrennt. Eine Reinigung."[72]

Könnte es sein, dass mit diesem Haufen zeitgeschichtlichen Mülls ein wesentlicher Teil der Kultur gemeint ist, Heinrich Heine, Freud, Cassirer usw.? Das reinigende Feuer, man kennt es nur zu gut, Heidegger beschwört es während des *symbolischen Verbrennungsakts von Schmutz- und Schundliteratur* am 24. Juni 1933 herauf, wo er seinen *Feuerspruch*[73] deklamiert, in dem es heißt: „Flamme! Dein Lodern künde uns: Die / deutsche Revolution schläft nicht, sie zündet neu umher und erleuchtet uns den Weg, auf dem es kein Zurück mehr gibt."[74] Diese Beschwörung, insbesondere Bücher der Aufklärung verbrennen zu wollen, verdient heute mit den Worten Primo Levis gelesen zu werden: „Der Weg der Unterwerfung und der Bejahung ist ein Weg *ohne Rückkehr*."[75]

70 In französischen Medien war, insbesondere nach der Regionalwahl von 2015, die Rede von einem Front National *décomplexé*, Ergebnis der ‚Entdämonisierung' ihrer Partei durch die Politik der Vorsitzenden Marine Le Pen.

71 Botho Strauss: Heideggers Gedichte. In: *Frankfurter Allgemeine Zeitung*, 04.10.2008. http://www.faz.net/aktuell/feuilleton/botho-strauss-heideggers-gedichte-1576360.html (Zugriff am 15.02.2017).

72 Ebd.

73 *Ssw*, S. 131.

74 Vgl. Faye: *Heidegger. Die Einführung*, S. 80.

75 Primo Levi: *A la recherche des racines*. Paris: Mille et une nuits 1999, S. 215 (Herv. F. R.).

Zwar herrscht die Leugnung noch vor, vor allem in Frankreich, zwar zögern Apologeten im Trend – wie Rüdiger Safranski – nicht, die erschreckende *Gleichschaltung* der deutschen Universitäten zwischen 1933 und 1935 als eine Bewegung zu sehen, die man mit Mai 1968 vergleichen könne, es ist aber jetzt offensichtlich, dass man von der Leugnung, ja vom Negationismus zur Affirmation übergegangen ist, und dazu, was man einen Affirmationismus nennen könnte.[76] Ohne noch Heideggers Nationalsozialismus nuancieren zu wollen, berufen sich manche jetzt auf ihn, um die Geschichte des Deutschen Reichs zu revidieren und die Aufgaben der Philosophie heute zu definieren, indem sie die Zukunft der Bewegung um zwei zusätzliche Wege erweitern.

(i) Die Geschichte der Historiker muss überwunden werden durch eine ‚seinsgeschichtliche' Geschichte, die von Heideggers Kategorien abhängt: Da die Geschichte nicht gestattet, Heidegger zu denken, gestattet die Heideggersche Reflexion, die Geschichte zu denken.

(ii) Andererseits habe es der Hitlerismus nicht geschafft, die nationalsozialistische Weltsicht philosophisch zu begründen, und die Philosophie zu einer simplen Weltanschauung herabgestutzt: Heideggers Denken gestatte es aber gerade, und das sei die Aufgabe der Zukunft, diese ‚Weltsicht' philosophisch zu begründen.

Wenn jedoch die Philosophie eine Doxa begründen könnte, würde sie nur das Vorurteil hochhalten. Sowohl bei Platon als auch bei Aristoteles und Epikur begründete sich nämlich die Philosophie als Erkenntnis auf der Verweigerung und der Kritik der Doxa, nicht um sie zu festigen, sondern um sie durch die Zerschlagung der Götzen des Forums zu zerstören: In der Tat ist die Doxa nur eine Anhäufung von Vorurteilen aus unvordenklichen Zeiten – oder, etwas gelinder ausgedrückt, von kollektiven Vorstellungen. Überhöht durch den rassischen

76 Der Titel *Heidegger à plus forte raison* (etwa: Heidegger, jetzt erst recht), den einst orthodoxe Heideggerianer gewählt hatten, um kollektiv Emmanuel Faye scharf zurechtzuweisen, kann auch so gelesen werden: Nicht nur trotz der Kritik, sondern in voller Kenntnis aller Tatsachen.

Nationalismus kann der atavistische Unsinn jedoch zum *Stammeswesen* des Volkes werden.

Es bleibt immer möglich, eine radikale Ideologie durch die Ausschmückung mit einem hohen Seinsdenken zu adeln. Auf abrupte, aber aufschlussreiche Art bringt Salanskis Heidegger und „die radikalsten marxistisch-revolutionären Gruppen“ zusammen und fährt dann fort:

> Ich schlage meinem Leser vor, in diesem Sinn die *Überwindung der Metaphysik* von Heidegger zu lesen: ich meine, er kann dann vielleicht, mit etwas Glück und wenn er die Augen schließt, das Sprachrohr der allerletzten Revolution vernehmen, jedenfalls, wenn er in seinem Leben schon einmal den Gesang dieser Sirene gehört hat.[77]

Sirene, warum nicht, aber warum soll der Leser die Augen schließen? Vermutlich, damit er nicht merkt, woher diese betörende Stimme kommt.

Heute schicken sich diverse politische Radikalismen, die sich gemeinsam auf Heidegger und jüngst auch auf Carl Schmitt berufen (insbesondere bei Agamben und Negri), an, auf den Begriffen des ‚Volks‘ und der ‚Gemeinschaft‘ die Theorie der Souveränität und die des Subjekts wiederzubegründen, wie einst das Heideggersche *Dasein* auf dem *Volk*.[78] So zeichnet sich eine große Einheit der Radikalismen ab, und

77 Salanskis: *Heidegger*, S. 110.

78 Als Sartre und viele andere durch Kierkegaards Brille *Sein und Zeit* lasen, wollten sie darin eine Theorie des individuellen Subjekts sehen und vernachlässigten die Tatsache, dass dieses im Mitgeschehen der Volksgemeinschaft aufgeht (vgl. *SZ*, § 74). Verschiedene Autoren stellen heute der Demokratie die Gemeinschaft entgegen (vgl. Agamben / Badiou / Bensaïd, Žižek et al.: *Demokratie?*) Die Gemeinschaft bleibt ein Hauptthema des Petainismus, wie Pétains Buch *La France nouvelle. Principes de la communauté* (Paris: Fasquelle 1941) zeigt. Das Thema wurde von nicht wenigen Autoren in der Heideggerschen Tradition wieder aufgenommen, von Maurice Blanchot (ders.: *La communauté inavouable*. Paris: Minuit 1983) bis zu Agamben (ders.: *La comunità che viene*. Turin: Bollati Boringhieri 1990), von Jean-Luc Nancy (ders.: *La communauté affrontée*. Paris: Galilée 2001) bis zu Roberto Esposito (ders.: *Communitas*. Paris: Presses universitaires de France 2000; Vorwort von Jean-Luc Nancy). Bei Badiou wie bei Žižek spielt ein rot-brauner Radikalismus absichtlich mit der Zweideutigkeit *Kommunismus* und *communauté*, um der Gewalt eine Eigenschaft der Erlösung zu verleihen. Beide waren Mitherausgeber von Sammelbänden zu diesem Thema; vgl. auch Slavoj Žižek: *Violence. Six Sideways Reflections*. London: Profile 2008.

zwar jenseits der demokratischen Klüfte zwischen Rechts und Links, die von der erneuerten Größe der *Bewegung* hinter sich gelassen werden.
Die politische Kritik des Nationalsozialismus wurde im Wesentlichen von den kommunistischen Parteien geleistet, zumindest bevor die Linie ‚Klasse gegen Klasse' Ende der 1920er Jahre aktuell war und nach dem Bruch des Hitler-Stalin-Pakts. Sie färbte auch auf die Interpretation der Résistance während des Zweiten Weltkriegs ab.
Es ist zwar ausgemacht, dass der Nationalsozialismus eine rechtsextreme Bewegung ist, aber diese beileibe nicht falsche Kennzeichnung erklärt den verführerischen Aspekt seines revolutionären Diskurses nicht. Auch der Begriff des Totalitarismus ist kaum klarer: Er machte auf die gegenseitige Befruchtung und die gegenseitigen Einflüsse zwischen italienischem Faschismus, dem Nationalsozialismus und dem stalinistischen Sozialismus aufmerksam, aber er erschwerte das Verständnis ihrer Unterschiede. Dabei verdienen heute das Aufkommen in ganz Europa von heftig fremdenfeindlichen ‚Populismen', das Entstehen von rot-braunen Bewegungen in Deutschland, die Konvergenz von ultranationalistischen Neo-Kommunisten und Neonazis in Russland die größte Aufmerksamkeit. Die neonazistischen Attentäter, die in Norwegen, in Deutschland, in Italien, in Ungarn zur Tat geschritten sind, sind keine ‚einsamen Wölfe'. Es ist noch immer kaum nützlich, ihre Thesen akademisch zu diskutieren, denn der Nationalsozialismus und die anderen politischen Theologien sind keine zusammenhängenden Doktrinen, sondern Glaubensströmungen, die sich auf ein Substrat des Aberglaubens gründen, ohne schon säkularisierte Religionen zu sein.
Die messianische Ideologie des befreienden Bruchs bleibt gültig. Pétain selbst kennzeichnete die Nationale Revolution als Befreiung und Erneuerung. Das Klischee ist so banal geworden, in alle Teile des politischen Spektrums, aber auch in die Ästhetik und Ethik verbreitet worden, dass sich die Diskussionen, im Allgemeinen formuliert in Begriffen aus den ‚säkularisierten' politischen Theologien, um die Art des Bruchs und der Befreiung drehen und nicht um die Notwendigkeit eines Bruchs und die Ziele eines solchen, der das herrschende Wirtschaftssystem unangetastet ließe, aber die Demokratie und die Menschenrechte ‚überwinden' würde.
Die aktuelle Radikalisierung stützt sich auf die Ablehnung einer gegenwärtigen Welt, die unter dem Blickwinkel einer dreifachen

Globalisierung gesehen wird, einer wirtschaftlichen, technischen und wissenschaftlichen; auf die Ablehnung der Rationalität und jeder Universalität; auf die Ablehnung der Demokratie, die mit einer westlichen und/oder liberalen Lüge gleichgesetzt wird. Das Heil wird alsdann verkündet durch eine Rückkehr zu den Quellen des Volks – deren als gründend angesehene Eigenart durch Demokratie und Menschenrechte hätten vergessen werden sollen. Nach der Ära der Unabhängigkeiten nehmen die Nationalismen in der Tat einen identitären Zug an, und der Kampf gegen den Terrorismus oder die ‚Westlichkeit' lässt einen inneren Feind wiederaufleben, der vernichtet werden muss.

5. Was in der gegenwärtigen Politik auf dem Spiel steht

Heidegger bleibt bis heute, neben Wittgenstein, der am meisten zitierte zeitgenössische Philosoph. Sein Glanz lebt in den Ländern der früheren Achsenmächte fort, von Italien, mit dem „schwachen Denken" der politischen Theorie von Vattimo oder Agamben, bis nach Japan, bei so verschiedenen Autoren wie Bin Kimura in der Psychopathologie, Tetsuro Watsuji in der Ethik und Keiji Nishitani in der religiösen Ontologie. In Europa geht sein Ansehen weit über das philosophische Denken hinaus, sogar über das Denken als solches: verschiedene Neonazis, Ideologen von Vlaams Belang berufen sich auf ihn; zwar beherrschen die Autoren vielleicht nicht die hermeneutischen Farbschattierungen, aber sie haben die Radikalität seiner identitären Äußerungen nur zu gut verstanden. Russische Eurasisten und sogar manche Islamisten bemächtigen sich seiner.

Gianni Vattimo unterschied einst zwischen der Heideggerschen Linken und Rechten. Es geht dabei natürlich nicht um parlamentarische Linke oder Rechte, sondern um revolutionären Radikalismus und Nationalismus: Ihre delikate Einheit ist eine französische Besonderheit, vom bedingungslosen Anschluss der Blanquisten an General Boulanger über Georges Sorel, einen für Mussolini entscheidenden Autor, bis zu Jacques Doriot und sogar die vage anarchistisch angehauchten Holocaustleugner der Vieille Taupe.

Der Antisemitismus des Meisters störte die Heideggersche Rechte nie – man denke an die aufmunternden Briefe, die Jean Beaufret an Robert Faurisson gerichtet hatte. Der radikalen Linken dagegen missfallen der offene Antisemitismus und der ihn begleitende

Nationalismus; z. B. bestreitet Badiou lautstark, ein Antisemit zu sein.[79] Trawnys Apologie in der *Irrnisfuge* ist ein Versuch, diese Missstimmung zu überwinden.

Die Heideggersche Rechte und Linke teilen sich die gleichen Feinde: die Globalisierung, den Amerikanismus, die technische Moderne, kurz den Westen, den Europa symbolisiert. Sie werfen ihm seinen ‚Liberalismus' vor, worunter sie gleichzeitig den wirtschaftlichen Ultraliberalismus, die gutartige Demokratie und die Sorge um die Menschenrechte[80] verstehen. Badiou oder Agamben finden der harten Worte nicht genug für diese gefährlichen Illusionen.

Seit der Befreiung durch die Alliierten bestand die Weißwaschung des Nationalsozialismus insbesondere darin, seine Verbrechen seinen ärgsten Feinden zuzuschreiben: den Kommunisten (er sei eine Reaktion gegen Stalin), den Juden (die Deutschland bedrohten), Europa und der Demokratie,[81] ja sogar der Aufklärung (die laut Nolte die Matrix allen Terrors sei), der technischen Moderne (laut Heidegger) oder ganz einfach der Rationalität[82] (die die Nationalsozialisten auf die Spitze getrieben hätten).

Der Antisemitismus sei also in der westlichen Psyche begründet, ja im Ego von Descartes; dies geht aus Trawnys fatalistischer Schlussfolgerung hervor: „Der Antisemit – bin ‚ich'"[83]. Jean-Luc Nancy kommt auf einem anderen Weg zu einer entsprechenden Schlussfolgerung: Da

79 Wenn Badiou und Hazan ihr apologetisches Pamphlet *L'Antisémitisme partout* betiteln, denken sie an *Je suis partout*, das berühmte antisemitische Blatt, das während der deutschen Besetzung Frankreichs erschien. Das erinnert an den von Badiou so genannten „transzendenten Petainismus" (ders.: *De quoi Sarkozy est-il le nom?* Paris: Lignes 2007): Diejenigen, die den Antisemitismus denunzieren, nehmen damit den Platz derer ein, die einst die Juden denunzierten. Diese feine Ironie bestätigt sich, wenn er die Philosemiten angreift – welche „Antisemiten [seien], die die Juden mögen" (Badiou / Hazan: *L'Antisémitisme*, passim).

80 Die Menschenrechte werden von den Heideggerianern als ethnozentrisch aufgefasst, vor allem von den Dekonstruktivisten: Man übersieht, dass die *Allgemeine Erklärung der Menschenrechte* von sämtlichen Gründungsstaaten der Vereinten Nationen angenommen wurde und dass sie Grundlage eines Weltbürgertums bleiben, das über alle Nationalismen hinausgeht.

81 Jean-Claude Milner: *Les penchants criminels de l'Europe démocratique*. Lagrasse: Verdier 2003.

82 Ich habe selbst gehört, wie sogar ein Präsident der Sorbonne Aristoteles verunglimpfte, und zwar zum Abschluss eines Kolloquiums über die Vernichtung.

83 Trawny: *Irrnisfuge*, S. 20. Die Anführungszeichen schließen auf glückliche Weise jede Art Geständnis aus.

der Antisemitismus ein Erzeugnis des Westens ist (vergessen wir den Nationalsozialismus), muss der Westen überwunden werden, damit der Antisemitismus beendet wird: „An uns ist es jetzt, das Schicksal des Westens zu verwirren, ja sogar irrezuleiten. Und so dem Antisemitismus ein Ende zu bereiten.“[84] Einem demokratischen, übernationalen, also kosmopolitischen Europa müsste man also ein identitäres Programm entgegensetzen, wie es sich im Heideggerschen und, allgemeiner, im nationalsozialistischen Begriff der *Volksgemeinschaft* ausdrückt, der in *Sein und Zeit* § 74 geprägt wird. Solche Thesen sind nicht ohne Bedeutung, wie es bei philosophischen Gedankengebäuden zu sein pflegt, die zu politischen Ideologien heruntergekommen sind. An ihnen sind heute vor allem der Islamismus und der Eurasismus interessiert.

Vom Islamismus

Ohne auch nur den herzlichen Empfang des Großmuftis von Jerusalem durch Hitler zu erwähnen – seit den 1930er Jahren sahen gewisse islamistische Strömungen den nationalsozialistischen Antisemitismus mit Interesse. Zur gleichen Zeit war ein Spezialist der esoterischen, vor allem schiitischen Strömungen des Islam, Henri Corbin, noch vor Beaufret der erste Übersetzer Heideggers in Frankreich.

Heutzutage scheint Heideggers Antisemitismus in manchen Ländern wie dem Iran nicht zu stören, wo Heidegger, nach einer exaltierten Lektüre von Ahmad Fardid, bei den Islamstudenten (darunter Schülern von Corbin) Schule machte, anschließend auch bei gewissen Islamisten, die heute an der Macht sind. Fardid, ein Bewunderer und Übersetzer von Corbin, prägte den Begriff *Westoxication*, ‚jüdisch-freimaurerische Machenschaften‘, die durch die „Verdüsterung der Welt“ laut Heidegger inspiriert wurden, um als Fremdeinflüsse die Menschenrechte, die Demokratie, die Toleranz zu verwerfen und die Rückkehr zum ‚authentischen orientalischen Ich‘ zu propagieren. Diese Rückkehr löst einen Antisemitismus aus, der sich auf eine traditionelle Verschwörungstheorie stützt, die bei Autoren wie Zabih Behruz und Hosayn Malek Schule machten.

Gegenwärtig propagieren fundamentalistische Ideologien, gemäß ihrem identitären Programm, sogar eine exklusive Aneignung; so

84 Nancy: L'antisémitisme de Heidegger n'invalide pas son œuvre.

schreibt Umar Ibrahim Vadillo: „Für uns Moslems ist er wichtiger als für alle anderen. Wir können Heidegger auf eine Art verstehen, die den Ungläubigen verschlossen bleibt."[85]

Auch ohne so weit zu gehen, machen manche radikale Heideggerianer hartnäckig Anspielungen. So gehen einige von der Tatsache aus, dass in gewissen Lagern die dem Tod geweihten Häftlinge als ‚Muselmänner' bezeichnet wurden, und nachdem er den ‚Muselmann' von Auschwitz ins Zentrum der mystischen Rose des Dante'schen Paradieses versetzt hat, springt Agamben von den Vernichtungslagern zu den palästinensischen Flüchtlingslagern, um den Begriff *Muselmann* buchstäblich zu machen, indem er eine implizite Parallele zwischen Israel und dem ‚Dritten Reich' schafft. Vom Juden, der buchstäblich und übertragen zum Muselmann wurde, geht man weiter zum Moslem, der, wie einst der Jude, zum Opfer geworden ist. Schließlich verkörpert sich, um die Verwirrung zu vollenden, der Moslem wieder im islamistischen Gefangenen von Guantanamo.[86] Kurz, während sich die Nationalsozialisten in Israelis und dann in Amerikaner verwandeln, werden die Muselmänner der Lager zu Palästinensern und später zu Islamisten. Diese heiklen Verwirrungen wurden noch konkreter, als Žižek im katarischen Fernsehsender Al Jazeera zum ständigen Kommentator der arabischen Revolutionen wurde. Er warnte vor den westlichen Demokratien – und der in den Golfstaaten ungeliebten repräsentativen Demokratie.[87] Kurz, die Verdammung des Westens bleibt opportun, und das durch einen Autor, der die Meinung vertritt,

85 Umar Ibrahim Vadillo: *Heidegger for Muslims*, S. 1. http://www.iefpedia.com/english/wp-content/uploads/2009/12/Heidegger-for-Muslims-UmarIbrahimVadillo.docx (Zugriff am 19.11.2016).

86 „Mit dem *detainee* von Guantanamo erfährt das nackte Leben seine extremste Unbestimmtheit." (Giorgio Agamben: L'état d'exception. In: *Le Monde*, 11.12.2002. http://www.lemonde.fr/archives/article/2002/12/11/l-etat-d-exception-par-giorgio-agamben_301681_1819218.html?xtmc=agamben&xtcr=82, (Zugriff am 01.01.2017).)

87 Sein letztes Buch wurde übrigens auf Al Jazeera von Santiago Zabala, einem Mitarbeiter von Vattimo und einer wichtigen Figur des spanischsprachigen Heideggerismus, rezensiert und hochgelobt. In einer Hommage an Derrida warnt Zabala bei dieser Gelegenheit auch vor denen, die „noch an nostalgische und gefährliche Ideen glauben, wie ‚Objektivität', ‚Realität', ‚Wahrheit', ‚Werte' als Vorbedingungen für die Demokratie", denn es handele sich dabei „um die Suche nach fanatischen und absoluten Aussagen" (Santiago Zabala: Ten Years without Derrida. In: *Al Jazeera*, 04.04.2014. http://www.aljazeera.com/indepth/opinion/2014/03/ten-years-without-derrida-20143291559170321.html (Zugriff

dass Heidegger 1933 die richtige Wahl getroffen habe und Hitler nicht weit genug gegangen sei.
Die rot-braunen Radikalismen sind sich natürlich nicht einig in der Frage des Islamismus. Während des Kriegs im ehemaligen Jugoslawien schlugen sich Parteigänger der gleichen Gruppen von Neonazis auf verschiedene Seiten, die einen zu den Serben, die anderen zu islamistischen Einheiten des Kosovo. Anders Breivik sieht in der muslimischen Verschwörung das Ende Europas.[88] Badiou hingegen kritisiert die Einschränkungen der Ausdrucksfreiheit, die die Demonstranten nach den islamistischen Attentaten gegen *Charlie Hebdo* und den Supermarkt Hyper Cacher im Januar 2015 verhängt hätten.[89] Man sieht, identitäre Forderungen können auf allen Seiten eine Inspiration im postmodernen Heideggerismus finden.

Vom Eurasismus

Das identitäre Programm ist auch ein entscheidender Punkt im Zusammentreffen von russischen Nationalbolschewisten und europäischen Rot-Braunen. Die Nationalsozialisten wollten sich mit dem Pessimismus Spenglers nicht abfinden und hatten den Plan, das Schicksal des ‚Abendlands' wiederherzustellen und es im deutschen Groß-Europa zu regenerieren, weshalb Heidegger die „abendländische Verantwortung der Deutschen"[90] erkennt. Diese Verantwortung nun scheint gegenwärtig, aus politischen und ethnischen

am 31.07.2015). Das Regime von Katar unterstützt die Muslimbrüder. Tariq Ramadan, ein Enkel ihres Gründers und intellektueller Propagandist dieser Bewegung, beruft sich oft auf Heidegger und Nietzsche, um die Rationalität zu kritisieren, die er für westlich hält.

88 Der neonazistische Attentäter bedient sich allerdings auf bemerkenswerte Weise der dekonstruktivistischen Dialektik, wenn er auf Seite 616 seines politischen Manifests erklärt: „Der französische Philosoph Alain Finkielkraut warnte, dass die hehre Idee des Kriegs gegen den Rassismus allmählich eine schrecklich falsche Ideologie wird. Dieser Antirassismus wird im 21. Jahrhundert sein, was der Kommunismus im 20. Jahrhundert war: eine Quelle der Gewalt."

89 „Besteht heute die allgemeine Freiheit, einschließlich der des Denkens, des Ausdrucks, der Aktion, ja des Lebens selbst darin, einvernehmlich Polizeihelfer zu werden, um ein paar Dutzend faschistischer Aktivisten zu verfolgen, um bärtige oder verschleierte Verdächtige allseits zu denunzieren, um die dunklen Viertel der Banlieue permanent zu verdächtigen, die Erben der Vorstädte, in denen einst die Kommunarden massakriert wurden?" (Alain Badiou: Le rouge et le tricolore. In: *Le Monde*, 27.01.2015, S. 3).

90 *DR*, S. 378.

Gründen, Russland zuzufallen.[91] Schon vor geraumer Zeit sahen gewisse Gruppen der extremen europäischen Rechten in Russland einen genetischen Vorratsspeicher für die ‚weiße Rasse'. Im Übrigen rühmte Putin in seiner Rede vom 17. April 2014 den „sehr flexiblen, sehr widerstandsfähigen russischen genetischen Code, unseren Konkurrenzvorteil", und den „Mann der russischen Welt, der durch ein höheres moralisches Ziel" angetrieben wird.[92]

Diese genetische und moralische Überlegenheit ist die Grundlage der Reden von Alexander Dugin, der sich hauptsächlich auf Heidegger beruft, wie sein Buch *Martin Heidegger. The Philosophy of Another Beginning*[93] zeigt. Einst Mitbegründer der national-bolschewistischen Partei (Nasbol)[94] ist Dugin der Theoretiker eines Neo-Eurasismus, der zunächst von Schmitt, Ernst Niekisch und Julius Evola beeinflusst war; in jüngster Zeit veröffentlichte er ein Buch, in dem er Heidegger als einzigen Meisterdenker bei der Gründung seiner neuen ultranationalistischen Philosophie anerkannte.[95] Er ist Ratgeber beim Präsidium der Duma und gilt als graue Eminenz Putins; seit 2001 ist er der Anführer der Bewegung Eurasia, die für ein eurasisches Reich eintritt, kurz gesagt, ein von Russland dominiertes Europa, das von Dublin bis Wladiwostok reicht.[96] In einem Kommuniqué schreibt er:

91 Heideggers Position ist übrigens anti-bolschewistisch, aber russenfreundlich, obwohl diese zu verwestlicht seien (vgl. ebd., S. 260). Russen und Deutsche sind für ihn „Völker ureigener Geschichtskraft" (*SH* III, S. 56), erklärt er zur rechten Zeit, während der Gültigkeit des Hitler-Stalin-Pakts; vgl. auch Sidonie Kellerer: Les *Cahiers noirs* et leur guerre invisible contre la « machination » juive. In: *Cités* 61 (2015), S. 139–146, hier S. 141.

92 Vgl. Marie Jégo: Ukraine. M. Poutine piégé par ses contradictions. In: *Le Monde*, 19.07.2014, S. 2.

93 Alexander Dugin: *Martin Heidegger. The Philosophy of Another Beginning*. Washington, D.C.: Washington Summit 2014; vgl. insbesondere seinen Kommentar zum Geviert (ebd., S. 121–126 (Kap. „Quadriparti – or Swastika")). Die politischen Implikationen dieses Buchs werden in *The Fourth Political Theory* (London: Arktos 2012) entwickelt.

94 Mit Eduard Limonov, der ihn als „Kyrill und Method des Faschismus" vorstellt.

95 Alexander Dugin: *Martin Chajdegger. Vosmoznost' russkoj filosofii*. Moskau: Akad. proekt 2011.

96 Als Sohn eines Generals der Hauptabteilung der russischen Geheimdienste (GRU), der durch diese Dienste unterstützt und finanziert wird, repräsentiert Dugin den am stärksten militaristischen Flügel des russischen Regimes.

„Die Ukraine muss von ihren Idioten gereinigt werden" und ruft dann zum „Genozid" der „Rasse der Bastarde" auf.[97]

Dugin ist bei den deutschen Heideggerianern ein willkommener Gast, wovon insbesondere sein einvernehmliches Gespräch mit Friedrich-Wilhelm von Herrmann zeugt, dem letzten Schüler und Assistenten des Meisters und Hauptherausgeber, vor Trawny, seiner ‚Gesamt'-Ausgabe.[98] Die deutsche extreme Rechte lobt Dugin dafür, dass er „die radikalsten Formen des nationalen Widerstandes mit den radikalsten Formen des sozialen Widerstandes verbinden" will.[99] Außer seinen Treffen mit von Herrmann in Deutschland wurde er nach Ungarn, Griechenland und Frankreich eingeladen, wo er sich als Freund von Jean-Marie Le Pen präsentiert.[100]

Inzwischen gewinnt der Eurasismus buchstäblich an Boden, in der Ukraine, in den Regionen der Krim und des Donbass wie in Moldavien mit ‚Transnistrien' usw. In diesen Punkten gibt es zahlreiche Übereinstimmungen mit den genannten Rot-Braunen. Badiou – der ein neues Buch über Heidegger publizierte – erklärt z. B.: „Die Krim ist seit langem ein Symbol Russlands" und rechtfertigt die russische Besetzung so: „Man spürt, dass man in Russland ist", wobei er die Demonstranten des Maidan als Anhänger des „ukrainischen Separatismus" bezeichnet. Die Prorussen sind dagegen keine Separatisten, sie vereinigen sich mit Eurasien, wobei Europa in dieser Sache nur ein „lokaler Betreiber" der Globalisierung sei.[101]

97 Vgl. Anne Applebaum: Va-t-on vraiment entrer en guerre avec la Russie? In: *Slate*, 30.08.2014. http://www.slate.fr/story/91579/guerre-russie (Zugriff am 19.02.2016). Dugin veröffentlichte vor kurzem ein Loblied auf Igor Strelkov, den Offizier des GRU, der bis Juli 2014 mit dem Grad eines Verteidigungsministers in der Krim und im Donbass den Oberbefehl innehatte.

98 Vgl. insbesondere das Gespräch unter: http://m.youtube.com/watch?v=b93z2yPo4pA (Zugriff am 19.02.2016).

99 Manuel Ochsenreiter: Alexander Dugin: der Vordenker. In: *Zuerst*, 3/2013, S. 73–77, hier S. 75.

100 Dugin nahm sogar an einer *Manif pour tous* teil. Allerdings ist mir nicht bekannt, ob es der Demonstrationszug war, in dem man ‚Tod den Juden!'-Rufe hören konnte. – ‚Manif pour tous' nannten sich seit 2013 Demonstrationen der Gegner von gleichgeschlechtlichen Ehen.

101 Videogespräch mit Aude Lancelin: Contre-Courant, Médiapart. http://www.dailymotion.com/video/x1hs2ch_contre-courant-alain-badiou-sur-la-crise-ukrainienne_news (Zugriff am 19.02.2016). Badiou ist nicht allein: im Fernsehsender *Russia Today* erklärte der Vorsitzende der FPÖ Heinz-Christian Strache, dass die Eskalation von der Europäischen

Der Hass auf die Demokratie, auf Europa und den Westen nützt einem allgemeinen politischen Programm. Heute geht es um die Auflösung und das Verschwinden des autonomen Europa und sein Aufgehen in Eurasien.[102] Zunächst der Zerfall in die alten Staaten in einem Europa der Souveränisten – und Julio Quesada hob z. B. die Popularität des identitären Denkens Heideggers bei gewissen baskischen und galizischen Unabhängigkeitstheoretikern hervor. Dann die Auflösung der übernationalen Institutionen, gegen die überall im Aufwind stehende rechtsextreme Parteien wie in der Slowakei oder Ungarn zu Feld ziehen und sie zu lähmen suchen. Zu zeigen, dass das *Gemeinwesen* wegen der „liberalen Individualisierung und exterritorialen Regulierung" in Europa unmöglich ist, da die Bürger nur noch „EU-normierte Selfies" seien, ist im Übrigen die Absicht von Trawnys neuestem Buch *Europa und die Revolution.*[103]

Union und den USA provoziert worden sei. Nigel Farage (UKIP) versichert, dass die Europäische Union Blut an den Händen habe. Der Chef der Goldenen Morgenröte, der griechischen Nazipartei, ruft dazu auf, den amerikanischen Zionisten und den westlichen Wucherern den Rücken zu kehren und sich mit Russland zu verbinden.

102 Alexander Dugin: Russland muss Europa erobern, 12.04.2013. https://www.youtube.com/watch?v=e-oH58VA5Rw (Zugriff am 19.02.2016).

103 Vgl. Peter Trawny: *Europa und die Revolution.* Berlin: Matthes & Seitz 2014.

Verantwortung und Wiederaufbau

Schluss

Da die *Schwarzen Hefte* teilweise die esoterische Verschlüsselung aufgeben, werfen sie die Maske des ontologischen Diskurses ab und widerlegen die erhabenen Betrachtungen, die die Apologeten darin lasen, indem sie in Heidegger einen grandiosen Philosophen und einen scheinbar gewöhnlichen Nationalsozialisten sahen. Ganz im Gegenteil hält dieser extremistische Nationalsozialist die Hitleristen für zu konziliant, und seine Schriften zählen jetzt zur radikalsten Abteilung der Klassiker dieser todbringenden Ideologie. Sie entfernen sich damit auch von der philosophischen Tradition, die sie übrigens im Wesentlichen schlechtmachten, aber auch aus sektiererischen Gründen instrumentalisierten. Die Frage heißt nicht, Heidegger lesen, sondern wie ihn lesen. Vor zwanzig Jahren wurde Christian Delacampagne von Gérard Guest ‚primärer Anti-Heideggerismus' vorgeworfen, und er antwortete mit gutem Recht in der Zeitung *Le Monde*:

> Es ist die Mühe wert, sich zu fragen, welche Gründe seit 1945 gewisse französische Philosophen dazu bringen konnten, in Heidegger den größten „Denker" unserer Zeit zu sehen, obwohl mir scheint, dass doch gerade die Leichtigkeit, mit der sein Denken in gewisse Fallen gegangen ist (während andere damals solche Fallen besser vermieden haben), gegen die „Größe" eben dieses Denkens spricht, sei es im übrigen auch noch so originell oder verführerisch.[1]

1 A propos de Heidegger. In: *Le Monde*, 01.12.1995. http://www.lemonde.fr/archives/article/1995/12/01/a-propos-de-heidegger_3891148_1819218.html?xtmc=certains_philosophes_francais&xtcr=1 (Zugriff am 14.01.2017).

In der Liebe, sagte Marcel Proust, ist *obwohl* ein verkanntes *weil.*[2] Die ätherische Leidenschaft für Heideggers zur Dichtung neigendes Denken könnte andere, politischere Leidenschaften kaschieren, wie Prousts Erzähler Albertines Schönheit feiert, im Geheimen aber für ihre Vulgarität schwärmt.

1. Heideggers Gespenster

Während der deutschen Besetzung Frankreichs waren die deutschen Kulturbehörden sehr aktiv, indem sie vor allem die Philosophie und die Literatur propagierten, die ihrem Geschmack entsprachen, von George bis zu Gadamer. Mit ihrer Zustimmung veröffentlichte Sartre 1943 *Das Sein und das Nichts* auf edlem Papier, ein Titel, der klar zeigt, was er *Sein und Zeit* verdankt.

Nach dem Krieg intervenierten mehrere französische Philosophen erfolgreich bei den französischen Besatzungsbehörden, um Heidegger die Gefängnishaft zu ersparen. Sartre schickte Edgar Morin zum Meister, der damals Lehrverbot hatte, um ihn um einen Beitrag für seine Zeitschrift *Les Temps modernes* zu bitten. Da er begriff, dass Frankreich im Rausch der nationalen Einheit keine ernsthafte Entnazifizierung zulassen würde, setzte Heidegger auf dieses Land und veröffentlichte dort 1947 seinen *Brief über den „Humanismus“*, den er an Jean Beaufret richtete. 1955 folgte dann die Tagung in Cerisy, mit Maurice de Gandillac als Schirmherrn, sowie die Seminare in Le Thor, für die Beaufret auf geschickte Weise die Unterstützung von René Char erhielt.

Rechte wie Linke, bis zu Marxisten wie Kostas Axelos, beherrschte Heidegger so sehr, dass Starautoren der *French Theory*, unter ihnen Jacques Lacan, Derrida, Lyotard, sich auf verschiedene Weise auf ihn beriefen. Manche verstanden sich eher als Nietzsche-Anhänger, wie Deleuze oder Foucault, aber keiner lehnte ihn ab. Sein Antirationalismus, sein Radikalismus, seine Kritik an der UdSSR wie an den USA, sein Antimodernismus konnten nur mitreißen. 1987 veröffentlichte

2 Von fundamentalistischen Heideggerianern angegriffen befand Trawny, dass sich die ihn Angreifenden zu sehr mit Heidegger identifizieren, als hätten sie sich nach der Entdeckung eines erotischen Texts verliebt. (Vgl Trawny: Martin Heidegger und seine Gesamtausgabe.)

Badiou sein großes Werk mit dem Titel *Das Sein und das Ereignis* mit Bezug auf das Modell, das seit Heidegger und Sartre zur Formelsammlung geworden ist.

Die akademischen Bedingungen begünstigten die französische Ausnahme. Beaufret, Fédier, Guest, France-Lanord, mehrere Generationen von Professoren der Vorbereitungsklassen für die Grandes Écoles folgten aufeinander: Es ist immer noch selbstverständlich, dass Heideggers Werk als Einstiegspunkt für jeden vertiefenden philosophischen Hochschulunterricht dient. Seine Aufnahme ins Programm der Agrégation im Jahr 2007 war die Krönung seiner akademischen Weißwaschung.

Beim internationalen Kolloquium der Pariser Nationalbibliothek im Januar 2015 zeugten die beiden Beiträge von Alain Finkielkraut und Bernard-Henri Lévy, der eine mit dem Titel „Wie ist es möglich, nicht Heideggerianer sein?", der andere „Wie kann man Heideggerianer sein?", von einer identitären Abschottung des französischen intellektuellen Apparats um Heidegger. Sein oder nicht sein? Der erste schließt mit einer ethnisch-identitären Erklärung: „Sie, die Juden, haben heute den Weg der Verwurzelung gewählt",[3] indem er den Meister in seinem *Spiegel*-Interview paraphrasiert: „Alles Wesentliche und Große [ist] nur daraus entstanden, daß der Mensch eine Heimat hatte und in einer Überlieferung verwurzelt war."[4]

Außer dem der Juden scheint auch das Schicksal der Philosophie besiegelt, wenn Bernard-Henri Lévy seinerseits schließt: „Sie haben keine Wahl: entweder Sie lesen Heidegger trotzdem; oder Sie begnügen sich damit, dass die Philosophie an der Kantschen ‚Grenze', an der Hegelschen ‚Totalität' oder an der Bergsonschen ‚Wiederaufnahme' haltmacht."[5] Die Philosophie hatte jedoch andere Alternativen gefunden, als bei Kant, Hegel oder Bergson haltzumachen; und vor allem erkannte sie niemals weder einen Aufruf zur Vernichtung noch eine Rechtfertigung derselben als philosophisch an: Sonst wären Goebbels und Höß jetzt Philosophen. Ich werde mich nicht darauf einlassen, die französische Ausnahme zu erklären, von der die heideggerische Einstimmigkeit zeugt, die weit über die gläubigen Exegeten hinausgeht

3 Marianne Dautrey: Les heideggériens broient du noir. In: *Le Monde*, 30.01.2015, S. 9.

4 SPIEGEL-Gespräch mit Martin Heidegger, S. 209.

5 Dautrey: Les heideggériens, S. 9.

und von Badiou bis zu Sollers reicht. Die kleine Pariser Welt von Saint-Germain-des-Prés ist allerdings nicht allein davon betroffen. In Ländern der ehemaligen Achsenmächte – wie Italien und Japan – erfreut sich Heidegger einer ganz besonderen Gunst.

Zunächst wurde der Begriff der Wahrheit selbst in Frage gestellt (er wurde Derridas wichtigste Zielscheibe des Dekonstruktivismus). Die Erkenntnistheorie ist als erste betroffen, aber auch die Ethik und die Politik, denn die geteilte Wahrheit ist Grundlage des Zusammenlebens.[6] Wie für Hitler und alle nationalsozialistischen Ideologen kann sich für Heidegger der Begriff der Wahrheit nur in einer Weltanschauung begründen, im Ausdruck eines Volkes. Er steht in engem Zusammenhang mit der Sprache und spiegelt sich in der Etymologie ihrer Wurzeln.

Der Abbau, zu dem Heidegger aufruft, betrifft ebenso die wissenschaftlichen wie die moralischen Wahrheiten – die nicht in die Weltanschauung dieser oder jener Gruppe eingeschrieben sind. Die Wissenschaft ist von vornherein von der Reflexion ausgeschlossen, denn sie ‚denkt nicht',[7] und die wissenschaftlichen Wahrheiten, einschließlich der historischen Wahrheiten zum Nationalsozialismus und zur Vernichtung, können nicht berücksichtigt werden. Auch der Begriff der moralischen Wahrheit ist von vornherein diskreditiert und kann kein anderes Kriterium erhalten als die Bejahung einer in einem Volk verkörperten Weltanschauung. „Wer sagt, wie wir schuldig sind und was Schuld bedeutet?"[8] Die moralische Verantwortungslosigkeit wird zum Prinzip, deshalb eliminierte Heidegger ganz einfach die Ethik aus seinem System, da sie von einem bürgerlichen Christentum oder sogar noch schlimmer, von einem kapitalistischen oder bolschewisierten Judentum stamme.

Dabei geht es hier nicht nur um Philosophie, sondern auch um den Bezug zur Geschichte und insbesondere zur Vernichtung. Ein Beispiel: Nachdem sie Heidegger auf die charakteristische Weise der Leugnung als „jenen deutschen Philosophen, der *nicht Anhänger* des

6 Von den ersten Zeigebewegungen des Kleinkinds an bestätigt sich die Entstehung von Sinn, wenn das Kind auf den Gegenstand zeigt und dabei den Erwachsenen anschaut: Das ist für mich, denn das ist für uns.

7 Heidegger: Was heißt Denken?, S. 4.

8 *SZ*, § 58, S. 281.

Nationalsozialismus war" definiert hat, stellt Élisabeth de Fontenay das Zeitzeugnis als nicht legitim dar: „Das Imperativ der Kommunikation" bei Primo Levi scheint ihr als „die größte Verderbtheit der Wirklichkeit, des Denkens und der menschlichen Bindung, und sogar als die Hegemonieeinrichtung, die die Wirklichkeit der Vernichtung ganz einfach unvermittelbar macht".[9]

Genau genommen formulierte der Meister eher eine ‚philosophische' Rechtfertigung des Nationalsozialismus, als dass er den Nationalsozialismus in die Philosophie eingeführt hätte: Diese Rechtfertigung erfüllt den Wunsch nach *Abbau* oder *Destruktion* der Philosophie, wie er es nennt, was dann Derrida beschönigend mit dem Wort *Dekonstruktion* übersetzte, mit weltweitem Erfolg.

Der Dekonstruktivismus, die wichtigste Heideggersche Bewegung auf internationaler Ebene, hat nie den Versuch unternommen, Heidegger selbst zu dekonstruieren, und es sind Zweifel daran angebracht, ob sie ihn im Licht der jüngst aufgetauchten Text- und Geschichtsfakten neu lesen wird.

Das Nietzscheanische Thema der Umkehrung der Werte, ein Erbteil des romantischen Satanismus, bleibt zu heroisch für den, der das Ende der ‚großen Erzählungen' konstatieren will. Die Indifferenzierung der Werte geht über den einfachen Relativismus hinaus, und es ist ihr gelungen, eine Grauzone zu schaffen, die jedes Urteil verwirft. Da sie in einer Zwischenlage beheimatet sind und jeden Terminus einer jeden konzeptuellen Opposition durch ihren Gegenterminus widerlegt, können sich die Dekonstruktivisten nicht über Heideggers Nationalsozialismus äußern. So schlussfolgerte Lacoue Labarthe, nachdem er festgestellt hatte, dass sich Heidegger zur Wirklichkeit des Hitlerismus, aber nicht zur Wahrheit des Nationalsozialismus geirrt hatte, dass sich die Frage nach dem, „in wessen Namen und im Namen wovon" geurteilt werden soll, nicht mehr stellt.[10]

Indem er jedes Werturteil meidet, führt der Anomismus auf diese Weise die Umkehrung der Werte herbei. Insbesondere schützt er

9 Vortrag bei der Tagung *Primo Levi et la rationalité après Auschwitz*, Paris, 28.04.2007, Fondation Auschwitz. Zur Zeitzeugenschaft vgl. Rastier: *Ulysse à Auschwitz*; ders.: Témoignages inadmissibles.

10 Zit. n. Hassan Givsan: *Eine bestürzende Geschichte. Warum Philosophen sich durch den „Fall Heidegger" korrumpieren lassen.* Würzburg: Königshausen & Neumann 1998, S. 85–86.

Heidegger, der der ‚Absolution' ebenso entgeht wie der Kritik. Vor mehr als zwanzig Jahren äußerte Derrida, dass Heidegger, wenn er nur einen einzigen Satz des Bedauerns formuliert hätte, ohne Mühe seine Absolution hätte erreichen können; aber da er es nicht getan hat, ermögliche er es uns, uns zum „immer noch ungedachten Phänomen" des Nationalsozialismus zu befragen.[11] So habe uns Heidegger durch sein Schweigen ermöglicht, sein Denken zu befragen, er habe uns in gewisser Weise auf den Prüfstand gestellt.

Derrida definierte sich immer wieder als ein Marrane, und eine solche Denkweise ist nicht ohne Beispiel in der Tradition des marranischen Denkens, das sich einst durch seinen Antinomismus auszeichnete. Sein wichtigster Messias, Sabbatai Zwi, vertrat z. B. die Ansicht, dass die Erfüllung des Gesetzes in seiner Übertretung bestehe.[12] Als er zum Islam übertrat, waren einige seiner Anhänger verwirrt, kamen aber, indem sie in ihm weiterhin den Gesandten sahen, überein, dass dieses scheinbare Ärgernis für sie eine Prüfung sei, damit sie ihr Verständnis der göttlichen Absichten schärften.[13]

In gewisser Hinsicht wurde auch Heidegger derjenige, durch den der Skandal kam, der, dessen scheinbare Konversion endlich erlaubt, das ungedachte Phänomen des Nationalsozialismus zu erfassen. Derrida verlieh so dem vorgeblichen Schweigen Heideggers zur Vernichtung den Wert einer Frage, die sich zu unserer Erziehung an uns richtet. Die Hermeneutik eines Schweigens ist immer heikel; von Blanchot bis zu Steiner befragten etliche Autoren das Schweigen des Philosophen und sahen dabei nicht, dass seine Schriften und Reden dieses vorgebliche Schweigen Lügen strafen – das er im Übrigen mit seinen Bremer Vorträgen brach und das jetzt durch die *Schwarzen Hefte* vollends dementiert wird.

Das Wesentliche bleibt, dass keinerlei Urteil gefällt wird. Die Forderung nach einem ‚schwachen Denken' (*pensiero debole*) nach der Art von Gianni Vattimo, dem wichtigsten Autor des italienischen

11 Zitat von Derrida und eine Analyse von Givsan ebd., S. 97, S. 96–108 (Kap. 10).

12 Agamben stützt sich explizit auf dieses Wort von Sabbatai Zwi: „Die Erfüllung der Thora ist ihre Übertretung." (Giorgio Agamben: *Mittel ohne Zweck. Noten zur Politik*, aus d. Ital. v. Sabine Schulz. Freiburg i.Br.: Diaphanes 2001, S. 141) und erhellt damit ein Gesetz der dekonstruktivistischen Dialektik.

13 Ebenso, als Jakob Frank, ein späterer ‚Messias', seine Tochter in der Kirche heiratete, blieben Gläubige, die diesen Umweg der Vorsehung guthießen.

Heideggerismus, findet Gefallen, denn es ist wie geschaffen zum Erzählen von Anekdoten; vor allem aber erlaubt die Forderung nach Schwäche, die unangenehmen Fragen zu vertagen und sich jeder Kritik zu entziehen. Der ,Debolismus' ist eine bequeme Position, er braucht eine sehr starke These, nämlich die, dass das philosophische Denken jede ethische Verantwortung und jedes alethische Urteil umgehen kann. Es siedelt sich in einer Grauzone an, in der die Unmöglichkeit zu urteilen theoretisiert wird, und zwar im Namen der ,negativen Arbeit', einem von Lacan revidierten Hegelschen Thema. Manche Autoren wie Derrida teilen dem Leser leichte Gewissensbisse mit, aber sie haben ihre Lektüren nicht revidiert, und alles geht wie üblich seinen Gang.

Die Frage bleibt jedoch weit offen für jeden, der sich um die Verantwortung des Denkens sorgt. So schloss Salanskis sein Buch über Heidegger mit einem Slogan in der Form einer Losung: „An seiner Kanonisierung teilnehmen als Autor größter Würde, denn nur so kann man ihn für die Ewigkeit dem kritischen Blick auf die Dinge aussetzen, die uns im Hals stecken bleiben"[14]. Man wundert sich nicht mehr, dass in der Philosophie die Kanonisierung einer Kritik vorausgehen und sie beeinflussen kann: Hier ist man aber weit von Kritik entfernt, denn man verharrt in bewundernder Liebe. Derridas Besorgnisse und Salanskis' ewige Schwüre erhellen sich, wenn dieser ganz unschuldig den Motor für die Faszination aufdeckt und so auf die antwortet, die Heideggers nationalsozialistisches Engagement kleinreden möchten: „Man kann es wahrscheinlich nicht besser machen, als sie zu fragen, was an Heidegger noch zu lieben bleibt, wenn sie ihn so weit entlastet haben."[15]

Von Badiou bis zu Trawny sah man schon einige Male, wie die juristische Benennung, das moralische Urteil oder auch nur die rationale Kategorisierung abgelehnt werden, weil sie ,Zensoren' fürchten, die die ,Freiheit' bedrohen. Die paradoxe Einheit der linken und rechten Radikalismen beruht nämlich auf der gemeinsamen Ideologie der Übertretung, die in allen ,postmodernen' und ,dekonstruktivistischen' Strömungen gerühmt und weit über die Politik hinaus in allen kulturellen Bereichen verbreitet wird.

14 Salanskis: *Heidegger*, S. 150.

15 Ebd., S. 142.

Eine metapolitische Konferenz über „Die Entstehung der Postmoderne" wurde 1989 vor der Kaderschule des GRECE (Groupement de recherche et d'études pour la civilisation européenne) abgehalten und theoretisierte mit Berufung auf Marco Tarchi, einen italienischen neofaschistischen Führer, die „Dynamik der Übertretung":

> Die Logik und Dynamik der Übertretung verlangen [...], dass immerfort Logiken kombiniert werden, die für antagonistisch erklärt wurden, und zu handeln, indem divergierende Desiderata miteinander vereinbart werden [...]. Die Dynamik der Übertretung nimmt die Vision der *coincidentia oppositorum* von Meister Eckhardt und Nikolaus von Kues wieder auf. Sind politische Übersetzungen der postmodernen Herausforderung möglich?[16]

Und der Redner schlug eine „revolutionäre Synthese" vor von insbesondere Heidegger und „zeitgenössischen Philosophen (Foucault, Deleuze, Guattari, Derrida, Baudrillard, Maffesoli)". Er schloss: „Wenn man feststellt, dass die Grundzüge unserer tragischen Sicht auf die Welt und das Universum überall anwesend sind, gibt es keinerlei Grund zu verzweifeln ..."
Die nationalsozialistische Ordnung als Ausnahmezustand erkannte weder Rechte noch Pflichten an, alles hing an der Entscheidung des *Führers*; das überträgt sich auf die Philosophie in der Entscheidung des prophetischen *Denkers – Denkherr*, wie ihn Celan ironisch nannte.[17]
Sein Diskurs ist die Autorität und stellt sich über die Geschichte, ist also seinsgeschichtlich; über die Politik, also metapolitisch. Wer dazu eine kritische Distanz einnimmt, wird jedoch als „Faschist"[18] bezeichnet: der dogmatische Relativismus des dekonstruktivistischen Diskurses fordert nicht nur seine eigene Urteilslegitimität ein, sondern gibt diesen Autoritätsdiskurs weiter und verdoppelt ihn, indem er verdammt, wer immer ihn anzweifelt.
Die Apologeten, die ich im IV. Kapitel kommentiert habe, schlagen zwar verschiedene Wege ein, aber alle stützen sich auf die banalisierte Ideologie der Übertretung: Hinweg mit den Grenzen, den Normen,

16 La genèse de la postmodernité. http://www.voxnr.com/cc/dh_autres/EFlyVkFZyAPKqraiQs.shtml (Zugriff am 22.02.2016).

17 Trawny übersetzt das, lobend, mit „Signore del pensiero" (ders.: L'errore di Faye).

18 Das betrifft Emmanuel Faye, aber auch Gaëtan Pégny und mich selbst.

der Ethik, den Menschenrechten, alle heroisieren sie die Radikalität. Der dekonstruktivistische Diskurs ist aber weit davon entfernt, sich der ‚modernen Welt' zu widersetzen, was doch der Grund dafür ist, dass Heidegger unverzichtbar ist, sondern er kondensiert ihre bedrohlichsten Wünsche, nämlich die nach einer allgemeinen Deregulierung, vor allem auf ethischem, ästhetischem und politischem Gebiet. Das ist die Bedeutung dieser *An-Archie*, die Trawny bei Heidegger so bewundert – und das zu einer Zeit, in der die ökonomische und ökologische Deregulierung, die von einer mafiaähnlichen Finanzwelt durchgesetzt wird, sich wunderbar vereint mit dem Ausnahmezustand der neuen Diktaturen.

2. Wiederaufbauen

So manche Autoren schweigen heute in weiser Voraussicht; andere, denen die Augen geöffnet wurden, machen sich die Mühe, ihre Überzeugungen neu zu überdenken. In dieser unstabilen Lage gibt es plötzliche Umschichtungen. Die Orthodoxie, bisher verkörpert durch die Freiburger Heidegger-Gesellschaft, findet eine postmoderne Neuverkörperung in dem 2012 von Trawny in Wuppertal gegründeten Martin-Heidegger-Institut. Die akademischen Anekdoten können aber nicht verdecken, dass ein tieferer Wechsel in der Rezeptionsgeschichte stattfindet, denn die Lage des Problems wurde mit der Ausweitung des Textkorpus auf die *Schwarzen Hefte* unwiderruflich eine andere und sie wird sich noch in die gleiche Richtung weiterentwickeln, wenn die Archive geöffnet und die Briefwechsel publiziert werden. Da es seine Zweideutigkeit verliert, wird das Werk andererseits auch das Wesentliche seiner Verführungskraft verlieren; und um weiter lobend zu schreiben, wird man Verantwortung übernehmen müssen, was viele Akademiker nicht ohne Weiteres akzeptieren werden: Der mutige und kluge Rücktritt Günter Figals, der in Freiburg die akademische Nachfolge des Meisters verkörperte und Autor eines *Heidegger-Lexikons* war, löste eine nicht nur universitäre Krise aus. Der orthodoxe Heideggerismus hat sein Quasi-Monopol verloren, denn er weiß nicht, wie er strategisch vorgehen soll, er entzweit sich und gleitet in widersprüchliche Taktiken ab, die von der empörten Leugnung zur radikalen Affirmation des Nationalsozialismus als einer

würdigen Philosophie reichen. Die Auflösung der Argumente nimmt zu, die intellektuelle Ausgehsperre wird nicht mehr eingehalten.
Es geht jedoch nicht darum, sich für oder gegen den Nationalsozialismus oder den Antisemitismus auszusprechen, für oder gegen die Apologeten oder die Pamphletisten, sondern „strikt das Prinzip der Distanzierung"[19] einzuhalten, das die erhellenden Lektüren erfordern. Zwar gab der Meister das Beispiel der keinen Widerspruch duldenden Verurteilungen – die in den *Schwarzen Hefte* noch häufiger vorkommen; warum aber sollte in der philosophischen (und philologischen) Auseinandersetzung ein Ausnahmezustand gelten, warum sollten nur die Heideggerschen Lesarten von Heidegger zugelassen werden, epigonale Lesarten, die von den Erfordernissen seiner Prophetie gesteuert werden, um seine eigene Größe zu beweisen? Das kann nur gelingen, wenn die der Philosophie eigene kritische Dimension ausgeschaltet wird – eine Dimension, die die Philosophie für die Human- wie für die Kulturwissenschaften lebensnotwendig macht.
Wenn schließlich Heidegger durch seine sektiererische Schreib- und Publizierpraxis eine Menge Apologien verursachte, so beschränkte sich doch das Studium seines Werks nie darauf. Ein wenn auch höchst minoritärer und akademisch bedrohter Forschungszweig hält sich bis heute und entwickelt sich sogar.
Die Heidegger-Studien sind im Begriff, sich auf neuer Grundlage zu entwickeln, sie beziehen die Textgenetik, die Philologie, die Ideengeschichte, die Linguistik und die Korpusanalyse in ihre Forschungsmethoden ein. Forschungsprogramme zu Heidegger und der Postmoderne (Sidonie Kellerer), zu den Textkorpora nationalsozialistischer Ideologen (Gaëtan Pégny), zur Geistesgeschichte des Nationalsozialismus (Emmanuel Faye), zur Geschichte des Heideggerismus (Hassan Givsan), zu Heideggers Stil (Georges-Arthur Goldschmidt) ermöglichen es, in ihrer Vielfalt die Informationslücken zu füllen, die so manches Vorurteil, das man lieber für arglos halten will, erklären, wenn auch nicht rechtfertigen. So ähnlich erfuhren auch die Marx-Studien eine Vertiefung, seitdem die überzeugten Marxisten den Forschern, die man jetzt *Marxianer* nennt, ihren Platz geräumt haben. Und was die Saussure-Forschung betrifft, so wurde sie seit 1996 durch die Entdeckung neuer Manuskripte völlig

19 Jean Bollack: *La Grèce de personne. Les mots sous le mythe.* Paris: Seuil 1997, S. 221.

umgewälzt, die die Lektüre des veröffentlichten Werks auf neue Füße stellte – obwohl manche noch lieber mit den apokryphen als mit den vom Autor selbst verfassten Schriften weitermachen würden.

Es wird mindestens eine Generation dauern, bis die letzten Konsequenzen aus der Veröffentlichung der *Schwarzen Hefte* gezogen werden können, umso mehr als Heidegger eine Vaterfigur bleibt, eine Ikone, die in den intellektuellen Milieus der ganzen Welt angerufen und von identitären Strömungen verschiedenster Obedienz in Anspruch genommen wird; aber ohne Rücksicht auf akademische Seilschaften oder auf die verborgene Agenda der politischen Radikalismen finden Philosophen den Mut, die Lage des Problems neu zu bewerten, Heidegger neu zu lesen, seine todbringende Doktrin zu beschreiben und die Ethik zu rekonstruieren. Diese Aufgabe geht sogar über die Philosophie hinaus, denn sie betrifft die Gesamtheit der Human- und Kulturwissenschaften.

Das Ende der Philosophie, Heideggers Lieblingsthema, rechtfertigt sein Programm der Zerstörung, auch ‚Dekonstruktion' genannt. Es ist keineswegs originell und entspringt der Abneigung der Nationalsozialisten gegen die Philosophie; so schrieb 1939 Ernst Krieck, im Übrigen ein Rivale Heideggers:

> Die Philosophie im herkömmlichen Sinn ist gekennzeichnet durch ein universalistisches Prinzip. Da die nationalsozialistische Weltanschauung [...] den Universalismus jeder Art beendet und durch das rassisch-völkische Prinzip ersetzt, müßte folgerichtig die Philosophie, da sie stets am Universalismus hängt, als beendet erklärt und durch eine rassisch völkische Kosmologie und Anthropologie ersetzt werden.[20]

Es ist an der Zeit, die Philosophie mit sich selbst zu versöhnen. Als Anfang 2015 Günter Figal sein Amt niederlegte und ging, hatten die Instanzen der Universität die Absicht, vermutlich weil sie durch die *Schwarzen Hefte* verunsichert waren, seinen Lehrstuhl an einen nicht-heideggerischen Philosophen zu vergeben. Eine internationale Petition, die von 3.000 auf verschiedene Weise sich auf Heidegger berufenden Philosophen unterzeichnet wurde, vereinte zur Rettung

20 Ernst Krieck: Philosophie. In: *Deutsche Wissenschaft. Arbeit und Aufgabe.* Leipzig: Hirzel 1939, S. 29–31, hier S. 29.

ihrer Tradition berühmte Figuren des globalen Dekonstruktivismus, von den Gender Studies bis zu den Postcolonial Studies usw. Im Hintergrund spielt das Drama der neuen und künstlichen Scheidung zwischen ‚analytischer' oder, umfassender, ‚angelsächsischer' und ‚kontinentaler' Philosophie, das auf beiden Seiten eine inszenierte Gigantomachie hervorrief, um verschiedene akademische Lobbys zu rechtfertigen, deren Petition jetzt den Gipfel erreicht hat. Für die Ideengeschichte ist sie unerheblich: Bernard Bolzano ist so ‚kontinental' wie Hegel, Frege wie Dilthey, Rudolf Carnap wie Husserl; aber es ist ohne Weiteres zu verstehen, dass sich Heidegger an die Spitze eines Kreuzzugs stellen wollte und die Philosophie, gemäß seiner ausschließlich polemischen Weltsicht, spalten wollte.

Gegenwärtig scheint der zeitgenössische Heideggerismus in seinen sogenannten postmodernen Formen wieder in Frage gestellt zu werden: Da er entschieden hatte, identitäre Themen vorzuziehen, die für die Definition der Studies Pate stehen (Gender, Women, Postcolonial, Subaltern, Holocaust usw.), um ebenso viele ‚Weltsichten' zu definieren, wird er nicht imstande sein, den Begriff einer allgemeinen ethischen Verantwortung zu rekonstruieren. Außerdem entfernte er sich auf zwei zusätzlichen Wegen von der Rationalität: dem *Anomismus*, der im Namen der Übertretung jeglicher Norm, einschließlich der argumentativen, der Ansicht ist, dass alles gleichwertig ist, dass der Nationalsozialismus eine Ansicht wie jede andere ist und dass es eine unerträgliche Zensur wäre, einen Autor als Nazi zu bezeichnen; und dem *Antinomismus*, der durch die Umwertung der Werte jeden Begriff in seinem Gegenteil begründet: Die Demokratie ist eine Diktatur (Badiou), die Opfer sind erbarmungslos (Trawny), der Zeitzeuge hat nichts zu sagen (Agamben) usw. Es bleibt daher umso schwieriger, sich von Heidegger zu distanzieren, als er jede Kritik des Nationalsozialismus unmöglich gemacht hat, indem er seine perfekt alles umfassende Weltanschauung entwickelt, dabei jedem Außen ein Ende bereitet, dafür aber eine ebenso hohle wie verherrlichte innere Größe preist.

Es wird Zeit, diesen endlosen Aporien, dem grinsenden Zynismus, der undefinierten Umkehrbarkeit, die aus Schergen Opfer macht und umgekehrt, zu entkommen und in dieser Ruinenlandschaft eine Ethik der Verantwortung neu aufzubauen. Ist Heidegger wirklich

notwendig, um die Vernichtung und die moderne Welt zu verstehen? Wer kann glauben, dass nur die Verbrecher ihre Verbrechen beurteilen und sich also selbst freisprechen oder gar die eigenen Verbrechen zu mutigen Wundertaten erklären können? Wir brauchen ein Denken nach der Katastrophe – ein solches, das diese wünscht und gutheißt, wird sie nicht denken können. Hören wir auf die Überlebenden.
Primo Levi, Zeuge und Überlebender, Schriftsteller und Wissenschaftler, wandte sich nicht an ein einzelnes Volk, sondern an die ganze Menschheit. Die Rationalität wieder einzusetzen, der Heidegger seit Beginn der 1920er Jahre einen ‚gnadenlosen Krieg' erklärt hatte, den Wissenschaften wieder ihren Platz zuzuweisen, die in ihrem Prinzip durch einen Obskurantismus, der sich für alles zuständig hält, verworfen wurden, das sind die Aufgaben eines Humanismus, der moralischen Anspruch und Wissen vereinigt.
Die vielleicht allerletzte Form des Humanismus wird wahrscheinlich ein Humanismus des Überlebens, das des Überlebenden, das der Menschlichkeit im Menschen, aber auch das der ganzen Menschheit sein: Levi, den der Negationismus und das Wettrüsten beunruhigten, warnte immer wieder in seinen Reden, Gesprächen und Gedichten. Der Schutz der Natur und das Überleben der Bevölkerungen sind beinahe zu ein und derselben Sache geworden. Der Humanismus der Herausforderung und der der praktischen Weisheit wurden heute durch einen Humanismus der Vorsorge und der Wahrung ersetzt, dessen zentrale Figuren nicht mehr der Gelehrte oder der Philosoph sind, sondern das Opfer und der Zeuge.
Während die Nationalsozialisten sich als Opfer gaben, die in ihrem wirtschaftlichen und genetischen Erbe bedroht seien, während ihre heutigen Nachfolger vom ‚weißen Genozid' faseln und zur Rache aufrufen, bittet der Zeuge nur um Rettung und Gerechtigkeit. Das Nachdenken über die Vernichtung hat es ermöglicht, die ihr eigene Würde und die universelle Tragweite dieser Figur zu erkennen.
Der Zeuge verkörpert unfreiwillig die Menschlichkeit, die Opfer der Barbarei wurde, die sie anklagt. Die ermüdenden, aber bedrohlichen Prophetien über den ‚Tod des Menschen' hatten wenigstens dieses Gute, daran zu erinnern, dass nach der Vernichtung der Begriff der Menschlichkeit nicht mehr selbstverständlich war: Er muss (wieder) aufgebaut werden, im Sinn einer Formel von Franz Rosenzweig, „[der

Mensch] ist immer ein Übriggebliebener".[21] Mehrere Wege führen in diese eine Richtung:

(i) Die Humanwissenschaften erwiesen sich in ihrem Erziehungsanspruch keineswegs als unwürdig, müssen und können aber erneuert werden.
(ii) Eine kulturelle Anthropologie kann über die Entstehung und vergleichende Geschichte der Kulturen berichten und den kantischen Kosmopolitsmus diesseits des Universalismus, der ihn entstehen ließ, wiederbegründen:[22] Es geht darum, die Entstehung der Kulturen zu beschreiben, um zu erkennen, wie die Menschwerdung sich in der Humanisierung fortsetzt; auch da brachten Autoren wie Marcel Mauss, Cassirer, André Leroi-Gourhan, Arthur M. Hocart entscheidende Beiträge.
(iii) Eine Reflexion über die Künste ist erforderlich, um die sinnlos gewordene Ästhetik der Übertretung zu widerlegen: Seitdem die Schönheit kein ästhetischer Wert mehr ist, herrscht die Meinung vor, dass die Ästhetik für immer von der Ethik entkoppelt bleibt, aber dieses Vorurteil muss in Frage gestellt werden, denn das Kunstwerk trägt, wie jede Handlung, Verantwortung.
(iv) Eine Ethik findet sich im praktischen Zustand in der Vernichtungsliteratur, bei Autoren wie Jean Améry, Primo Levi, Salmen Gradowski, Robert Antelme, Charlotte Delbo – aber auch bei Warlam Tichonowitsch Schalamow, Rithy Pan und vielen anderen: Die Zeitzeugenschaft ermöglicht dem überlebenden Menschen, sich zu verstehen und Gerechtigkeit zu erlangen.

Michel Borwicz sprach in der Vergangenheit von der „Kraft der kulturellen Kontinuität, die bei dieser Gelegenheit den humanistischen Geist im Verlauf von unmenschlichen Prüfungen überleben ließ"; aber er sprach auch in der Gegenwart von der „Kontinuität des anti-humanistischen Geistes, der in den Jahren der Vernichtung

21 Franz Rosenzweig: *Der Stern der Erlösung*. Frankfurt am Main: Suhrkamp 1988, S. 450.

22 Vgl. François Rastier / Simon Bouquet (Hrsg.): *Une introduction aux sciences de la culture*. Paris: PUF 2002.

aufblüht"[23] und dessen gegenwärtiges Wiedererstehen ich ausführlich beschrieben habe. Auch die Barbarei ist universell. Die ‚Grauzone', jener Ort, an dem die Schergen schließlich ihre Opfer beeinflussen, kann sich in der Zeit wie im Raum unendlich ausdehnen.
Beide Kontinuitäten zeichnen zwei Figuren der Menschheit, diejenige, die den Frieden sucht, und diejenige, die universell durch ihre eigenen Verbrechen korrumpiert wird. Man versteht dann besser, warum die Denker des Dekonstruktivismus sich so bemühen, den Zeugen abzuservieren, zu erklären, dass ein wahres Zeugnis unmöglich ist (Derrida), Levi seine Rationalisierungsbemühungen vorzuwerfen oder zu erklären, dass der Zeuge „nichts Interessantes zu sagen hat"[24] (Agamben): Seine Worte sind im Gegenteil umso wertvoller angesichts der ansteigenden Barbarei – die aber immer abgewendet werden kann und muss.

23 Michel Borwicz: *Écrits des condamnés à mort pendant l'occupation nazie. 1939–1945*. Paris: Gallimard 1973, S. 46.

24 Agamben: *Homo sacer*, S. 79.

Siglenverzeichnis

BH Martin Heidegger: Brief über den „Humanismus“ [1946]. In: Ders.: *Wegmarken. Gesamtausgabe* [*GA*] 9, hrsg. v. Friedrich-Wilhelm von Herrmann. Frankfurt am Main: Klostermann 1976, S. 313–364.

BPh Ders.: *Beiträge zur Philosophie (Vom Ereignis) (1936–1938). GA* 65, hrsg. v. Friedrich-Wilhelm von Herrmann. Frankfurt am Main: Klostermann 1989.

DG Ders.: Die Gefahr. In: Ders.: 1. *Einblick in das, was ist. Bremer Vorträge* [1949] 2. *Grundsätze des Denkens. Freiburger Vorträge* [1957]. *GA* 79, hrsg. v. Petra Jaeger. Frankfurt am Main: Klostermann 1994, S 46–67.

DG-S Ders.: Das Ge-Stell. In: Ebd., S. 24–45.

DR Ders.: Das Rektorat 1933/34. Tatsachen und Gedanken [1945]. In: Ders.: *Reden und andere Zeugnisse eines Lebensweges (1910–1976). GA* 16, hrsg. v. Hermann Heidegger. Frankfurt am Main: Klostermann 2000, S. 372–394.

ED Ders.: *Zum Ereignis-Denken. GA* 73, hrsg. v. Peter Trawny. Frankfurt am Main: Klostermann 2013.

EJ Ders.: *Zu Ernst Jünger* [1934]. *GA* 90, hrsg. v. Peter Trawny. Frankfurt am Main: Klostermann 2004.

EM Ders.: *Einführung in die Metaphysik* [SS 1935]. *GA* 40, hrsg. v. Petra Jaeger. Frankfurt am Main: Klostermann 1983.

GS Ders.: *Die Geschichte des Seyns* [1938–1940]. *GA* 69, hrsg. v. Peter Trawny. Frankfurt am Main: Klostermann 1998.

LF Ders.: *Logik als die Frage nach dem Wesen der Sprache* [1934]. *GA* 38, hrsg. v. Günter Seubold. Frankfurt am Main: Klostermann 1998.

NM Ders.: 1. Nietzsches Metaphysik [1941]. In: Ders.: *1. Nietzsches Metaphysik 2. Einleitung in die Philosophie – Denken und Dichten. GA* 50, hrsg. v. Petra Jaeger. Frankfurt am Main: Klostermann 2007, S. 77–89.

NN Ders.: *Nietzsche: Der europäische Nihilismus* [1940]. *GA* 48, hrsg. v. Petra Jaeger. Frankfurt am Main: Klostermann 1986.

SH I Ders.: *Überlegungen II–VI* [*Schwarze Hefte* 1931–1938]. *GA* 94, hrsg. v. Peter Trawny. Frankfurt am Main: Klostermann 2014.

SH II Ders.: *Überlegungen VII–XI* [*Schwarze Hefte* 1938–1939]. *GA* 95, hrsg. v. Peter Trawny. Frankfurt am Main: Klostermann 2014.

SH III Ders.: *Überlegungen XII–XV* [*Schwarze Hefte* 1939–1941]. *GA* 96, hrsg. v. Peter Trawny. Frankfurt am Main: Klostermann 2014.

SH IV Ders.: *Anmerkungen I–IV* [*Schwarze Hefte* 1942–1948]. *GA* 97, hrsg. v. Peter Trawny. Frankfurt am Main: Klostermann 2015.

Ssw Ders.: Sommersonnenwende [1933]. In: Ders.: *Reden und andere Zeugnisse eines Lebensweges (1910–1976). GA* 16, hrsg. v. Hermann Heidegger. Frankfurt am Main: Klostermann 2000, S. 131.

SU Ders.: Die Selbstbehauptung der deutschen Universität [Rektoratsrede, 1933]. In: Ebd., S. 107–117.

SZ Ders.: *Sein und Zeit* [1927]. Tübingen: Niemeyer 2001. (Auch *GA* 2)

UK Ders.: Der Ursprung des Kunstwerkes [1935/36]. In: *Holzwege. GA* 5, hrsg. v. Friedrich-Wilhelm von Herrmann. Frankfurt am Main: Klostermann 1977, S. 1–74.

VS Ders.: Vermächtnis der Seynsfrage (Zweite Fassung). In: Ders.: *Gedachtes. GA* 81, hrsg. v. Paola-Ludovika Coriando. Frankfurt am Main: Klostermann 2007, S. 316.

WD Ders.: Wozu Dichter? [1946] In: Ders.: *Holzwege. GA* 5, hrsg. v. Friedrich-Wilhelm von Herrmann. Frankfurt am Main: Klostermann 1977, S. 269–320.

WW Ders.: Vom Wesen der Wahrheit (WS 1933–1934). In: Ders.: *Sein und Wahrheit. GA* 36/37, hrsg. v. Hartmut Tietgen. Frankfurt am Main: Klostermann 2001, S. 83–264.

ZW Ders.: Die Zeit des Weltbildes [1938]. In: Ders.: *Holzwege. GA* 5, hrsg. v. Friedrich-Wilhelm von Herrmann. Frankfurt am Main: Klostermann 1977, S. 75–113.

Bibliographie

A propos de Heidegger. In: *Le Monde*, 01.12.1995. http://www.lemonde.fr/archives/article/1995/12/01/a-propos-de-heidegger_3891148_1819218.html?xtmc=certains_philosophes_francais&xtcr=1 (Zugriff am 14.01.2017).

Adorno, Theodor W.: *Jargon der Eigentlichkeit. Zur deutschen Ideologie.* Frankfurt am Main: Suhrkamp 1964.

Aeschimann, Éric: Le testament antisémite de Heidegger. In: *Le Nouvel Observateur*, 11.09.2014, http://bibliobs.nouvelobs.com/essais/20140919.OBS9703/le-testament-antisemite-de-heidegger.html?cm_mmc=EMV-_-NO-_-20140926_NLNO LIVRES-_-le-testament-antisemite-de-heidegger (Zugriff am 11.02.2017).

Aeschimann, Éric / Barbara Cassin: "Nous savions tous que Heidegger avait été nazi". In: *Le Nouvel Observateur*, 11.09.2014. http://bibliobs.nouvelobs.com/essais/20140919.OBS9704/barbara-cassin-nous-savions-tous-que-heidegger-avait-ete-nazi.html (Zugriff am 30.12.2016).

Agamben, Giorgio: *La comunità che viene.* Turin: Bollati Boringhieri 1990.

// *Mittel ohne Zweck. Noten zur Politik*, aus d. Ital. v. Sabine Schulz. Freiburg i.Br.: Diaphanes 2001.

// *L'Aperto.* Turin: Bollati Boringhieri 2002.

// L'état d'exception. In: *Le Monde*, 11.12.2002. http://www.lemonde.fr/archives/article/2002/12/11/l-etat-d-exception-par-giorgio-agamben_301681_1819218.html?xtmc=agamben&xtcr=82 (Zugriff am 01.01.2017).

// *Homo sacer, Teil 3. Was von Auschwitz bleibt: das Archiv und der Zeuge*, aus d. Ital. v. Stefan Monhardt. Frankfurt am Main: Suhrkamp 2003.

// *Il fuoco e il racconto.* Rom: Nottetempo 2014.

// *Die Erzählung und das Feuer*, aus d. Ital. v. Andreas Hiepko. Frankfurt am Main: Suhrkamp 2016.

Agamben, Giorgio / Alain Badiou / Daniel Bensaïd / Slavoj Žižek et al.: *Demokratie? Eine Debatte.* Berlin: Suhrkamp 2012.

Altwegg, Jürg: Antisemitismus bei Heidegger. Ein Debakel für Frankreichs Philosophie. In: *FAZ*, 13.12.2013. http://www.faz.net/aktuell/feuilleton/buecher/themen/antisemitismus-bei-heidegger-ein-debakel-fuer-frankreichs-philosophie-12710158.html (Zugriff am 20.10.2016).

Améry, Jean: Sie blieben in Deutschland – Martin Heidegger (1968). In: Ders.: *Aufsätze zur Philosophie. Werke*, Bd. 6, hrsg. v. Gerhard Scheit. Stuttgart: Klett-Cotta 2004, S. 297–329.

Applebaum, Anne: Va-t-on vraiment entrer en guerre avec la Russie? In: *Slate*, 30.08.2014. http://www.slate.fr/story/91579/guerre-russie (Zugriff am 19.02.2016).

Arendt, Hannah: Martin Heidegger ist achtzig Jahre alt. In: *Merkur* 23,258 (1969), S. 893–902.

// *Elemente und Ursprünge totaler Herrschaft, Antisemitismus, Imperialismus, totale Herrschaft* [1986]. München / Zürich: Piper 2009.

Arjakowsky, Philippe / François Fédier et al.: *Le dictionnaire Martin Heidegger.* Paris: Cerf 2013.

Babich, Babette: Zombie Writings and the Backwards Efficacy of Posthumous Texts, Technology, and Heidegger's Nachlaß Hermeneutics. In: Ingo Farin / Jeff Malpas (Hrsg.): *Reading Heidegger's Black Notebooks 1931–1941.* Cambridge: MIT 2016.

Badiou, Alain: Interview with Peter Hallward and Bruno Bosteels, Paris, 02.07.2002. http://cirphles.ens.fr/ciepfc/publications/alain-badiou/article/alain-badiou-entretien-avec-peter?lang=fr (Zugriff am 14.01.2016).

// *De quoi Sarkozy est-il le nom?* Paris: Lignes 2007.

// Lettre à propos d'une recension autour de Faye/Heidegger, 06.04.2014. http://strassdelaphilosophie.blogspot.fr/2014/04/lettre-dalain-badiou-propos-dune.html (Zugriff am 14.01.2016).

// *Heidegger. L'être 3 – Figure du retrait.* Paris: Fayard 2015.

// Le rouge et le tricolore. In: *Le Monde,* 27.01.2015, S. 13.

Badiou, Alain / Barbara Cassin: *Heidegger. Der Nationalsozialismus, die Frauen, die Philosophie,* aus d. Franz. v. Thomas Laugstien. Zürich: Diaphanes 2011.

Badiou, Alain / Eric Hazan: *L'antisémitisme partout. Aujourd'hui en France.* Paris: La Fabrique 2011.

Bollon, Patrice: Heidegger écorné par ses Cahiers. In: *Le magazine littéraire* 547 (2014), S. 24–25.

Beaufret, Jean: *Entretiens avec F. de Towarnicki.* Paris: PUF 1984.

// *De l'existentialisme à Heidegger. Introduction aux philosophies de l'existence,* hrsg. v. Guy Basset. Paris: Vrin 2000.

Blanchot, Maurice: *La communauté inavouable.* Paris: Minuit 1983.

Bollack, Jean: *La Grèce de personne. Les mots sous le mythe.* Paris: Seuil 1997.

// *Dichtung wider Dichtung: Paul Celan und die Literatur,* hrsg. u. aus d. Franz. v. Werner Wögerbauer, unter Mitw. v. Barbara Heber-Schärer. Göttingen: Wallstein 2006.

Bollack Jean / Heinz Wismann: Heidegger l'incontournable. In: *Actes de la recherche en sciences sociales* 1,5–6 (1975), S. 157–161. http://www.persee.fr/doc/arss_0335-5322_1975_num_1_5_2486 (Zugriff am 19.05.2016).

Borwicz, Michel: *Écrits des condamnés à mort pendant l'occupation nazie. 1939–1945.* Paris: Gallimard 1973.

Bourdieu, Pierre: *Die politische Ontologie Martin Heideggers,* aus d. Franz. v. Bernd Schwibs. Frankfurt am Main: Syndikat 2005.

Buber, Martin: *Ich und Du. Werke,* Bd. 1: Schriften zur Philosophie [1923]. München: Schneider 1962.

Buchner, Hartmut: Fragmentarisches. In: Günther Neske (Hrsg.): *Erinnerung an Martin Heidegger.* Pfullingen: Neske 1977, S. 47–52.

Camus, Albert: La contagion. In: *Combat,* 10.05.1947.

Cassirer, Ernst: *Das Erkenntnisproblem in der Philosophie und Wissenschaft der neueren* Zeit, Bd. 1. Berlin: Cassirer 1922.

// *Vom Mythus des Staates*, aus d. amerik. Engl. v. Franz Stoessl. Zürich / München: Artemis 1949.

Castoriadis, Cornelius: *Les Carrefours du labyrinthe II. Domaines de l'homme*. Paris: Seuil 1986.

Céline, Louis-Ferdinand: *Norden*, aus d. Franz. v. Werner Bökenkamp. Reinbek: Rowohlt 1969.

Chapoutot, Johann: *Der Nationalsozialismus und die Antike*, aus d. Franz. v. Walther Fekl. Darmstadt: von Zabern 2014.

Cohen-Halimi, Michèle / Francis Cohen: Le déni persistant de l'antisémitisme d' Heidegger. In: *Le Monde*, 01.10.2014. http://www.lemonde.fr/idees/article/2014/10/01/le-deni- persistant-de-l-antisemitisme-d-heidegger_4498389_3232.html (Zugriff am 13.01.2016).

Conche, Marcel: *Heidegger par gros temps*. Le Revest-les-Eaux: Les Cahiers de l'Égaré 2004.

Dastur, Françoise: *Heidegger. La question du logos*. Paris: Vrin 2007.

Dautrey, Marianne: Les heideggériens broient du noir. In: *Le Monde*, 30.01.2015, S. 9.

David, Pascal: *Essai sur Heidegger et le judaïsme. Le nom et le nombre*. Paris: Cerf 2015.

De Monticelli, Roberta: Il vuoto dentro. Jeanne Hersch e il dibattito su Heidegger e il nazismo. In: Roberta Ascarelli (Hrsg.): *Oltre la persecuzione. Donne, ebraismo, memoria*. Rom: Carocci 2004.

// L'Essere in guerra con l'ente. Heidegger, la questione dei « Quaderni neri » e la cosiddetta « Italian Theory ». In: *Il rasoio di Occam*, 01.04.2015. http://ilrasoiodioccam-micromega.blogautore.espresso.repubblica.it/2015/04/01 (Zugriff am 13.06.2016).

Derrida, Jacques: *Grammatologie* [1967], aus d. Franz. v. Hans-Jörg Rheinberger / Hanns Zischler. Frankfurt am Main: Suhrkamp 1983.

// Like the Sound of the Sea Deep within a Shell: Paul de Man's War. In: *Critical Inquiry* 14,3 (1988), S. 590–652.

// *Vom Geist: Heidegger und die Frage*, aus d. Franz. v. Alexander García Düttmann. Frankfurt am Main: Suhrkamp 1992.

// *Mémoires. Für Paul de Man*. Wien: Passagen 2012.

Derrida, Jacques / Elisabeth Roudinesco: *Woraus wird Morgen gemacht sein? Ein Dialog*. Stuttgart: Klett-Cotta 2006.

Deux Lettres de Jean Beaufret. In: *Annales d'histoire révisionniste* 3 (1987), S. 204–205

Di Cesare, Donatella: *Utopia of Understanding. Between Babel and Auschwitz*, aus. d. Ital. v. Niall Keane. Albany: SUNY Press 2013.

// Heidegger, das Sein und die Juden. In: *Information Philosophie* 2 (2014), S. 8–21. http://www.information-philosophie.de/?a=1&t=7814&n=2&y=1&c=1 (Zugriff am 21.06.2016).

// *Heidegger e gli ebrei. I "Quaderni neri"*. Turin: Bollati Boringhieri 2014.

// Heidegger: "Gli ebrei si sono autoannientati". In: *Corriere della Sera*, 08.02.2015, http://www.corriere.it/cultura/15_febbraio_03/heidegger-gli-ebrei-si-sono-autoannientati-99819ca8-abc5-11e4-bd86-014e921a3174.shtml (Zugriff am 11.02.2017).

// *Heidegger, die Juden, die Shoah*. Erw. Aufl. Frankfurt am Main: Klostermann 2016.

Di Cesare, Donatella / Wlodek Goldkorn: 'Heidegger era antisemita'. La filosofa Di Cesare commenta i Quaderni Neri. In: *L'Espresso*, 01.12.2014. http://espresso.repubblica.it/plus/articoli/2014/11/28/news/heidegger-era-antisemita-pensava-che-gli-ebrei-fossero-il-nulla-donatella-di-cesare-commenta-i-quaderni-neri-1.189891 (Zugriff am 06.06.2016).

Di Cesare, Donatella / Thomas Vašek: „Selbstvernichtung der Juden". Exklusiv-Interview mit Donatella Di Cesare. In: *Hohe Luft Magazin*. http://www.hoheluft-magazin.de/2015/02/heidegger-enthuellung/ (Zugriff am 30.01.2016).

Dugin, Alexander: *Martin Heidegger. The Philosophy of Another Beginning* [russ. 2010]. Washington D.C.: Washington Summit 2014.

// *Chajdegger. Wosmoshnost russkoj filosofii*. Moskau: Akad. proekt 2011.

// *The Fourth Political Theory*. London: Arktos 2012.

Ernst, Max: Sur l'Allemagne, Entretien avec Jean Schuster. In: Ders: *Écritures* [1954]. Paris: Gallimard 1970, S. 403–407.

Esposito, Roberto: *Communitas*. Paris: Presses universitaires de France 2000.

Farías, Víctor: *Heidegger und der Nationalsozialismus*. Berlin: Philo 2003.

Faye, Emmanuel: *Heidegger. L'introduction du national-socialisme dans la philosophie*. Paris: Le livre de Poche 2007.

// *Heidegger. Die Einführung des Nationalsozialismus in die Philosophie*. Berlin: Matthes & Seitz 2009.

// Der Nationalsozialismus in der Philosophie: Sein, Geschichtlichkeit, Technik und Vernichtung in Heideggers Werk. In: Hans J. Sandkühler (Hrsg.): *Philosophie im Nationalsozialismus*. Hamburg: Meiner 2009, S. 133–155.

// (Hrsg.) *Heidegger. Le sol, la communauté, la race*. Paris: Beauchesne 2014.

// Antisémitisme et extermination. Heidegger, l'Œuvre intégrale et les *Cahiers noirs*. In: *Cités* 61 (2015), S. 107–122.

Faye, Emmanuel / Sidonie Kellerer / François Rastier: Heidegger devant la Shoah. Le volume 97 des *Cahiers noirs*. In: *Cités* 61 (2015), S. 77–79.

Faye, Jean-Pierre: *Langages totalitaires, critique de l'économie narrative*. Paris: Hermann 1972.

// *Totalitäre Sprachen: Kritik der narrativen Vernunft; Kritik der narrativen Ökonomie*. Frankfurt am Main / Berlin / Wien: Ullstein 1977.

// *Le langage meurtrier*. Paris: Hermann 1996.

Fédier, François: *Heidegger, Anatomie d'un scandale*. Paris: Laffont 1988.

// *Soixante-deux photos de Martin Heidegger*. Paris: Gallimard 1999.

Ferry, Luc: Heidegger, le « salaud » génial. In: *L'Histoire* 301 (2005), S. 21–22.

Ferry, Luc / Alain Renaut: *Heidegger et les Modernes*. Paris: Grasset 1988.

Fiore, Joachim von: *Expositio in Apocalypsim*. Frankfurt am Main: Minerva 1964.

Freud, Sigmund: *Der Witz und seine Beziehung zum Unbewussten*. Leipzig / Wien: Deuticke 1905.

Fritsche, Johannes: *Geschichtlichkeit und Nationalsozialismus in Heideggers Sein und Zeit*. Baden-Baden: Nomos 2014.

Fuchs, Édith: Heidegger et « l'impensé judaïque »? In: *Mezetulle*. 04.03.2015. http://www.mezetulle.fr/heidegger-et-limpense-judaique/ (Zugriff am 10.01.2016).

Gadamer, Hans-Georg: Zurück von Syrakus? In: Jürg Altwegg (Hrsg.): *Die Heidegger Kontroverse*. Frankfurt am Main: Athenäum 1988, S. 176–179.

George, Stefan: Geheimes Deutschland. In: Ders.: *Das Neue Reich. Gesamt-Ausgabe der Werke, Endgültige Fassung*, Bd. 9. Berlin: Bondi 1928, S. 60–61.

Givsan, Hassan: *Eine bestürzende Geschichte: Warum Philosophen sich durch den „Fall Heidegger" korrumpieren lassen*. Würzburg: Königshausen & Neumann 1998.

Goldschmidt, Georges-Arthur: Rappel ! Heidegger et le nazisme. In: *Allemagne aujourd'hui* 93 (1985), S. 78–92.

// *Heidegger et la langue allemande*. Paris: CNRS 2016.

Goodrick-Clarke, Nicholas: *Die okkulten Wurzeln des Nationalsozialismus*. Wiesbaden: Marix 2004.

Hatzfeld, Jean / Rithy Panh / Jacques Sémelin / Nicolas Truong: Comment devient-on un bourreau?. In: *Le Monde*, 03.04.2014. http://www.lemonde.fr/idees/article/2014/04/03/comment-devient-on-un-bourreau_4395245_3232.html (Zugriff am 22.01.2017).

Heidegger, Martin: *Einführung in die Metaphysik* [SS 1935]. Tübingen: Niemeyer 1958.

// *Aus der Erfahrung des Denkens*. Pfullingen: Neske 1963.

// *Die Selbstbehauptung der deutschen Universität, gehalten bei der feierlichen Übernahme des Rektorats der Universität Freiburg (1933 bis 1934)*. Frankfurt am Main: Klostermann 1983.

// *Was heißt Denken?* Tübingen: Niemeyer 1984.

// *Vorträge und Aufsätze* [1954]. Pfullingen: Neske 1985.

// *Être et Temps*, aus d. Dt. v. Emmanuel Martineau. Paris: Authentica 1985.

// *Einführung in die Metaphysik*, hrsg. v. Petra Jaeger. Tübingen: Niemeyer 1987.

// *Vorträge und Aufsätze* [1954]. Pfullingen: Neske 1990.

// *Écrits politiques*, aus d. Dt. v. François. Fédier. Paris: Gallimard 1995.

// *„Mein liebes Seelchen!" Briefe Martin Heideggers an seine Frau Elfride: 1915–1970*, hrsg. v. Gertrud Heidegger, München: DVA 2005.

// *« Ma chère petite âme ! ». Lettres à sa femme Elfride (1915–1970)*, aus d. Dt. v. Marie-Ange Maillet, mit einem Vorw. v. Barbara Cassin / Alain Badiou. Paris: Seuil 2007.

Heidegger, Martin / Elisabeth Blochmann: *Briefwechsel 1918–69*, hrsg. v. Joachim Storck. Marbach: Deutsche Schillergesellschaft 1989.

Heidegger, Martin / Karl Jaspers: *Briefwechsel, 1920–1963*, hrsg. v. Walter Biemel / Hans Saner. München: Piper 1992.

Heidegger, Martin / Kurt Bauch: *Briefwechsel 1932–1975*, hrsg. v. Almuth Heidegger. Freiburg i. Br.: Alber 2010.

Heinz, Marion: Die geheimen Briefe. In: *Hohe Luft* 3 (2015), S. 82–83.

Hemming, Laurence: Review of Thomas Sheehan *Making Sense*. In: *Notre Dame Philosophical Reviews*, 2015. http://ndpr.nd.edu/news/58956-making-sense-of-heidegger-a-paradigm-shift/ (Zugriff am 11.02.2016).

Hitler, Adolf: *Mein Kampf* [1925]. München: Eher Nachf. 1943.

// *Hitlers politisches Testament. Die Bormann-Diktate vom Februar und April 1945*, hrsg. v. François Genoud. Hamburg: Knaus 1981.

Hölderlin, Friedrich: Patmos. In: Ders.: *Sämtliche Werke. Kleine Stuttgarter Ausgabe*, Bd. 2, hrsg. v. Friedrich Beissner. Stuttgart: Cotta 1952, S 173.

Höß, Rudolf: *Kommandant in Auschwitz: Autobiographische Aufzeichnungen*, hrsg. v. Martin Broszat. Stuttgart: DVA 1958.

// *Le commandant d'Auschwitz parle*. Paris: Maspero 1979.

Ireland, Julia A.: Naming Φύσις and the 'Inner Truth of National Socialism'. A New Archival Discovery. In: *Research in Phenomenology* 44 (2014), S. 315–346. http://www.academia.edu/12875760/Naming_Physis_and_the_Inner_Truth_of_National_Socialism_A_New_Archival_Discovery (Zugriff am 13.01.2016).

// *Putting Heidegger's* Black Notebooks *in the Grey Zone: Intervention and Complicity* (im Erscheinen).

Jégo, Marie: Ukraine. M. Poutine piégé par ses contradictions. In: *Le Monde*, 19.07.2014, S. 2.

Judet de La Combe, Pierre / Heinz Wismann: *L'Avenir des langues. Repenser les humanités*. Paris: Cerf 2004.

Kellerer, Sidonie: Heideggers Maske. ‚Die Zeit des Weltbildes' – Metamorphose eines Textes. In: *Zeitschrift für Ideengeschichte* 5,2 (2011), S. 109–120.

// Le maquillage d'un texte. A propos d'une conférence de Martin Heidegger de 1938. In: Emmanuel Faye (Hrsg.): *Heidegger. Le sol, la communauté, la race*. Paris: Beauchesne 2014, S. 97–143.

// Des Meisters neue Kleider. In: *Hohe Luft* 3 (2015). http://www.hoheluft-magazin.de/2015/03/des-meisters-neue-kleider/ (Zugriff am 12.01.2017).

// Les *Cahiers noirs* et leur guerre invisible contre la « machination » juive. In: *Cités* 61 (2015), S. 139–146.

Klemperer, Victor: *LTI* [1947]. Köln: Pahl-Rugenstein 1987.

Krieck, Ernst: Philosophie. In: *Deutsche Wissenschaft. Arbeit und Aufgabe*. Leipzig: Hirzel 1939, S. 29–31.

La genèse de la postmodernité. http://www.voxnr.com/cc/dh_autres/EFlyVkFZyAPKqraiQs.shtml (Zugriff am 22.02.2016).

Lacoue-Labarthe, Philippe: *La Fiction du politique. Heidegger, l'art et la politique*. Paris: Bourgois 1987.

Laïdi, Zaki: *Un monde privé de sens*. Paris: Hachette 2009.

Laplanche, Jean: *Nouveaux fondements pour la psychanalyse*. Paris: PUF 1987.

Lelièvre, Frank: Grandeur et décadence d'un philosophe barbare. In: *Cités* 61 (2015), S. 155–169.

Leroux, Jean-Paul: L'ombre portée de *Mein Kampf* sur *Sein und Zeit* http://www.revue-texto.net/docannexe/file/3588/l_ombre_portee_de_mein_kampf_sur_sein_und_zeit.pdf (Zugriff am 19.01.2016).

Leselbaum, Jean / Antoine Spire (Hrsg.): *Dictionnaire du judaïsme français depuis 1944*. Paris: Colin 2013.

Levi, Primo: *Ist das ein Mensch?* Frankfurt am Main: Fischer 1961.

// *La Ricerca delle radici*. Turin: Einaudi 1981.

// *A la recherche des racines*. Paris: Mille et une nuits 1999.

// *Das periodische System* [1987], aus d. Ital. v. Edith Plackmeyer. München: SZ-Bibliothek 2004.

// *Die Untergegangenen und die Geretteten* [1990], aus d. Ital. v. Moshe Kahn. München: dtv 2015.

Levinas, Emmanuel: *Quelques réflexions sur la philosophie de l'hitlérisme*. Paris: Editions Payot & Rivage 1997.

Lévi-Strauss, Claude: *Strukturale Anthropologie I*. Frankfurt am Main: Suhrkamp 1977.

Lévy, Bernard-Henri: Lire, toujours, Heidegger. In: *La règle du jeu*, 28.01.2015. http://laregledujeu.org/bhl/2015/01/28/lire-toujours-heidegger/ (Zugriff am 10.02.2016).

Linde, Reinhard: *Bin ich, wenn ich nicht denke?* Herbolzheim: Centaurus 2003.

Lippi, Jean-Paul: *Julius Evola, métaphysicien et penseur politique. Essai d'analyse structurale*. Lausanne: L'âge d'homme 1998.

List, Guido von: *Das Geheimnis der Runen*. Wien: Geheimes Wissen 2007.

Longerich, Peter: *„Davon haben wir nichts gewusst!" Die Deutschen und die Judenverfolgung 1933–1945*. Berlin: Siedler 2006.

Lyotard, Jean-François: *Heidegger et « les Juifs »*. Paris: Galilée 1988.

Malabou, Catherine: L'antiheideggérisme idéologique. Une nouvelle guerre contre l'intelligence. In: *La Quinzaine littéraire*, 16.06.2005.

Meschonnic, Henri: *Heidegger ou le National-essentialisme*. Paris: Teper 2007.

Milner, Jean-Claude: *Les penchants criminels de l'Europe démocratique*. Lagrasse: Verdier 2003.

Minder, Robert: Heidegger und Hebel oder die Sprache von Messkirch. In: Ders.: *‚Hölderlin unter den Deutschen' und andere Aufsätze zur deutschen Literatur*. Frankfurt am Main: Suhrkamp 1968, S. 86–153.

Mosse, George L.: *The Crisis of German Ideology*. London: Weidenfeld & Nicolson 1966.

Nancy, Jean-Luc: *La communauté affrontée*. Paris: Galilée 2001.

// Postface. In: Robert Antelme: *Vengeance?* Paris: Hermann 2010, S. 39–46.

// L'antisémitisme de Heidegger n'invalide pas son œuvre. In: *Le Monde*, 26.09.2014, S. 21.

// *Banalité de Heidegger*. Paris: Galilée 2015.

Nesi, Gianluca: Il sacrificio rituale nazista. Guido List, Adolf Hitler, Martin Heidegger. In: *Intersezioni* 34,3 (2014), S. 423–448.

Nietzsche, Friedrich: Die fröhliche Wissenschaft. In: Ders.: *Sämtliche Werke. Kritische Studienausgabe*, Bd. 3, hrsg. v. Giorgio Colli / Mazzino Montinari. München / Berlin: dtv / de Gruyter 1980, S. 343–651.

Ott, Hugo: Wege und Abwege. Zu Victor Farías' kritischer Heidegger-Studie. In: *Neue Zürcher Zeitung*, 04.11.1987.

Paul, Jean-Marie: Des lumières contrastées. Cassirer, Horkheimer und Adorno. In: *Revue germanique internationale* 3 (1995), S. 83–101.

Panh, Rithy: *Auslöschung*, aus d. Franz. v. Hainer Kober. Hamburg: Hoffmann & Campe 2013.

Pégny, Gaëtan: Polysémie et équivoque. Pour une philologie numérique du corpus heideggérien (l'exemple du terme *Dasein*). In: *Études romanes de Brno* 35,1 (2014), S. [123]–139.

// Vérité et mythe dans De l'essence de la Vérité. In: Emmanuel Faye (Hrsg.): *Heidegger. Le sol, la communauté, la race*. Paris: Beauchesne 2014, S. 211–241.

// The Many Lives of *Dasein*: Towards a Philological Approach to the Corpus of Heidegger's Works by Digital Means. In: Hannes Bahjor et al. (Hrsg.): *The Future of Philology. Proceedings of the 11th Annual Columbia University German Graduate Student Conference*. Cambridge: Cambridge Scholars 2014, S. 194–217.

Profeti, Livia: Eresie cattoliche. In: *Left* 30 (2011), S. 54–56.

// L'être-jeté dans un monde. Le fondement raciste du *Dasein*. In: *Cités* 61 (2015), S. 147–154.

Quand Ornette Coleman improvisait avec Jacques Derrida, 20.08.1997. http://www.lesinrocks.com/1997/08/20/actualite/ornette-coleman-et-jacques-derrida-la-langue-de-lautre-11232142/ (Zugriff am 09.01.2017).

Quesada, Julio: Décapitation de la phénoménologie et biopolitique nazie. Une herméneutique immunitaire. In: Emmanuel Faye (Hrsg.): *Heidegger. Le sol, la communauté, la race*. Paris: Beauchesne 2014, S. 145–178.

Rastier, François: *Arts et sciences du texte*. Paris: PUF 2001.

// L'Être naquit dans le langage. Un aspect de la mimésis philosophique. In: *Methodos* 1 (2001), S. 103–132. https://methodos.revues.org/206#quotation (Zugriff am 23.01.2016).

// *Ulysse à Auschwitz. Primo Levi, le survivant*. Paris: Cerf 2005.

// Sémiotique des sites racistes. In: *Mots* 80 (2006), S. 73–85.

// Croc de boucher et rose mystique – Le Pathos sur l'extermination. In: Michael Rinn (Hrsg.): *Émotions et Discours. L'usage des passions dans la langue*. Rennes: Presses universitaires de Rennes 2008, S. 249–273.

// Témoignages inadmissibles. In: *Littérature* 117 (2010), S. 108–129.

// *La Mesure et le Grain. Sémantique de corpus*. Paris: Champion 2011.

// Heidegger aujourd'hui, ou le Mouvement réaffirmé. In: *Labyrinthe* 2,33 (2009) S. 71–108. (Durchges. u. erw. in: Emmanuel Faye (Hrsg.): *Heidegger. Le sol, la communauté, la race*. Paris: Beauchesne 2014, S. 267–306.)

Rastier, François / Simon Bouquet (Hrsg.): *Une introduction aux sciences de la culture*. Paris: PUF 2002.

Romano, Claude: L'idée d'antisémitisme philosophique est un non-sens, entretien avec Claudia Serban. In: *Critique* 811 (2014), S. 1008–1018.

Rorty, Richard: Another Possible World. In: *London Review of Books* 12,3 (1990), S. 21. http://www.lrb.co.uk/v12/n03/richard-rorty/diary (Zugriff am 26.01.2016).

Rosenberg, Alfred: *Der Mythus des 20. Jahrhunderts*. München: Hoheneichen 1937.

Rosenzweig, Franz: *Der Stern der Erlösung*. Frankfurt am Main: Suhrkamp 1988.

Safranski, Rüdiger: Religion ohne Gott. In: *Süddeutsche Zeitung*, 24.03.2015, S. 11–13.

Salanskis, Jean-Michel: *Heidegger*. Paris: Belles Lettres 1997.

Savigneau, Josyane: BHL contre Bernard-Henri Lévy. In: *Le Monde*, 16.02.2010. http://www.lemonde.fr/livres/article/2010/02/15/bhl-contre-bernard-henri-levy_1306033_3260.html?xtmc=heidegger&xtcr=1 (Zugriff am 12.12.2016).

Schmitt, Carl: *Staat, Bewegung, Volk*. Hamburg: Hanseatische Verlagsanstalt 1934.

// *Der Begriff des Politischen* [1933]. Berlin: Duncker & Humblot 1991.

Schneeberger, Guido: *Nachlese zu Heidegger, Dokumente zu seinem Leben und Denken*. Bern: Selbstverlag 1962.

Sheehan, Thomas: *Making Sense of Heidegger. A Paradigm Shift*. Lanham: Rowman & Littlefield 2014.

Sloterdijk, Peter: La politique de Heidegger. Reporter la fin de l'histoire. In: Joseph Cohen / Gérard Bensussan (Hrsg.): *Heidegger. Le danger et la promesse*. Paris: Kimé 2006, S. 151–184.

Spitzer, Leo: *Fremdwörterhatz und Fremdvölkerhaß: Eine Streitschrift gegen die Sprachreinigung*. Wien: Manz 1918.

Steiner, George: *The Portage to San Cristóbal of A. H.* London: Faber & Faber 1981.

// *In Blaubarts Burg. Anmerkungen zur Neudefinition der Kultur*, aus d. amerik. Engl. v. Friedrich Polakovics. Wien: Europa 1991.

Strauss, Botho: Heideggers Gedichte. In: *Frankfurter Allgemeine Zeitung*, 04.10.2008. http://www.faz.net/aktuell/feuilleton/botho-strauss-heideggers-gedichte-1576360.html (Zugriff am 15.02.2017).

Strauss, Leo: *Persecution and the Art of Writing*. Glencoe: Free Press 1952.

Taguieff, Pierre-André: *Le « Protocole des Sages de Sion ». Faux et usages d'un faux*. Paris: Fayard 2004.

Tal, Uriel: *"Political Faith" of Nazism prior to the Holocaust. Annual Lecture of the Jacob M. and Shoshana Schreiber Chair of Contemporary Jewish History*. Tel Aviv: Tel Aviv University 1978.

Trawny, Peter: *Adyton. Heideggers esoterische Philosophie*. Berlin: Matthes & Seitz 2010.

// Heidegger et l'antisémitisme. In: *Le Monde*, 21.01.2014, S. 17.

// Heidegger et les *Cahiers noirs*. In: *Esprit*, 08–09/2014, S. 133–154.

// *Heidegger und der Mythos der jüdischen Weltverschwörung*. Frankfurt am Main: Klostermann 2014.

// *Irrnisfuge. Heideggers An-archie*. Berlin: Matthes & Seitz 2014.

// *Heidegger et l'antisémitisme. Sur les Cahiers noirs*, aus d. Dt. v. Julia Christ / Jean-Claude Monod. Paris: Seuil 2014.

// *Europa und die Revolution*. Berlin: Matthes & Seitz 2014.

// Martin Heidegger und seine Gesamtausgabe. Die letzte Hand des Zauberers. In: *Neue Zürcher Zeitung*, 18.04.2015. http://www.nzz.ch/feuilleton/buecher/die-letzte-hand-des-zauberers-1.18524364 (Zugriff am 22.03.2016).

// L'errore di Faye. Chi impone pretese de natura morale al pensiero ne mette in forse la libertà. In: *Corriere della Sera*, 04.07.2015.

Vadillo, Umar Ibrahim: *Heidegger for Muslims*. http://www.iefpedia.com/english/wp-content/uploads/2009/12/Heidegger-for-Muslims-UmarIbrahimVadillo.docx (Zugriff am 19.11.2016).

Vattimo, Gianni: Heidegger, maestro nazista. In: *Lettera*, 26.05.2012. http://www.lettera43.it/cultura/heidegger-maestro-nazista_4367549661.htm (Zugriff am 15.01.2016).

// *Addio alla verità*. Rom: Meltemi 2008.

// Addio alla verità. Ma quale? Conversazione con Daniel Gamper. In: *MicroMega* 5 (2011), S. 77–89.

// Ma Heidegger non era razzista. In: *La Stampa*, 02.06.2012. http://www.lastampa.it/2012/06/05/cultura/libri/il-libro/faye-heidegger-non-era-razzista-XtD14RHcfDobZbjlgCc3IL/pagina.html (Zugriff am 03.03.2016).

// Heidegger antisemita indispensabile. In: *L'Espresso*, 11.12.2014.

Vattimo, Gianni / Pier Aldo Rovatti (Hrsg.): *Il pensiero debole*. Mailand: Feltrinelli 1983.

Weill, Nicolas: Jean-Luc Marion, penseur de fond. In: *Le Monde*, 22.01.2010. http://www.lemonde.fr/livres/article/2010/01/21/jean-luc-marion-penseur-de-fond_1294890_3260.html?xtmc=jean_luc_marion&xtcr=1 (Zugriff am 12.12.2016).

Wolin, Richard (Hrsg.): *The Heidegger Controversy*. Cambridge: MIT 1993.

// Heidegger, l'antisémitisme en toutes lettres. In: *Books*, 19.09.2014, S. 23–25.

Zabala, Santiago: Ten Years without Derrida. In: *Al Jazeera*, 04.04.2014. http://www.aljazeera.com/indepth/opinion/2014/03/ten-years-without-derrida-20143291559170321.html (Zugriff am 31.07.2015).

Zarader, Marlène: *La dette impensée. Heidegger et l'héritage hébraïque.* Paris: Seuil 1990.

Zarka, Yves-Charles: Heidegger ou l'effondrement d'une pensée. In: *Cités* 61 (2015), S. 73–76.

Žižek, Slavoj: Why Heidegger Made the Right Step in 1933. In: *International Journal of Žižek Studies* 1,4 (2007) http://www.egs.edu/faculty/slavoj-zizek/articles/why-heidegger-made-the-right-step/ (Zugriff 30.06.2015).

// *Violence. Six Sideways Reflections.* London: Profile 2008.

Dieses Buch erscheint im Rahmen des Förderprogramms des Institut français.

Francfort en français
Frankfurt auf Französisch

Bibliografische Information der Deutschen Nationalbibliothek
Die Deutsche Nationalbibliothek verzeichnet diese
Publikation in der Deutschen Nationalbibliografie;
detaillierte bibliografische Daten sind im Internet
über http://dnb.d-nb.de abrufbar.

Umschlaggestaltung: Marija Skara
Lektorat & Satz: Neofelis Verlag (fs/ac)
Druck: PRESSEL Digitaler Produktionsdruck, Remshalden
Gedruckt auf FSC-zertifiziertem Papier.
ISBN (Print): 978-3-95808-132-1
ISBN (PDF): 978-3-95808-183-3